Colecția
Biblioterapia

CW01619407

JOSEPH O'CONNOR, unul dintre cei mai cunoscuți profesori de training și coaching din întreaga lume, este autor a peste 15 cărți, traduse în peste 25 de limbi. A lucrat, în calitate de trainer și consultant, cu mai multe companii și organizații de prestigiu precum Citibank, HP Invent, United Nations Industrial Development Organisation (UNIDO). A asigurat consultanță în proiecte de cooperare industrială pentru țările în curs de dezvoltare. A predat în America de Nord și în America Latină, la Hong Kong și Singapore (unde a primit medalia Institutului National Community Leadership), în Noua Zeelandă și în majoritatea țărilor europene. În calitate de profesor invitat, a ținut cursuri de NLP la Universitatea din Santa Cruz, California.

La Curtea Veche Publishing au mai apărut de acest autor: *NLP și relațiile de cuplu* (în colaborare cu Robin Prior); *Manual de NLP*; *Introducere în NLP. Tehnici psihologice pentru a-i înțelege și influența pe oameni* (în colaborare cu John Seymour).

ANDREA LAGES este cofondatoare, alături de Joseph O'Connor, a companiei Lambent do Brasil. Profesoară atestată de NLP, oferă consultanță în afaceri și coaching. Organizează cursuri internaționale de certificare NLP și seminare colective sau individuale pe teme de comunicare, structuri organizaționale și succes în afaceri. A profesat în Mexic, Spania, Danemarca, Malta, Brazilia și Marea Britanie. Printre clienții ei se numără companii mari precum Certisign (Brazilia), Virtual Case și Procci.

JOSEPH O'CONNOR
ANDREA LAGES

COACHING *cu* NLP

Cum să fii un coach de succes

Ediția a III-a, revizuită

Traducere din engleză de
DANIEL-MIHAI DUNCĂ

CURTEA VECHE

Descrierea CIP a Bibliotecii Naționale a României

O'CONNOR, JOSEPH

Coaching cu NLP: cum să fii un coach de succes / Joseph O'Connor, Andrea Lages ; trad.: Daniel Mihai Duncă. - Ed. a 3-a, rev.. - București: Curtea Veche Publishing, 2019

Conține Bibliografie și Index.

ISBN 978-606-44-0215-8

I. Lages, Andrea

II. Duncă, Daniel Mihai (trad.)

658.3

159.9

Redactor: Ludovic-Ștefan Skultéty

Corector: Elena Tătaru

Tehnoredactor: Chirachița Dogaru

CURTEA VECHE PUBLISHING

str. Aurel Vlaicu nr. 35, București, 020091

redacție: 0744 55 47 63

distribuție: 021 260 22 87, 021 222 25 36, 0744 36 97 21

fax: 021 223 16 88

redactie@curteaveche.ro

comenzi@curteaveche.ro

www.curteaveche.ro

JOSEPH O'CONNOR

Coaching with NLP. How to Be a Master Coach

Originally published in the English Language

by HarperCollins Publishers Ltd.

Copyright © Joseph O'Connor 2004

Carte publicată pentru prima dată în limba română

la Curtea Veche Publishing în anul 2007.

© CURTEA VECHE PUBLISHING, 2019

pentru prezenta versiune în limba română

ISBN 978-606-44-0215-8

Tipar: ARTPRINT

E-mail: office@artprint.ro

Tel.: 021 336 36 33

Cuprins

PARTEA A III-A
COACHING-UL ÎN PRACTICĂ

PARTEA A IV-A
RESURSE

Pentru
Mãezinha și Joseph Desmond O'Connor

Mulțumiri

Mai întâi, adresăm mulțumirile noastre pionierilor coaching-ului, în special lui Timothy Gallwey, cel care a inspirat atât de multe persoane în implicarea lor în coaching. Le mulțumim, de asemenea, lui John Grinder și lui Richard Bandler, pentru că, împreună, au pus bazele NLP. Am dori să le mulțumim tuturor celor care ne-au ajutat în scrierea acestei cărți, în special editorului nostru, Carole Tonkinson, și lui Elizabeth Hutchins, care a finisat manuscrisul cu multă grijă și cu recunoscuta sa competență. De asemenea, am dori să ne exprimăm recunoștința față de Robin Prior, pentru generozitatea de care a dat dovadă atunci când ne-a ajutat să transformăm această carte în realitate.

Atât în cadrul cursurilor noastre de training, cât și în cursul postabsolvire privind coaching-ul executiv, am învățat multe lucruri de la fiecare dintre studenții noștri. Totodată, credem că amândoi am dat dovadă de multă răbdare și determinare în redactarea acestei cărți.

Nu în ultimul rând, există o muzică specială pe care o asociem cu scrierea ei. Mulțumiri lui Carlos Santana (rafinat, ca de obicei) și lui Gonzaguinha (O que é? O que é?).

Introducere

Care sunt speranțele și visurile dumneavoastră?
Ce este important pentru dumneavoastră?
Aveți tot ceea ce meritați să aveți?
Ce este posibil pentru dumneavoastră?

Imaginați-vă o metodă de explorare a acestor întrebări, alături de cineva care este capabil să vă ajute să vă împliniți cele mai frumoase visuri și să deveniți persoana care v-ați dorit să fiți. Coaching-ul face exact acest lucru.

Nu e de mirare că, în ultimul timp, popularitatea sa a crescut enorm. Trăim în vremuri captivante. Dispunem de potențialități fantastice și dorim să obținem cât mai mult din ele. Simțim că merităm fericirea; suntem dispuși să investim bani, eforturi și timp în progresul personal și în procurarea unei satisfacții maxime din orice activitate depusă. Coach-ul (îndrumătorul) este ghidul nostru pe drumul către apogeul propriei evoluții.

Această carte are drept temă coaching-ul – ce este și cum poate fi pus în practică. Ea vă poate fi utilă dacă:

- doriți să deveniți coach;
- sunteți deja coach;

- doriți să apelați la un coach și vreți să știți ce implică acest lucru;
- doriți să fiți propriul dumneavoastră coach;
- sunteți interesat de încorporarea coaching-ului în profesia aleasă.

Cartea de față vă va ajuta să faceți primii pași în aspirația dumneavoastră de a deveni coach. De asemenea, vă va îmbogăți semnificativ aptitudinile în cazul în care sunteți deja un coach. Dacă vă gândiți să apelați la un îndrumător, vă va spune la ce să vă așteptați, iar dacă intenția dumneavoastră este aceea de a vă fi propriul coach, vă va fi folositoare și în acest demers. Dacă sunteți angajat într-o activitate ce presupune ajutarea altor persoane în dorința lor de a-și îmbunătăți viața – terapie, counselling, training, mentoring sau consultanță –, ea vă va ridica aptitudinile la un nivel superior, vă va îmbogăți bagajul de cunoștințe în domeniu și vă va ajuta să fiți mai eficient.

Cuvântul „coaching“ a fost folosit pentru prima oară în lumea sportului. În ultimii ani însă, coaching-ul a devenit o profesie distinctă, clar diferită de activitățile de counselling, training, mentoring, terapie sau consultanță. Puterea autentică și versatilitatea coaching-ului sunt cu adevărat remarcabile. Coaching-ul vă va ajuta să executați noi sarcini, să vă îmbunătățiți performanțele în profesia pe care v-ați ales-o, să dezvoltați o nouă aptitudine sau să soluționați o problemă. Mai simplu spus, din ce în ce mai multe persoane au început să apeleze la coaching pentru a fi călăuzite și pentru a-și găsi echilibrul în viață. În acest sens, îndrumătorii de viață îi ajută pe clienți să-și îmbunătățească semnificativ existența.

La rândul lor, îndrumătorii de afaceri sunt foarte apreciați și din ce în ce mai solicitați în societatea modernă. Există trei motive pentru care se întâmplă acest lucru. Mai întâi, foarte mulți oameni au început să transfere subordonarea profesională față de angajator într-una față de ei înșiși. Ei investesc în propria carieră, lucru ce poate implica o schimbare constantă a locului de muncă. În acest context, companiile realizează că singura cale de a-și păstra cei mai buni angajați este aceea de a investi în ei și de a-i face să progreseze. Coaching-ul este cea mai bună metodă în acest sens.

În al doilea rând, coaching-ul exercitat asupra angajaților-cheie reprezintă utilizarea cea mai eficientă a resurselor unei companii, întrucât le dirijează exact acolo unde sunt necesare.

În al treilea rând, rezultatele pe termen lung ale trainingului în afaceri sunt de cele mai multe ori dezamăgitoare. Pe termen scurt, trainingul se poate dovedi, într-adevăr, de succes. Ce se întâmplă însă după ultima ședință de training? Participanții se întorc la același birou, muncind alături de aceiași oameni, care îi tratează în același fel. Tendința va fi aceea de a reveni la vechiul tip de comportament, întrucât tot ceea ce îi înconjoară îi va îndemna să facă acest lucru. Așadar, din punctul de vedere al efectelor pe termen lung, trainingul înseamnă bani irosiți. Totuși, cu ajutorul unui coach care să îi ghideze pe participanți, imediat după finalizarea procesului de training – menținând inspirația vie și determinându-i să reziste tentației de a se complăcea într-o muncă de rutină –, schimbările au șanse mult mai mari de a rezista pe o perioadă îndelungată de timp. Nu în ultimul rând, coaching-ul de afaceri îmbogățește enorm aptitudinile unui manager.

În general, coaching-ul vă oferă satisfacția de a ajuta alte persoane într-un mod deosebit de eficient. De asemenea, veți avea oricând posibilitatea de a vă întrebuința calitățile dobândite pentru a fi propriul dumneavoastră îndrumător. Coaching-ul este un set de aptitudini și o profesie plină de satisfacții, aflată într-o continuă expansiune.

Coaching cu NLP

Programarea neurolingvistică, NLP*, se potrivește ca o mănușă coaching-ului. NLP studiază trei domenii, care îi dau și numele:

Neurologia	Mintea și modul în care gândim.
Lingvistica	Felul în care ne folosim de limbaj și cum ne afectează acesta.
Programarea	Felul în care plănuim acțiunile, astfel încât să ne atingem obiectivele.

Un coach NLP ajunge să înțeleagă cum gândește clientul, având capacitatea de a se folosi cu mare precizie de limbaj, astfel încât să-i faciliteze acestuia atingerea țelurilor fixate.

NLP și-a făcut apariția în SUA, la jumătatea anilor '70, odată cu scrierile lui John Grinder, un profesor de lingvistică, și ale psihologului Richard Bandler. Cei doi au început să studieze persoanele care demonstrau o capacitate excelentă de a comunica, construind – în funcție de acestea – modele de aptitudini în comunicare. Metodele puteau fi apoi învățate, astfel încât obținerea unor rezultate asemănătoare să fie posibilă pentru oricine. În mod similar, noi am „modelat" șabloanele unor îndrumători de excepție. Putem spune cu

---

* Acronim de la termenul în engleză, Neuro-lingvistic Programming. (*N. red.*)

exactitate ce funcționează cel mai bine și ce nu. Pentru a deveni un coach de calitate, nu mai trebuie să reinventați roata. Informațiile de care aveți nevoie se află, toate, aici.

NLP studiază, de asemenea, felul în care ne structurăm propria experiență subiectivă – cum gândim despre valorile și credințele noastre, cum ne creăm stările emoționale, cum ne clădim lumea interioară și cum îi dăm un înțeles. NLP este primul domeniu psihologic care abordează din interior spre exterior lumea subiectiv-lăuntrică. Îndrumătorii au nevoie de NLP. NLP vă ajută să deveniți un coach de prestigiu.

Pentru ca NLP să vă fie de folos în profesia pe care ați ales-o, nu e obligatoriu ca studierea sa să fie una aprofundată. Dacă nu știți nimic despre NLP, veți afla suficiente lucruri din această carte, pentru a le aplica apoi în activitatea de coaching pe care o prestați. Dacă sunteți deja familiar cu NLP, veți constata cum noile cunoștințe se vor integra de minune în munca dumneavoastră.

Ce efecte are NLP asupra coaching-ului?

- *Viteză.* Tehnicile NLP funcționează rapid.
- *O abordare pragmatică.* Dacă ceea ce faceți nu dă rezultate, faceți altceva.
- *O atitudine de preocupare.* Fiecare client este unic. Cum decurg acțiunile sale? Cum își poate îmbunătăți performanțele?
- *Tehnici simple.* NLP înglobează o serie de tehnici simple care se potrivesc de minune coaching-ului.
- *Cercetarea interacțiunii dintre obiective, credințe și valori.* Aceasta este esența procesului de coaching.
- *Raport și încredere.* Condiții esențiale pentru o bună relație de coaching.

Cum trebuie folosită această carte

Cartea de față este împărțită în patru secțiuni:

- Primele două capitole pregătesc scena pentru coaching: ce înseamnă și cum funcționează.
- Capitolele de la 3 la 8 vă prezintă structura coaching-ului și însușirile necesare unui îndrumător, de la prima întrevedere cu clientul până la sfârșitul relației de coaching. Această parte conține și exemple ale unor ședințe de coaching, în cadrul cărora vor fi utilizate aptitudinile în cauză.
- Capitolul 9 tratează coaching-ul în acțiune – exemplificări ale modului în care unele dintre aceste instrumente (aptitudini) sunt folosite într-o ședință reală, în timp ce capitolul 10 se referă la modalitățile prin care puteți deveni propriul dumneavoastră coach.
- În ultima parte a cărții veți găsi atât o secțiune de resurse, ce include multe dintre instrumentele de coaching la care se face referire în text, cât și o secțiune privind caracterul practic al coaching-ului, durata ședințelor, contractele ș.a.m.d. Tot aici se află un glosar cu termeni de coaching și bibliografia.

Coaching-ul fără acțiune este superfluu, motiv pentru care la sfârșitul fiecărui capitol există sugestii de sarcini atât pentru dumneavoastră, cât și pentru clienții pe care îi îndrumați. Acești „pași de acțiune" vă pot îmbunătăți nu numai aptitudinile de coaching, dar și starea psihică și nivelul aprecierii de sine. Folosiți-le pe cele care vă plac și ignorați-le pe cele care vi se par inutile. Fiecare capitol conține, de asemenea, un sumar, astfel încât să vă reamintiți ideile importante.

Am instruit îndrumători din întreaga lume. Oriunde predăm, observăm un entuziasm formidabil pentru coaching, dar și uimire și încântare în fața rezultatelor lui remarcabile. Suntem mândri de activitatea noastră internațională ca îndrumători, activitate ce constă în pregătirea altor colegi de breaslă și în dezvoltarea disciplinei coaching-ului. Prin intermediul cărții de față, vrem să vă împărtășim și dumneavoastră aceste valoroase principii. Sperăm să vă placă și să vă fie utilă.

Joseph O'Connor și Andrea Lages,
Mallorca, 2004

Visul

Am avut un vis.

Ne aflăm (eu și Joseph) într-un spațiu extins și plat, înconjurat de o clădire imensă și maiestuoasă. Clădirea are multe ferestre, care par să ne privească de sus. Nu există niciun semn că ar locui cineva acolo; în timp ce înaintăm, pașii noștri trimit ecouri pe coridoarele sale înalte.

Din cauza turnurilor de deasupra noastră, cerul abia se vede. Pare mai îndepărtat ca niciodată.

Din când în când, vântul aduce cu el râsete din depărtări, înștiințându-ne că, în pofida aparențelor, undeva, în această clădire, există totuși oameni care se mișcă și vorbesc.

Continuăm să pășim și avem impresia că ne învârtim în jurul aceluiași punct. „Este un loc plictisitor", constatăm în sinea noastră, întrebându-ne cum am putea ieși de acolo.

Avem senzația că ne aflăm în acel loc de multă vreme și ne propunem să ajungem pe acoperiș, astfel încât să ne putem bucura de o panoramă a împrejurimilor. Ne dorim să fim cât mai aproape de cer. Ne imaginăm că undeva există niște scări care ne vor duce sus de tot, dar, pentru asta, pare că trebuie să urcăm numeroasele etaje ale clădirii. Asta înseamnă să ne înhămăm la o sarcină ce va dura mult, mult timp și nu știm de unde să începem. Nu găsim o cale de a intra în clădire.

Vântul începe să sufle rece... Soarele nu ne mai încălzește, dar își răsfrânge razele în umbrele din jur.

La lăsarea serii, când locul devine întunecat și glacial, hotărâm să ne mișcăm.

Deodată, o femeie tânără ne apare în față. Poartă o rochie lungă și are părul castaniu. În mâna dreaptă ține o lampă cu ulei. Flacăra lămpii răspândește umbre lungi. Acestea sunt vii și mișcătoare, în timp ce restul umbrelor sunt moarte și împietrite.

Pășește agale spre noi, ne privește timp îndelungat, iar apoi întreabă: „Ce căutați?“

„Putem avea încredere în ea?“, ne întrebăm din priviri. „Îi putem spune, oare, ce dorim? De ce dorește să știe? Nici măcar nu o cunoaștem.“

„De ce nu? N-avem nimic de pierdut.“

„Vrem să ajungem în vârful acestei clădiri“, îi răspund eu, arătând cu degetul spre locul cu pricina.

„În regulă“, spune ea. „Vă voi ajuta, dar trebuie să aveți mare grijă. Sunt multe pericole în drum.“

PARTEA I

CE ESTE COACHING-UL

CAPITOLUL 1
De la imaginație la realitate

Cu toții visăm. În timp ce dormim, mințile noastre răsfoiesc experiențele din timpul zilei, dimpreună cu gândurile și emoțiile care vin odată cu ele, la fel cum un jucător împătimit de pocher împarte cărțile de joc în încercarea de a obține o mână câștigătoare. Aceste vise ne pot oferi indicii, ponturi și sugestii privind propria noastră viață – unde suntem și unde dorim să ajungem. Ne dramatizează atât preocupările, cât și dificultățile prin care trecem, irealul devenind realitate. Dar ele reprezintă mult mai mult. Atunci când visăm, ne folosim imaginația, ne înălțăm dincolo de limitele existenței, într-o lume fără granițe, unde multe lucruri sunt posibile și unde acțiunile nu ne sunt condiționate de cărțile ce ne-au fost împărțite. Suntem liberi să alegem orice carte de joc, astfel încât să avem orice combinație de cărți dorim. Visele, cele nocturne și cele diurne, ne duc dincolo de noi. Toate schimbările din viața noastră încep precum un vis – ne folosim imaginația pentru a ne proiecta în cel mai bun viitor posibil.

Ce are a face coaching-ul cu visurile? Coaching-ul se referă la schimbare, la a aduce lucruri noi în viețile oamenilor. Coach-ul este un magician al schimbării, care examinează cărțile de joc de care dispuneți, pentru a vă ajuta să jucați mai bine acea mână; în același timp, el poate schimba regulile jocului sau poate găsi un alt joc, mai potrivit pentru dumneavoastră. Schimbările sunt generate de visurile despre o viață mai bună. După îndeplinirea unui vis, privim iarăși înainte și începem să visăm din nou. În spatele unui vis există întotdeauna un alt vis.

În ultimă instanță, această carte se referă la cum să vă transformați visurile în realitate. Este ceea ce un coach poate face pentru dumneavoastră. Coaching-ul vă declanșează imaginația, fiind, în același timp, extrem de practic în lumea reală. El lucrează cu țeluri și realizări, creând o legătură între lumea visurilor și cea a realităților.

În 1985 am participat (eu, Joseph) la un seminar muzical magistral, oferit de o pianistă pe nume Eloise Ristad. Ea îndruma îndeosebi muzicieni de concert care aveau trac, fiind și autoarea unei foarte utile cărți, *A Soprano on Her Head*. Seminarul și cartea m-au inspirat foarte mult, iar în noaptea ce a urmat, în timp ce stăteam în pat gândindu-mă la experiența trăită, am fost lovit de un gând: „Vreau să scriu o carte."

Imediat, conștiința mă provocă la o discuție serioasă.

„Nu poți scrie o carte!" a replicat ea prompt, pe un ton acid și disprețuitor.
„De ce nu?"
„Hm... pentru că nu știi cum."
„Dar pot învăța. Nu voi ști niciodată dacă sunt sau nu în stare să scriu o carte, decât dacă voi încerca."

Acest scurt dialog evidenția cu multă claritate diferența dintre convingere și capacitate. Ceea ce îmi lipsea erau cunoștințele despre „cum să" scriu o carte. Dacă, la acel moment, aș fi avut alături un îndrumător, acesta m-ar fi ajutat să-mi analizez credințele, să mă concentrez asupra obiectivului propus, iar apoi să-l ating. Neavând însă unul, am acționat ca și cum aș fi fost propriul meu coach. Mi-am impus standarde mult mai înalte decât aș fi crezut vreodată că o pot face și nu am lăsat convingerile ce îmi limitau acțiunile să mă oprească din a încerca să realizez ceea ce îmi doream.

Poate că și dumneavoastră citiți această carte deoarece doriți să vă fiți propriul coach sau doar sunteți interesat de coaching, în general. Poate că aspirați să deveniți un îndrumător pentru ceilalți, ori sunteți deja unul și urmăriți să vă îmbunătățiți aptitudinile. Poate că vă gândiți să apelați la un îndrumător sau doriți să descoperiți cum vă pot ajuta calitățile tipice unui coach să fiți mai eficient în profesia dumneavoastră de trainer, *counsellor* sau profesor. Poate că doriți să intrați în contact cu o nouă viziune referitoare la profesia dumneavoastră și să aflați ce cred alte persoane despre coaching. Oricare ar fi motivul pentru care ați cumpărat această carte, veți reduce semnificativ distanța dintre visuri și realitate, atât pentru dumneavoastră, cât și pentru ceilalți.

Lupta pentru libertate

Un coach nu este doar un magician al schimbării, ci și un luptător pentru libertate.

Libertatea poate fi de două feluri: libertatea față de ceva și libertatea de a face ceva. Spre exemplu, în urmă cu câțiva ani, munceam (eu, Joseph) câte 50 de ore pe săptămână, predând lecții de chitară. Era o ocupație satisfăcătoare și plăcută, dar, în același timp, extenuantă. Nu era genul de muncă în care să poți moțăi din când în când sau care să-ți permită să te gândești la alte lucruri, întrucât un profesor de muzică este plătit să-și asculte elevii. Îmi iubeam slujba, dar îmi doream libertate față de ceva ce presupunea o solicitare neîntreruptă, mai multe ore la rând. Nu mă gândeam neapărat să mă reprofilez, ci doar îmi doream să mă pot relaxa, să am timp pentru a privi destins în jur, pentru a citi sau pentru a dormi, oricând aș fi simțit nevoia. Voiam să nu mă mai simt atât de obosit. După un anumit timp, am constatat că nu mai eram în stare să acord muncii pe care o prestam atenția cuvenită. Până la urmă, relaxarea e la fel de necesară pentru a putea munci fericit și eficient ca și timpul pe care îl petreci muncind. Aceasta este libertatea *față de ceva.*

Celălalt tip al libertății este libertatea *de a face ceva.* Odată ce ești liber față de o anume situație, te poți implica în altă activitate. În ce anume? În cazul meu, a fost vorba de scrierea unor cărți, de cizelarea exprimării și de pregătirea și oferirea a diverse cursuri de training.

Îndrumătorii lucrează asupra ambelor tipuri de libertate. Ei îi ajută pe clienți să se elibereze de circumstanțe neplăcute sau nesatisfăcătoare. Apoi, deschid calea către alegere și posibilități.

Cunoașterea inamicului

Dacă îndrumătorul și clientul său sunt implicați într-o luptă pentru libertate, atunci cine sunt inamicii? Ce anume blochează schimbarea pe care clientul dorește să o facă?

În cea mai mare parte a cazurilor, inamicii sunt acțiunile uzuale, gândirea uzuală. Ele se formează odată cu timpul și sunt greu de înlăturat. Ne formăm obiceiuri pentru că rezultatele lor ne sunt utile, altfel ele n-ar fi devenit obiceiuri de la bun început. Dar vremurile se schimbă, iar deprinderile noastre nu mai sunt în stare să ne servească scopurile.

Deprinderile sunt menținute în variate feluri. Ne ordonăm spațiul înconjurător astfel încât să le putem păstra. În același timp, celelalte persoane se așteaptă să acționăm previzibil și, astfel, ne tratează într-o manieră ce poate fi prevăzută, consolidându-ne încă o dată obiceiurile. Deprinderile sunt precum pilotul automat la o mașină – sunt programate pentru o anumită viteză și merg într-o direcție anume. Prin urmare, șoferul nu mai trebuie să fie foarte atent la trafic. Pentru a schimba viteza și direcția, trebuie să-și recapete concentrarea. Odată ce deprinderile sunt schimbate, noua deprindere îl va conduce pe șofer într-o direcție diferită, pe un drum diferit.

Coach-ul atacă obiceiurile care înfrânează clientul, uneori prin război de gherilă, alteori prin asalt direct. Coaching-ul are drept scop schimbarea direcției în care merge viața clientului. În general, devierile de direcție se efectuează treptat, nu brusc. Schimbările mici dau însă rezultate mari.

Schimbarea direcției

Gândiți-vă la viața dumneavoastră ca la o călătorie. Nu știți încotro vă îndreptați, dar priveliștea e plăcută. După un timp, începeți să constatați că imaginile pe care le observați la marginea drumului se repetă. La un anumit interval, acestea se reiau iarăși și iarăși. Apoi, ajungeți la o intersecție. De fapt, de-a lungul călătoriei au existat mai mereu ramificații ale drumului, însă le-ați ignorat. Acum, aveți alături un coach care vă alertează în privința lor.

Schimbați direcția nu amplu, ci doar puțin lateral. O luați pe un alt drum, vă abateți ușor de la cel inițial.

Prima tentație este aceea de a vă gândi că schimbarea nu a meritat efortul depus. Într-adevăr, pe termen scurt, schimbarea este una nu foarte însemnată, dar cu cât veți menține mai mult această schimbare, cu atât mai departe vă veți afla de punctul din care ați plecat. După un an, vă veți găsi în mijlocul unui peisaj diferit, într-o țară în care nu ați mai fost niciodată. Destinația este una complet nouă, chiar dacă pentru a ajunge aici nu ați deviat decât o singură dată de la drum.

Cu cât este mai abruptă schimbarea de direcție, cu atât mai scurt va fi timpul în care veți ajunge într-o nouă regiune. Cu toate acestea, schimbările minore vă pot asigura și ele o nouă călătorie, cu condiția să fiți suficient de perseverent. Important e să continuați să mergeți pe noul drum, chiar dacă cel vechi va încerca să vă cheme înapoi cu promisiuni seducătoare despre siguranță și confort familiar. „Răul pe care îl cunoști“ – vă va șopti el – „este mai bun decât cel despre care nu știi nimic.“ Există însă vreun rău pe noul drum?

Care este rolul îndrumătorului în acest proces? Coach-ul se ocupă de următoarele trei lucruri:

1. Vă arată drumul pe care vă aflați.
2. Vă indică alegerile pe care le puteți face și vă ajută să pășiți pe un alt drum.
3. Vă ajută să persistați în schimbarea făcută.

În general, viața este o serie de mici decizii. O schimbare dramatică reprezintă, de cele mai multe ori, totalitatea schimbărilor mici păstrate pentru momentul potrivit.

Fiecare decizie pe care o luăm ori ne menţine pe acelaşi drum confortabil, ori ne duce spre cel pe care îl dorim cu adevărat. Coaching-ul ne ajută să ne decidem.

Viaţa este o serie de mici decizii

Coaching-ul în afaceri

„Organizaţiile de învăţare" sunt în centrul dezbaterilor specializate de mai bine de un deceniu. Noi credem că „organizaţiile visătorilor" trebuie să primească la fel de multă atenţie. Visurile există în minţile oamenilor care conduc organizaţiile. Aceştia visează la o mai bună servire a clientului, la dominarea pieţei cu un nou produs, la o abordare de marketing de succes sau la sisteme noi şi îmbunătăţite pentru a lucra mai bine, mai rapid şi mai liber. Ei visează la transformarea organizaţiei într-una cameleonică, una care să se poată schimba la fel de rapid precum mediul înconjurător, într-o piaţă aflată într-o continuă transformare. Coaching-ul poate schimba o afacere, ajutându-i pe cei implicaţi să viseze mai frumos şi să transpună aceste visuri în realitate.

Întregul mediu de afaceri s-a schimbat radical în ultimii 20 de ani. Oamenii nu mai au slujbe pe viață, nu se mai află în căutarea acestora și nici nu se așteaptă să le fie propusă vreuna. Ei acționează cu un „egoism luminat“, iar compania pentru care lucrează nu mai e la fel de importantă precum cariera pe care doresc să și-o construiască. Prin urmare, nu este exclus ca, în perioada în care sunt apți de muncă, să schimbe mai multe slujbe la rând.

Cu cât este mai pronunțată atenția acordată progresului personal și cu cât mai consistent este sprijinul acordat de către angajatori intenției de perfecționare a angajaților, cu atât mai valoroși devin aceștia pentru companie. Coaching-ul este una dintre cele mai concentrate și mai bune metode din punctul de vedere al raportului costuri–eficiență. El pune accentul pe ceea ce este important – pe aptitudinile oamenilor –, obținând rezultate vizibile și rapide.

Viața în companii este, la rândul ei, o serie de mici decizii. Aceste mici decizii reprezintă elementele ce mențin zilnic compania în stare de bună funcționare, păstrând vii încrederea și angajamentul forței de muncă. Prin coaching, angajații și managerii unei companii sunt ajutați să adopte, zi de zi, decizii de înaltă calitate.

Cu mai bine de zece ani în urmă, s-a publicat un studiu interesant privind modalitatea de luare a deciziilor într-un grup extins de companii europene. Concluziile studiului au fost acelea că două treimi dintre deciziile majore erau adoptate în conformitate cu strategia declarată a companiei. Procentul scădea la o treime în cazul deciziilor de importanță medie, în timp ce doar una din 20 de decizii minore era luată în conformitate cu politica oficială a companiei. Gândiți-vă cum îi influența această stare de fapt pe angajații acelor companii. Deciziile majore nu erau foarte frecvente, deseori fiind adoptate în secret, fără a fi făcute publice din motive comerciale. Prin urmare, ele treceau neremarcate. Deciziile mici, de zi cu zi, afectau pe toată lumea, întrucât erau vizibile şi cunoscute pe plan general. În fiecare zi, angajații observau că firma pentru care lucrează nu își respectă propria politică. Pentru persoanele care activează într-o companie, deciziile minore contează mai mult decât cele cu greutate.

Cine și de ce apelează la coaching?

Oamenii apelează la coaching din diferite motive, dar rațiunea de fond este întotdeauna reprezentată de discrepanța dintre visurile lor și realitate. Uneori, aceasta nu este una accentuată, fapt pentru care procesul de coaching poate fi încheiat în cel mult două ședințe. Să luăm, de pildă, un manager care dorește să le ofere un feedback mai eficient subordonaților săi. În momentul respectiv, el ori folosește cuvinte care îi ofensează pe subordonați, ori aceștia nu sunt suficient de receptivi. Coach-ul și clientul colaborează pentru a înțelege atât intențiile celui din urmă, cât și felul în care acesta lansează feedbackul, examinând cauzele incapacității sale de a se face înțeles. Apoi, cu o nouă percepție a fenomenului, managerul va putea descoperi căi inedite de difuzare a feedbackului. El va primi din partea coach-ului sarcina de a da feedback în forme noi și de a observa rezultatele. În săptămâna ce va urma, va discuta împreună cu acesta ce anume s-a schimbat și ce a învățat din experiență.

Există însă și probleme mai complexe, care necesită mai multe ședințe pentru a fi soluționate; spre exemplu, o dezamăgire majoră în viață sau o schimbare drastică a situației. Un client care, de pildă, este promovat la locul de muncă ar putea avea nevoie să-și dezvolte noi aptitudini. De asemenea, el va simți nevoia de a vorbi cu cineva despre asumarea unor responsabilități mai mari și despre impactul pe care această schimbare îl va avea asupra vieții sale.

Ceea ce reprezintă o inconveniență minoră pentru o anumită persoană poate însemna un necaz major pentru alta. Când este o problemă suficient de gravă sau de importantă pentru ca persoana care se confruntă cu ea să solicite ajutor? Oamenii au limite diferite. Limitele toleranței depind de obiceiuri, stil de viață și trăsături genetice. Unele persoane se pot simți inconfortabil chiar și la cea mai mică perturbare, în timp ce altele vor tolera mult timp o problemă majoră, înainte de a trece la acțiune pentru a remedia situația.

Circulă o glumă despre două broaște. Una dintre ele țopăie singură, într-un șanț creat de roțile unui camion. Cealaltă o vede și îi strigă: „Hei! Ce faci în văgăuna aceea? E mult mai bine aici sus. E mai multă mâncare.“

Prima broască privește în sus și răspunde: „Nu pot ieși de aici.“

„Te ajut eu să ieși“, se oferă cea de-a doua broască.
„Nu. Lasă-mă în pace! Îmi e bine. E destulă mâncare aici pentru mine.“
„Cum dorești“, spune cealaltă broască. „Dar să știi că sus e mai mult spațiu de explorat. Te poți mișca în voie.“
„Am aici tot spațiul de care am nevoie.“
„Dar nu vrei să le întâlnești și pe celelalte broaște?“

„Uneori coboară ele aici, iar dacă nu o fac, le mai strig eu din când în când."
Cea de-a doua broască oftează adânc, după care se îndepărtează.
În ziua următoare, este surprinsă să o vadă pe cealaltă broască țopăind în apropierea sa.
„Hei!" strigă ea. „Credeam că nu vrei să ieși din groapa aceea. Ce s-a întâmplat?"
„Venea un camion."

Pentru a se trezi și a se pune în mișcare, unii oameni trebuie să fie deranjați de un „camion". Alții – cu toate că sunt mulțumiți de propria viață, plină de succes și satisfacții – se ghidează după zicala conform căreia „nu e obligatoriu să fii bolnav pentru a te însănătoși". Drept urmare, decid să apeleze la un coach, pentru a explora modalități prin care pot fi mai fericiți și chiar mai eficienți. Aflați într-un demers continuu de perfecționare, ei își doresc să fie cei mai buni dintre cei mai buni.

În primul caz, clientul îi poate cere coach-ului, explicit sau implicit, să îi redea viața de dinainte de perturbare. Cu alte cuvinte, odată ce camionul a trecut, șanțul îi pare din nou atrăgător. Coach-ul trebuie să evite, cu orice preț, această tentație, în caz contrar urmând să aibă mari dificultăți în colaborarea cu clientul. De ce? În primul rând, este imposibil. Nu poți da ceasul înapoi. În al doilea rând, chiar dacă acest lucru ar fi cu putință, clientul se va confrunta la un moment dat cu exact aceeași problemă. A încerca să-l readuci pe client în punctul inițial înseamnă a administra un proces de coaching echivalent cu acțiunea filmului *Ziua cârtiței* (*Groundhog Day*), în care aceleași probleme se repetă obsesiv zi de zi. Prin coaching, oamenii sunt îndrumați să adopte o nouă direcție și să ia măsuri pentru a deveni fericiți, nu să fie mulțumiți să rămână în același loc.

Fericirea

Coaching-ul este un joc cu o miză foarte mare: fericirea. Oamenii apelează la coaching pentru că își doresc să fie fericiți sau mai fericiți decât sunt. Ei își doresc o viață satisfăcătoare, plină de experiențe plăcute. Își doresc relații bune cu ceilalți și o slujbă de care să se bucure, de care să fie mândri și în care să-și poată folosi aptitudinile pentru un salariu pe măsură. Ei vor să experimenteze la maximum plăcerile vieții. Vor să-și vadă cele mai frumoase visuri împlinite și să simtă că trăiesc pe cele mai înalte culmi. Își doresc să fie apreciați de cei din jur, iubiți de cineva și respectați de toată lumea.

Coaching-ul pentru afaceri implică mize la fel de mari, poate chiar însăși supraviețuirea afacerii. O afacere de succes este cea care aduce profit și al cărei mediu de muncă este plăcut; ea își atinge întotdeauna obiectivele și operează conform valorilor sale de bază, fiind respectată în mediul de afaceri. Pentru ca o afacere să fie prosperă și de succes, oamenii trebuie să fie fericiți la locul de muncă și pricepuți în ceea ce fac.

Fericirea nu este o rețetă medicală ce poate fi preparată de un chimist al sentimentelor umane. Nu este un lucru care poate fi deținut; există sau nu există în funcție de ceea ce suntem. Orice om are o idee despre ce anume l-ar face fericit, iar un coach nu poate ști aprioric care sunt acele lucruri. Uneori, nici clientul nu știe.

Există studii interesante care sugerează că aproximativ două treimi dintre cetățenii Statelor Unite ale Americii nu știu în ce constă fericirea și, prin urmare, nici cum ar putea fi fericiți. În anul 1957, a fost realizat un sondaj în cadrul căruia americanii au fost întrebați dacă sunt sau nu fericiți cu felul în care se prezintă viața lor. Aproximativ 30% dintre aceștia au răspuns pozitiv. În 1992, când studiul a fost repetat, cei care au răspuns „Da“ s-au situat la același nivel ca și în urmă cu 35 de ani, în pofida faptului că standardele de viață se îmbunătățiseră considerabil. Ce înseamnă acest lucru? Înseamnă că doar o treime din populație cunoaște secretul fericirii: sentiment ce vine numai din interior. Fericirea nu depinde de ceea ce ai, ci de ceea ce ești; experiențele trăite ne influențează, la rândul lor, starea psihică generală. Fericirea se află în lucrurile mărunte din viață, în micile decizii care, adunate laolaltă, vă fac pe deplin mulțumit de situația în care vă aflați. Fericirea se află în fiecare detaliu al existenței de zi cu zi.

Nu puțini sunt cei care declară că se află în urmărirea fericirii. Sunt oameni care cred că, imediat ce vor intra în posesia unui obiect sau în grațiile unei anume persoane, vor fi fericiți. Ei sunt victimele unui miraj, trădat tocmai de limbajul pe care îl folosesc. Dacă te afli în urmărirea fericirii, înseamnă că ai plasat-o înaintea ta. Prin urmare, atât timp cât vei continua să o urmărești, ea va rămâne întotdeauna chinuitor de îndepărtată. Nu poți urmări ceva ce deja deții – posibilitatea de a fi fericit în prezent. Fiți fericit *acum*!

De asemenea, mulți oameni cred că fericirea implică un anume egoism, că resursele universale de fericire există într-o proporție limitată și că, dacă ei sunt fericiți, atunci, inevitabil, cineva va avea de suferit. Fericire există însă din plin pentru toată lumea, iar o persoană nu poate fi responsabilă decât pentru propria sa fericire.

Dumneavoastră cât de fericit vă simțiți? Coaching-ul înseamnă conștiință de sine – a descoperi punctul în care vă aflați și a căuta modalități de a merge mai departe. Una dintre aceste modalități se referă la exercițiile de autoobservare. Vă vom oferi mai multe astfel de exerciții pe parcursul cărții de față.

Nu vă grăbiți și meditați atent la întrebările ce vor urma. Nu treceți rapid peste ele, în dorința de a ajunge la următoarea pagină. Ele pun în joc mize mari. S-ar putea să vă pară facile, dar, de multe ori, coaching-ul înseamnă tocmai enunțarea unor întrebări simple. Calitatea unei întrebări nu constă în complexitatea sa, ci în complexitatea cugetării pe care o provoacă.

Notați-vă undeva răspunsurile, dar nu petreceți foarte mult timp gândindu-vă la ele, decât dacă vă doriți neapărat acest lucru. Dacă așterneți pe hârtie primele lucruri care vă vin în minte, acestea vor fi cele mai apropiate de adevăr.

FERICIRE: AUTOOBSERVARE

Ce înseamnă pentru dumneavoastră a fi fericit?
Gândiți-vă la un moment în care ați fost fericit. Cum a fost?

Încrederea

Încrederea este crucială în relațiile de tip coaching. Până la urmă, de ce ar trebui să avem încredere într-un coach? De ce ne-am încrede într-o persoană străină? Ce trebuie să se întâmple pentru a avea încredere în acea persoană? Încrederea, ca și fericirea, este un element abstract. Nu este un obiect ce poate fi deținut, ci o relație creată între oameni. În limba engleză, termenul *trust* vine din scandinava veche, din cuvântul *traustr*, care înseamnă „puternic". Avem încredere în ceea ce credem că este adevărat. Atunci când ne încredem în cineva, o facem întrucât considerăm acea persoană a fi una puternică; ne gândim că ne putem sprijini pe acel om, fără a ne teme că se va prăbuși.

Încrederea necesită timp. Se întâmplă foarte rar ca încrederea unei persoane să fie câștigată rapid, doar dacă nu cumva există un motiv extrem de puternic pentru ca acest lucru să se întâmple. În filmul *Terminator 2*, atunci când personajul interpretat de Arnold Schwarzenegger îi întinde mâna lui Sarah Connor, aceasta este nevoită să aibă încredere în el, cel puțin în acel context, pentru că în caz contrar și-ar pierde viața. De cele mai multe ori însă, încrederea se clădește în timp, ea fiind testată în mod repetat, în diferite circumstanțe.

Cuvântul „adevăr" (*truth*) are aceleași origini ca și „încredere" (*trust*), însă încrederea nu ține de adevărul obiectiv. Să presupunem că o persoană ne spune că afară e vreme însorită, în timp ce alta ne înștiințează că plouă. Problema încrederii nu va consta în starea vremii, ci în credibilitatea pe care o au cele două persoane în fața dumneavoastră. Dacă nu puteți verifica în mod direct ce fel de vreme e afară, trebuie să alegeți una dintre cele două variante, în funcție de încrederea pe care o aveți în acele persoane. Avem nevoie de încredere atunci când nu putem proba în mod direct anumite evenimente.

Cum se clădește încrederea între coach și client? Mai întâi, încrederea vine din cunoașterea de sine. Dacă un individ nu își conștientizează suficient limitele, valorile și obiectivele, există riscul să se încreadă mult prea curând în celălalt, întrucât își dorește să aibă încredere în el. O încredere acordată în mod pripit ar putea apărea și atunci când una dintre părți testează în mod superficial sinceritatea celeilalte. În astfel de situații, individul în cauză poate deveni exploatat.

La cealaltă extremă se situează persoanele cu standarde foarte înalte care, pentru a putea avea încredere în cineva, solicită realizări și fapte de curaj practic imposibile. În acest caz, vorbim despre oameni care riscă să devină solitari și izolați din punct de vedere emoțional.

ÎNCREDERE: AUTOOBSERVARE

Gândiți-vă la cineva în care aveți încredere.

Cum ați decis să aveți încredere în acea persoană?

Ce a făcut sau nu a făcut acea persoană?

De ce dovezi ați avut nevoie înainte de a avea încredere în ea?

Cât a durat până ați avut încredere în acea persoană?

Acum, gândiți-vă la cineva în care nu aveți încredere.

Cum ați decis că nu trebuie să aveți încredere în acea persoană?

Ce a făcut sau nu a făcut acea persoană?

Cât a durat până ați decis că nu este de încredere?

Deseori spunem că încrederea trebuie „câştigată". Totuşi, încrederea nu este o chestiune de contabilitate, în care să le dăm bile albe şi negre celor pe care îi cunoaştem, în intenția de a constata în ce parte atârnă balanța. Încrederea este mult mai flexibilă. Ea nu este o calitate de tipul „totul sau nimic". Decât să vă gândiți dacă o persoană este sau nu de încredere la modul abstract, este mult mai util să evaluați cât de mult vă puteți încrede în ea şi în ce context se poate întâmpla acest lucru. Puteți avea încredere deplină într-un prieten atunci când vine vorba de bani, dar nu puteți face acelaşi lucru atunci când în discuție se află iubita sau iubitul. În urmă cu ceva timp, am avut (eu, Andrea) o prietenă care îmi sărea în ajutor ori de câte ori aveam nevoie; simțeam că pot avea încredere în ea în aproape orice context, cu o singură excepție – aceea a momentelor în care iubitul meu era de față. În acele clipe, ea părea mai interesată de el decât de mine.

De obicei, evaluăm încrederea în funcție de două criterii. Primul este reprezentat de sinceritate sau de veridicitatea subiectivă. Determinăm acest lucru în funcție de comportamentul persoanei respective. Se potriveşte felul în care acționează cu felul ei de a fi autentic? Este cinstită față de ea însăşi şi față de ceilalți? Îşi respectă promisiunile? Sunt cuvintele şi acțiunile sale într-un raport de concordanță? Este ea consecventă în ceea ce spune atunci când vorbeşte cu oameni diferiți?

Al doilea aspect al încrederii este competența. O persoană poate fi sinceră, dar este ea capabilă de a îndeplini ceea ce a promis?

Un coach trebuie să fie sincer *şi* competent pentru a inspira încredere clienților săi. El trebuie, de asemenea, să fie un model în privința calităților pe care dorește să le scoată la iveală din client.

Acest capitol se referă la trezirea din lumea visurilor și la trecerea graniței în lumea acțiunii. Coaching-ul este pașaportul cu care poate fi făcută această traversare. Modalitățile prin care poate fi utilizat în viață și în activitatea profesională reprezintă subiectul central al următorului capitol.

SUMAR

Visurile ne modelează țelurile, iar țelurile ne modelează viața.

Coach-ul ne ajută să atingem obiectivele pe care ni le-am propus.

Coach-ul se luptă alături de client pentru libertate:

- libertatea față de circumstanțele pe care clientul nu le mai dorește
- libertatea de a alege ceea ce dorește

Inamicii libertății sunt deprinderile care ne fac să ne simțim confortabil așa cum suntem.

Mediul, prietenii și familia tind să consolideze aceste deprinderi.

Micile decizii ne pot schimba viața.

Coach-ul va:

- arăta clientului drumul pe care se află
- indica unde poate fi realizată schimbarea
- sprijini acea schimbare

Coaching-ul ajută afacerile prin sprijinirea celor care le conduc.

Coaching-ul este – din punctul de vedere al raportului costuri–eficiență – una dintre cele mai concentrate și mai bune metode de progres pentru oamenii de afaceri.

Cei care solicită serviciile unui coach o fac din variate motive, de obicei pentru că un eveniment neplăcut a avut loc în viața lor. Coach-ul îi va ajuta să rezolve acea problemă și să treacă mai departe, nu să îi readucă în ipostaza în care se aflau înainte de perturbare.

Sunt însă și oameni care apelează la coaching pentru că – deși sunt fericiți – își doresc să fie și mai fericiți.

Coaching-ul îi ghidează pe oameni spre fericire.

Toți oamenii își doresc să fie fericiți, dar mulți dintre ei nu își pot da seama cum.

Una dintre misiunile importante ale coaching-ului este aceea de a-l învăța pe client să se autocunoască.

Clientul trebuie să aibă încredere în coach.

Încrederea se clădește de-a lungul timpului.

Pentru a fi de încredere, îndrumătorul trebuie să fie sincer și competent.

PAȘI DE ACȚIUNE

Dacă vă doriți să înțelegeți, acționați. Iată aici câteva modalități de explorare a ideilor prezentate în acest capitol. Le puteți folosi ca sarcini atât pentru client, cât și pentru dumneavoastră, în caz că doriți acest lucru.

1. Alegeți o fotografie în care vă place cum arătați și care datează din perioada în care aveați între 5 și 12 ani.

Amintiți-vă lucrurile bune la care vă pricepeați în acele vremuri, cum ar fi controlarea mingii la jocul de fotbal, rezolvarea unui puzzle, alergatul, construirea unui avion de jucărie sau scrierea unei compuneri. Gândiți-vă că sunteți acolo și că vă puteți vedea în mijlocul acelor activități.

Acum, întrebați-vă: „Ce sentimente îmi ofereau aceste lucruri și cum aș putea să-mi îmbogățesc viața cu astfel de senzații?"

2. Formați-vă următorul obicei: în fiecare dimineață, timp de 10 minute, scrieți pe o foaie de hârtie tot ce vă trece prin minte. Nu trebuie să vă gândiți la lucruri pline de înțeles, ci doar să umpleți o pagină cu orice vă trece prin cap. Scrieți de mână, nu la tastatură, căci mâna vă conectează în mod direct creierul de hârtie. Mecanismul este același ca în cazul gândirii cu voce tare. Acest procedeu vă poate curăța mintea pentru acea zi, facilitând o gândire mai limpede și mai coerentă. Cumpărați-vă o agendă, special pentru această îndeletnicire. Notați în ea gândurile matinale. Acest obicei va trebui să devină unul zilnic și să dureze cel puțin trei luni. Răsplata va fi de o mie de ori mai mare.
3. Vizionați filmul *Shallow Hal.*

Ce credeți că îl face pe Hal fericit?

Ce o face pe tânăra interpretată de Gwyneth Paltrow să fie fericită?

4. Sunt atâția oameni care trec pe lângă fericire, crezând că au nevoie de sume enorme de bani pentru a trăi „precum milionarii". Nu avem nevoie de 20 de obiecte de același fel pentru a fi fericiți, ci doar de unul foarte bun, care să ne placă nespus. Gândiți-vă la un lucru sau la o activitate care vă face mare plăcere:
   - somnul
   - mâncarea
   - relaxarea
   - îmbrăcămintea

Apoi, imaginați-vă că aveți cea mai bună versiune a acelui lucru pe care v-o puteți permite – de pildă, o saltea de calitate, pentru un somn cât mai odihnitor. Ea nu trebuie să fie scumpă, la fel cum nici mâncarea bună nu trebuie neapărat să coste mulți bani. În restaurantele de lux nu plătiți calitatea mâncării, ci atmosfera. Relaxați-vă prin orice mijloc care vă face să vă simțiți bine. Hainele confortabile nu trebuie nici ele să fie costisitoare. De multe ori, banii pe care îi dați în plus sunt pentru o mică etichetă pe care stă scris numele firmei producătoare (marca). Cumpărați lucruri dintre cele mai bune, atât timp cât vi le permiteți. V-ați putea simți mai confortabil și mai bine îmbrăcat chiar decât mulți dintre milionari.

5. Gândiți-vă la o problemă actuală, în cazul căreia nu ați făcut nimic pentru a o soluționa.

Acum, gândiți-vă la o problemă în cazul căreia ați luat măsuri imediate. Ce a fost atât de arzător la acea problemă?

Ce vă dezvăluie răspunsul dat în legătură cu limitele toleranței dumneavoastră în administrarea problemelor?

6. Ori de câte ori va trebui să luați o decizie, întrebați-vă: „Rezultatele acestei hotărâri vor aduce mai multă sau mai puțină fericire?“

CAPITOLUL 2
Coaching-ul în viață și în profesie

În acest capitol, vom aborda tema coaching-ului cu strictă obiectivitate și pragmatism – definiții, metode și cum poate fi pus în practică. Ce este coaching-ul? Prin ce este diferit față de celelalte metode?

Ultima întrebare este una foarte importantă. Coaching-ul a fost deseori confundat cu trainingul și cu counselling-ul, motiv pentru care este esențial să trasăm o distincție între aceste metode.

Coaching-ul este un parteneriat în cadrul căruia îndrumătorul îl ajută pe client să-și atingă potențialul maxim și să producă rezultatele pe care acesta și le dorește în viață și la locul de muncă. Obiectivul coaching-ului poate fi similar cu cel al altor tehnici ce implică ajutarea unor oameni aflați în impas: a sprijini schimbarea personală conform doleanțelor clientului și a-l ajuta pe acesta să-și atingă cele mai înalte limite.

Tipuri diferite de coaching

Există mai multe tipuri de coaching, dar aptitudinile implicate sunt, în general, aceleași; diferența constă în faptul că ele sunt utilizate în variate domenii. Un coach se poate specializa într-una dintre aceste ramuri, însă nu de puține ori se întâmplă ca domeniile să se suprapună. Să luăm, de pildă, coaching-ul de viață și cel de afaceri. Un coach de viață nu poate fi eficient fără a analiza locul de muncă al clientului, în timp ce un coach de afaceri nu își poate ajuta clientul decât dacă îl determină să-și armonizeze slujba cu stilul de trai.

Coaching-ul de viață

Un coach de viață abordează existența clientului în toate dimensiunile sale – de la viața personală și profesională până la sănătate și relații. Va exista întotdeauna o problemă imediată de rezolvat, dar o astfel de abordare va avea implicații în multe aspecte ale vieții clientului, precum dieta, condiția fizică, relația cu partenerul de viață și cu copiii, satisfacția la locul de muncă, cariera, pensionarea sau condițiile de trai.

Coaching-ul pentru directori executivi

Un coach specializat în această ramură se concentrează pe soluționarea problemelor cu care se confruntă persoane aflate în funcții înalte de conducere, într-o companie. Aici, rolul coach-ului este acela de a ajuta oameni care au autoritate și putere într-o organizație. Îndrumătorul trebuie să fie familiar cu această lume și să se descurce perfect în sfera ei. În multe cazuri, se întâmplă ca el însuși să fi fost un director executiv care, la un moment dat, s-a specializat în coaching, ceea ce înseamnă că este conștient de presiunea la care sunt supuși conducătorii unei companii și că este la curent cu genul de decizii pe care aceștia trebuie să le adopte.

În general, directorii executivi ocupă poziții solitare. Se presupune că ei sunt cei care dețin răspunsurile la multe dintre problemele companiei, iar subordonații li se adresează pentru călăuzire. Din această ipostază, acestor oameni nu le este deloc ușor să găsească o persoană înțelegătoare și competentă cu care să discute despre presiunile și dificultățile slujbei pe care o au. În cea mai mare parte a cazurilor, nu găsesc în organizația administrată de ei niciun coleg cu care să poată vorbi despre speranțele, visurile, îndoielile și temerile lor. Acest rol extrem de important poate fi preluat cu succes de către un coach specializat în acest domeniu.

Impactul pozitiv pe care un director performant îl poate avea asupra unei companii este uriaș. Performanțele sale pot echivala cu un extraprofit de milioane de dolari, investiția făcută într-un proces de coaching fiind minoră în comparație cu câștigurile financiare pe care le determină.

Coaching-ul de afaceri

Coaching-ul pentru directori executivi reprezintă nivelul superior al coaching-ului pentru afaceri. Un coach de afaceri se ocupă de persoane aflate la locul de muncă, încercând să rezolve problemele de natură profesională cu care se confruntă acestea. Deseori, el lucrează în interiorul unei companii cu manageri sau cu echipe de angajați. Un director, de pildă, se poate confrunta cu dificultăți în comunicarea și colaborarea cu ceilalți colegi aflați în funcții de conducere, ceea ce îl va determina să solicite ajutorul unui coach. Alți directori vor apela la coaching pentru că vor simți nevoia de a-și clarifica viziunea și valorile, ori vor fi confuzi în privința misiunii și scopului afacerii. Apoi, vor exista situații în care o echipă întreagă de angajați va avea nevoie de coaching pentru a deveni mai eficientă.

Coaching-ul se referă la indivizi, nu la sisteme de afaceri. Cu toate acestea, impactul său asupra unei afaceri este benefic, îmbunătățindu-i în mod indirect rezultatele.

Totodată, coaching-ul de afaceri este cea mai potrivită continuare a unor ședințe de consultanță sau training. Fără coaching, trainingul și consultanța s-au dovedit, de cele mai multe ori, a fi bani irosiți, întrucât inerția sistemului întoarce afacerea în punctul din care a plecat. Rezistența la schimbări nu este un lucru rău în sine, dar este inevitabilă. O afacere trebuie să fie stabilă, altfel ar funcționa haotic și ar da faliment. De aceea, prin natura sa, ea se opune schimbării - oricărui tip de schimbare, inclusiv celei pe care o doriți dumneavoastră.

În majoritatea cazurilor, îndrumătorii de afaceri se interesează și de viața clientului, căci profesia acestuia nu poate fi separată de restul vieții. Deseori, performanțele slabe ale unor manageri sunt cauzate de un element aparținând vieții personale care îi îngrijorează și distrage, cum ar fi, de pildă, relația cu partenerul de viață.

Manager și, în același timp, coach?

Poate fi o persoană manager și coach, în același timp? Este o întrebare importantă. În contextul în care popularitatea profesiei de coach crește pe zi ce trece, multe afaceri încearcă să combine cele două roluri, inițiind manageri în domeniul coaching-ului sau, mai rău, așteptându-se ca managerul să se priceapă la coaching, fără niciun fel de pregătire.

Un manager ar putea, desigur, să practice coaching informal, însă i-ar fi foarte dificil să înlocuiască un coach bine pregătit și obiectiv, din patru considerente:

1. Managerul îl va vedea pe „client“ zi de zi, ceea ce înseamnă că îi va fi aproape imposibil să fie obiectiv.

2. Managerul este și așa suficient de ocupat pentru a mai avea o nouă responsabilitate. O sarcină în plus i-ar aglomera programul și l-ar incomoda.
3. Principala responsabilitate a managerilor este cea față de afacere, nu față de client, ceea ce face din confidențialitate o problemă destul de delicată.
4. Un alt impediment se ivește atunci când managerul este cel responsabil de evaluarea individului pe care îl îndrumă. Cât de ușor îi va fi unui „client" să-i dezvăluie managerului că nu-i place slujba pe care o are sau că se simte prost tratat? Oricare ar fi realitatea, clientul va fi nevoit să păstreze tăcerea în privința unor sentimente și experiențe semnificative legate de locul de muncă.

Prin urmare, nu este exclus ca un manager să poată prelua rolul unui coach, în limite bine definite – cum ar fi îmbunătățirea pe termen scurt a unei aptitudini –, dar un coach din exterior va da, întotdeauna, rezultate incomparabil mai bune în ansamblu.

Coaching-ul de carieră

Coach-ul de carieră se specializează în îndrumarea persoanelor care doresc să-și găsească o slujbă, să schimbe domeniul în care activează sau să se reîntoarcă pe piața muncii, după o perioadă în care au șomat. Ne referim aici la un domeniu din ce în ce mai important în societatea modernă. În lumea occidentală, există de două ori mai multe persoane apte de muncă decât locurile de muncă disponibile. Fenomenul are două cauze. Prima este aceea că din ce în ce mai mulți muncitori calificați intră pe piața muncii. A doua se referă la faptul că, din cauza progresului tehnologic, o mare parte a slujbelor au dispărut. Un computer poate face, acum, munca pentru care înainte erau necesare aproximativ șase persoane. În același timp, mulți oameni se pensionează devreme și trăiesc mai mult, motiv pentru care există mii de persoane care ar dori să muncească, dar care își găsesc cu greu o slujbă. În 2003, Marea Britanie a executat modificări semnificative în structura sistemului de pensii, urmând ca din ce în ce mai multe persoane să muncească până la vârsta de 70 de ani. Astfel, slujbele atrăgătoare vor fi ocupate mai mult timp, efectul estimându-se a fi unul devastator. Deja, unui britanic trecut de vârsta de 50 de ani îi este aproape imposibil să-și găsească un nou serviciu.

Îndrumătorii de carieră colaborează, deseori, cu agențiile de plasament al forței de muncă. Planningul de carieră nu este un domeniu izolat; în majoritatea cazurilor, se întâmplă ca acest proces să necesite coaching de viață și de afaceri.

Coaching-ul în sport

Sportul este domeniul din care a fost preluat termenul „coaching". Coaching-ul a fost în mod tradițional asociat cu viața sportivă, iar astăzi, toți atleții profesioniști au un coach (antrenor). De obicei, este vorba de un fost sportiv de succes, însă nu este obligatoriu ca acesta să fi concurat la cel mai înalt nivel. De ce numai atleții *de top* au îndrumători? Poate că sunt de top tocmai *pentru că* au un coach. Prin urmare, de ce n-ar avea un coach toți atleții care abordează cu seriozitate sportul pe care îl practică?

Toate ramurile coaching-ului sunt fascinante și împart același principiu de bază – stabilirea valorilor și obiectivelor, în tandem cu clădirea unor aptitudini pentru viitor. Indiferent care este domeniul în care ați ales să vă specializați, vă veți duce clientul dincolo de orice limite imaginate vreodată.

Coaching-ul se axează pe înțelegerea prezentului și proiectarea viitorului, nu pe „repararea" sau interpretarea trecutului. Coaching-ul este, de obicei, o relație de unu la unu, însă coaching-ul de echipă poate fi la rândul său foarte eficient. Îndrumătorul nu este un expert, fiind foarte posibil ca el să nu aibă cunoștințe detaliate despre domeniul în care activează clientul; misiunea sa este aceea de a pune întrebări și mai puțin de a da răspunsuri. Faceți suma tuturor acestor caracteristici și va rezulta o abordare distinctă, ce desparte și diferențiază coaching-ul de celelalte discipline de gen. Deosebirile esențiale existente între coaching și celelalte tipuri de abordări, precum trainingul sau counselling-ul, sunt enumerate la pagina 300, în secțiunea Resurse pentru capitolul 2.

Jocul lăuntric

Cu toate că, în ultimii ani, a devenit aplicabil în orice sferă a vieții, coaching-ul încă păstrează caracteristicile de bază ale începuturilor sale din lumea sportului – punerea accentului pe acțiune, realizări și măiestrie, pe dorința de a fi cel mai bun și pe importanța unor rezultate măsurabile.

În anul 1974 a fost publicată o carte care a influențat viața multor persoane – *The Inner Game of Tennis*, al cărei autor este Timothy Gallwey. Dacă ar fi să urmărim originile scrise ale coaching-ului, atunci această carte ar fi punctul inițial în care ne-am opri. Cu toate că a fost antrenor de tenis, Gallwey a aplicat principiile antrenamentului sportiv la un nivel mai extins, astfel încât ele să devină universal valabile. Autorul s-a concentrat asupra jocului lăuntric – bătălia pe care fiecare atlet o duce cu propriile limite psihice.

Un atlet care concurează are doi oponenți. Unul este cel din exterior, aflat în fața sa pe pistă, teren sau ring. Celălalt este unul interior: cel reprezentat de propriile limite. Pentru a câștiga jocul exterior, trebuie mai întâi să câștigi jocul interior. De cele mai multe ori, oponentul lăuntric se dovedește mai greu de învins decât cel exterior. Gallwey a identificat oponentul interior ca fiind partea care gândește prea mult, supraanalizează și se „străduiește". Străduința subminează acțiunea. El a pus accentul pe conștientizare, îndemnând sportivii să examineze ceea ce fac (nu ceea ce ar trebui să facă), astfel încât să le fie mai ușor să-și schimbe stilul de joc. Principiile promovate de scriitorul american sunt aplicate în toate tipurile de coaching.

Coaching-ul avansează următoarea întrebare primordială: „Cum pot fi mai bun?" Cu o întrebare asemănătoare debutează și programarea neurolingvistică. Au existat oameni de excepție în fiecare moment al istoriei. Care este diferența dintre aceștia și anonimii care formează masele? NLP a căutat răspunsuri la această întrebare prin analizarea oamenilor excepționali, din dorința de a descoperi cum au făcut ceea ce au făcut atât de bine. Cum au gândit? Cum și-au folosit corpul? Care au fost țelurile, valorile și credințele acestor oameni? Cum se foloseau de limbaj? Răspunzând la aceste întrebări, NLP construiește modele care funcționează. Cu alte cuvinte, dacă acționezi conform modelului, vei obține aceleași rezultate: rezultate de excepție.

Cele trei elemente de sprijin ale coaching-ului

La fel cum un taburet se sprijină pe cele trei picioare ale sale, tot aşa coaching-ul are drept piese de temelie credinţele, valorile şi obiectivele

1. Se axează pe ceea ce vă doriţi – ţelurile dumneavoastră – şi pe modalităţile prin care puteţi obţine acele lucruri.
2. Vă încurajează să vă cunoaşteţi valorile şi să le trăiţi în drumul spre atingerea obiectivelor.
3. Luptă împotriva limitelor psihice autoimpuse în plan psihic şi dă naştere unor credinţe pozitive, prezentându-i clientului sarcini care furnizează feedback.

Clădirea aptitudinilor

Coaching-ul, ca şi NLP, clădeşte aptitudini, implementând patru dintre ipotezele de bază ale programării neurolingvistice:

1. *Oamenii deţin deja toate resursele de care au nevoie sau le pot obţine oricând.* Un îndrumător îşi tratează clientul ca pe o persoană bogată în resurse.

Nu coach-ul este cel care are răspunsul, ci clientul. Coach-ul îl determină pe client să fie conștient de situația în care se află, lucrează cu el în privința țelurilor și a valorilor sale, indică situațiile în care acesta poate face alegeri, se luptă cu deprinderile care îl țin pe loc și îl sprijină în demersul de a face schimbările pe care și le dorește.

2. *Oamenii iau întotdeauna cea mai bună decizie disponibilă.* Facem tot ceea ce putem mai bine la momentul dat. Odată cu îmbogățirea cunoașterii și înmulțirea opțiunilor, cele mai bune eforturi ale noastre ne vor duce tot mai aproape de locul în care vrem să ajungem. Suntem deseori precum un atlet care aleargă bine și cât de repede poate, fără a ști însă că pista pe care se află este una nepotrivită. Stilul de alergare este perfect, dar direcția – complet greșită.
3. *Comportamentul uman este ghidat de scopuri.* Cu toții suntem mânați de țeluri și valori – ce ne dorim și de ce ne dorim acele lucruri. Scopurile sunt cele care declanșează schimbările.
4. *Dacă vrei să înțelegi, acționează!* Ultima, dar poate cea mai importantă presupoziție, întrucât fără ea restul ar fi doar simple idei. Sunt foarte mulți oameni care cunosc cauzele impasului în care se află, dar acest lucru nu e suficient. Fără acțiune, ei nu vor afla niciodată cum pot produce schimbările pe care și le doresc. Orice proces de coaching care nu aduce după sine un nou comportament este complet inutil.

Totuși, spre deosebire de NLP, coaching-ul nu se referă la utilizarea unui set specific de instrumente. Coaching-ul este mai degrabă o atitudine, o relație bazată pe anumite principii. Rezultatul coaching-ului îl reprezintă excelență pe termen lung și înzestrarea clientului cu abilitatea de a avansa în viață pe cont propriu – de a fi generatorul propriilor acțiuni. Ca orice profesor priceput, un bun coach trebuie să știe să se facă nu indispensabil, ci, într-o ultimă etapă, inutil.

SUMAR

Există cinci mari domenii de specializare pentru un coach:

- coaching-ul de afaceri
- coaching-ul pentru directori executivi
- coaching-ul de carieră
- coaching-ul de viață
- coaching-ul sportiv

Coaching-ul își are originile în sport, dar astăzi poate fi aplicat în orice domeniu al vieții.

Coaching-ul oferă răspunsuri la o întrebare esențială: „Cum pot fi mai bun?"

Cele trei zone de interes ale coaching-ului sunt:

1. Obiectivele: concentrarea asupra a ceea ce vă doriți și asupra modalităților de atingere a scopurilor propuse.
2. Valorile: cunoașterea a ceea ce este important pentru dumneavoastră și trăirea propriilor criterii în vederea atingerii obiectivelor.
3. Credințele: contestarea convingerilor care vă limitează, prin îndeplinirea unor sarcini care furnizează feedback.
4. Coaching-ul implementează patru dintre ipotezele de bază ale NLP:
    1. Oamenii dețin deja toate resursele de care au nevoie sau le pot obține oricând.
    2. Oamenii iau întotdeauna cea mai bună decizie disponibilă.
    3. Comportamentul uman este ghidat de scopuri.
    4. Dacă vrei să înțelegi, acționează!

Coaching-ul împărtășește anumite principii cu terapia, counselling-ul, trainingul, învățământul, consultanța și activitățile de mentoring. Totodată, coaching-ul se axează pe o abordare distinctă, care nu este proprie niciuneia dintre celelalte metode. Coaching-ul este generativ, se concentrează pe prezent și pe viitor și ajunge la înțelegerea lumii prin intermediul acțiunii.

PAȘI DE ACȚIUNE

Dacă vă doriți să înțelegeți, acționați. Iată aici câteva modalități de explorare a ideilor prezentate în acest capitol. Le puteți folosi ca sarcini atât pentru client, cât și pentru dumneavoastră, în caz că doriți acest lucru.

1. Ce aptitudine proprie v-ați dori cel mai mult să îmbunătățiți?
   Cum veți decide că sunteți suficient de bun la acel lucru?
2. Gândiți-vă la slujba perfectă.
   Ce fel de activitate v-ar fascina atât de tare, încât nu v-ar da impresia că munciți?
   Cum v-ar plăcea să munciți?
   Unde ați dori să munciți? Gândiți-vă la atmosfera perfectă de muncă.
   Când ați dori să munciți? Gândiți-vă la programul perfect de muncă.
   Care ar fi primul pas pe care l-ați face, astfel încât să vă apropiați cât mai mult de transformarea acestor gânduri în realitate?
   Faceți acel pas.
3. Pentru ce anume din viața dumneavoastră sunteți foarte recunoscător?
   Cum puteți avea mai multe astfel de lucruri?
   Faceți astăzi un pas care să abordeze acest obiectiv.

Visul continuă...

Se pare că misterioasa femeie cunoaște destul de bine locul... Nu știm exact în ce calitate se află aici, dar ne gândim că poate ne va ajuta. Ne-a avertizat că trebuie să fim foarte atenți la lucrurile din jur și ne întrebăm: „Atenți în legătură cu ce?“ Am petrecut mult timp explorând locul, dar până acum n-am întâlnit nimic periculos. Din contră, totul ne-a părut foarte monoton...

Pe urmă, am realizat că ne mișcam în cerc!

Bizara femeie din fața noastră menționase că pericolele se află în locurile pe care nu le frecventezi. Poate că a vrut să spună că pericolele există în locuri ale clădirii în care noi nu am ajuns. Așadar, sunt multe lucruri noi de văzut. Avem impresia că există ceva foarte ciudat, chiar în afara ariei noastre vizuale, precum o mișcare pe care abia o percepem cu coada ochiului. Uneori, auzim râsete purtate până la urechile noastre de adierea vântului, însă ne este imposibil să ne dăm seama de unde vin... Poate că acesta este răspunsul.

Deodată, în fața noastră apare o ușă de lemn dublă. Ciudat! Nu o observasem deloc până atunci, cu toate că fusese mereu acolo! Era atât de aproape de noi! Cum de ne-a scăpat? Seamănă cu ușa de la intrare a unei case mari și vechi; pe ambele părți, este sculptată în modele complexe, ce par a-și schimba formele în timp ce le privim.

Ne îndreptăm spre ușă și observăm un ascensor. Este plin până la refuz de oameni și nu credem că am mai avea și noi loc în el; acest amănunt nu pare totuși să o îngrijoreze pe femeia care ne însoțește.

Ușa liftului se închide. S-a dus...

În timp ce ne frământăm mințile întrebându-ne ce-am putea face în această situație, constatăm că misterioasa noastră însoțitoare deschide ușa unui alt ascensor.

Acesta este complet gol și foarte diferit de primul... Pare chiar mai vechi decât celălalt. Ușa are aceleași modele sculptate ca și cea mare de afară; frumoase, dar cam neobișnuite pentru un lift.

Femeia o deschide și ne invită înăuntru. Rămânem însă pe loc, neștiind ce-ar trebui să facem. Ea ne întreabă: „*Vreți sau nu* să ajungeți în vârf?“ Apoi, începe să o închidă ușor...

„Da, dar...“

Dă din cap, ca și cum ar înțelege prin ceea ce trecem, și ne șoptește: „Dacă da, atunci trebuie să riscați și să urcați.“

Ne aflăm înăuntru. Podeaua liftului nu este una foarte solidă; se leagănă ca și cum ne-am afla într-un hamac. Poate de aceea toți ceilalți au luat primul lift...

O parte a ascensorului este transparentă; putem vedea clădirea coborând în timp ce noi urcăm. Liftul se balansează ca o pendulă; mișcarea e atât de puternică, încât abia dacă ne mai putem ține pe picioare. Totul se clatină, cu excepția flăcării de la lampa femeii. Este singura care rămâne stabilă. Nu știm de ce, dar nu suntem deloc surprinși.

Nu avem, oricum, timp să ne gândim la ea, căci tocmai în momentul în care credem că liftul se va opri, o altă zdruncinătură aproape că ne dărâmă.

Rămânem tăcuţi; ne este frică. Ne uităm la femeie, iar expresia de pe chipul ei ne dă impresia că savurează călătoria. Pare să fie obişnuită cu aşa ceva. E cumva nebună?

Am părăsit, într-adevăr, parterul clădirii, dar vom mai ajunge, oare, vii până sus?

Nu ştim, dar cale de întoarcere nu mai există.

Liftul urcă şi iar urcă; se caţără pe pereţii clădirii precum o insectă. Ne amintim cât de înaltă este clădirea. De ce ne-am dorit să ajungem sus?

Până la urmă, cu un ultim tremur, liftul se opreşte. Uşa se deschide şi răsuflăm uşuraţi. A fost o călătorie solicitantă şi anevoioasă. Suntem, oare, aproape de locul în care am vrut să ajungem?

Privim în jur. Priveliştea e uimitoare. Nu ne imaginaserăm că vom găsi atâtea lucruri aici sus. Clădirea pare mai degrabă un oraş. De aici, de la înălţime, putem vedea mult mai multă viaţă; peste tot sunt oameni şi flori. Undeva, jos de tot, zărim locurile prin care am rătăcit la început şi multe altele pe care nici nu le-am observat, chiar dacă ne-am aflat exact în mijlocul lor. Reuşim să distingem şi cercul mare în care ne-am învârtit.

O catedrală gotică impunătoare ne atrage atenţia. Ar fi interesant să o vizităm.

Femeia ni se alătură. Ochii ei cuprind blând şi senin priveliştea.

Maiestuoasa catedrală se înalţă în faţa noastră. Ne decidem să mergem mai aproape şi să o vizităm.

PARTEA A II-A

ARTA COACHING-ULUI

CAPITOLUL 3
Obiective și valori

Cât de satisfăcut sunteți, în acest moment, de viața dumneavoastră? Avem tendința de a ne obișnui cu ceea ce avem. Continuăm să facem aceleași lucruri zi de zi, convinși că acestea vor funcționa așa cum au făcut-o și în trecut. Poate că viețile noastre sunt liniștite, dar un sentiment sâcâitor ne face să ne întrebăm: Oare am tot ceea ce merit?

Viața modernă este una fascinantă și în același timp plină de pericole. Farmecul ei constă în faptul că fiecare om are șansa de a se îndrepta numai și numai în direcția aleasă de el, în timp ce pericolul este acela de a se lăsa împins pe drumul proiectat de alții. Dacă nu știți ce vă doriți, va fi foarte ușor să intrați în contact cu persoane care vă vor spune ce-și *doresc* ele să faceți, încercând în același timp să vă determine să le îndepliniți doleanțele. Dacă nu vă deranjează acest lucru, poate ar fi mai bine să vă opriți din cititul acestei cărți. Dacă însă doriți altceva de la viață, dacă doriți să aveți tot ceea ce meritați, continuați să citiți... Așadar, aveți, în acest moment, tot ceea ce meritați?

Viața e o serie de mici decizii. Luate separat, ele par neimportante, dar împreună formează un tot crucial. Nu este niciuna care să nu fie importantă. O viață întreagă poate fi schimbată ca urmare a unei decizii aparent nesemnificative. Orice gest, orice acțiune, orice mică decizie – toate au un scop, iar a-ți lua viața în propriile mâini înseamnă a avea un scop al tău. Este crucial să-ți stabilești pe cont propriu obiectivele, evitând să-i lași pe alții să facă acest lucru pentru tine. Fixarea obiectivelor este indispensabilă succesului. Obiectivele sunt visuri înzestrate cu picioare – ele merg undeva!

Când (eu, Andrea) am început să mă simt atrasă de doctrinele care pun accentul pe obiective și pe beneficiile aduse de acestea în viețile oamenilor, m-am întrebat dacă funcționează cu adevărat în lumea reală sau dacă nu cumva sunt simple utopii. Curiozitatea mi-a fost stârnită citind despre realizările uimitoare ale unor oameni care-și stabiliseră obiective precise și își schimbaseră în mod radical stilul de viață. Într-o bună zi, am decis să testez eu însămi aceste idei. Singurul lucru rău care se putea întâmpla era ca nimic să nu se schimbe.

Muncisem din greu ani la rând și totuși nu mă bucuram deloc de viață. Trudisem, oare, pentru ceva ce nu îmi doream? Viața pe care o aveam *nu* era deloc cea la care visasem.

Primul pas important pe care l-am făcut a fost acela de a începe să-mi notez obiectivele. A fost prima cărămidă pe care am zidit-o la construirea vieții de care mă bucur acum. Îmi doream nespus să fac ceva diferit.

Schimbările nu s-au lăsat așteptate și, imediat ce am început să-mi abordez obiectivele cu seriozitate, o mulțime de lucruri noi mi-au invadat viața. Înainte, toată activitatea mea profesională fusese dedicată artelor, în special teatrului. Petrecusem ani buni din viață în teatre și studiouri de cinema, lucrând zi și noapte. Nu pot spune decât că a fost o perioadă frumoasă și fascinantă, cu toate acestea, eram convinsă că trebuie să fac ceva diferit pentru a mă simți cu adevărat împlinită. Nu este ușor să pornești pe un drum nou, mai ales atunci când nu ai nicio garanție că, odată ajuns la capătul său, vei obține ceea ce ți-ai dorit. Îmi era teamă, însă este normal ca necunoscutul să te sperie. Frica poate fi totuși pozitivă, în cazul în care știi să direcționezi, acolo unde trebuie, energia pe care ți-o dă. Frica este cea care ne îmboldește, căci atunci când nu ne paralizează, ea ne poate motiva. Teama este un instinct de supraviețuire, ceea ce înseamnă că are rolul său în viață. Deseori însă ea ne împiedică să avansăm, reținându-ne în același loc, sigur și confortabil. Eu am știut să-mi respect frica și să-i fiu recunoscătoare.

Atunci când dispunem de suficient sprijin pentru a ne urma țelurile (acesta poate consta în credința în propriile posibilități și într-un viitor mai bun), ne putem transcende frica. Este crucial să nu ne lăsăm copleșiți de teamă în perioada de tranziție, adică în acel interval de timp în care am părăsit contextul familiar, dar încă nu am ajuns la destinație. Această perioadă ne poate fi ori cel mai bun prieten (pregătindu-ne pentru atingerea scopului), ori cel mai dificil adversar (făcându-ne să încetăm a mai crede că obiectivul poate fi atins, doar pentru că *încă* nu am ajuns la capătul drumului). Când am decis să părăsesc lumea cinematografiei pentru a deveni un coach NLP, nu eram deloc pregătită. Citisem multe cărți pe marginea acestui subiect, dar mai aveam încă multe de învățat. Prin urmare, cu toate că eram foarte nerăbdătoare, perioada de tranziție mi-a fost de mare ajutor, întrucât mi-a oferit oportunitatea de a mă pregăti așa cum trebuie pentru atingerea obiectivului propus.

Toate acestea se întâmplau în urmă cu ceva ani. Acum, mă aflu la Mallorca, într-o vilă superbă, scriind această carte despre NLP și coaching, împreună cu o persoană deosebită, cu care am împărtășit cele mai frumoase momente și realizări din viață. Relația noastră se bazează pe prietenie, dragoste și încredere deplină – adică pe acele lucruri pe care le prețuiesc cel mai mult în viață. Ne petrecem o mare parte a timpului călătorind, oferind ședințe de coaching și cursuri de NLP și suntem foarte fericiți. Îmi amintesc că am fost de multe ori pe punctul de a înceta să mai cred că toate acestea sunt posibile. Mă bucur nespus că am continuat să cred, în fiecare etapă a călătoriei, că visurile mele pot deveni realitate.

Acum, în timp ce mă gândesc la cuvintele așternute pe foaie, cu mulți ani în urmă, zâmbesc. Acele cuvinte – obiectivele mele – sunt cele mai importante și mai puternice pe care le-am scris vreodată.

Explorarea prezentului și proiectarea viitorului

Obiectivele sunt visuri înzestrate cu picioare. Ce înseamnă acest lucru?

Obiectivele ne impulsionează, ne împing de la spate. Ele reprezintă ceea ce ne dorim. De ce ne mai deranjăm să ne dăm jos din pat, dimineața? Deoarece ne dorim ceva. Ar putea fi vorba de un lucru neînsemnat, precum micul dejun, sau de ceva important, cum ar fi îmbunătățirea existenței altor persoane, prin intermediul unei activități utile. Obiectivele reprezintă esența coaching-ului. Coaching-ul îl ajută pe client să articuleze ceea ce-și dorește, să viseze frumos, să înzestreze acele visuri cu picioare și să alerge, apoi, cu ele.

Întotdeauna ne îndreptăm spre un anume lucru. Ne deplasăm dinspre starea prezentă spre cea dorită. În momentul în care nu mai suntem satisfăcuți de ceea ce avem, ne avântăm într-o călătorie către ceva mai bun. Oamenii se deosebesc între ei prin obiectivele pe care și le propun. Sunt oameni care au tot confortul material de care pot dispune și totuși sunt nemulțumiți. Alții trăiesc vieți simple, dar pot fi foarte satisfăcuți. Țelurile noastre sunt unice, ca și amprentele.

Opusul fixării unui obiectiv este reprezentat de analizarea excesivă a problemelor – concentrându-te pe ceea ce nu merge bine. Nu puțini sunt cei care rătăcesc într-un labirint de probleme, meditând prelung la istoria, costul și consecințele acestora, cât și la persoanele ce pot fi învinovățite pentru ele. Stabilirea obiectivelor convertește întrebarea „Ce este greșit?" în: „Ce îmi doresc?" Această metodă îl determină pe client să meargă mai departe, într-o manieră structurată.

Coach-ul îl ajută pe client să exploreze prezentul și să proiecteze viitorul. El îl transferă pe client din punctul în care se află în cel în care își dorește să ajungă, punându-i la dispoziție mai multe opțiuni și mai multe resurse pentru călătorie.

Acest proces implică două tipuri diferite de obiective:

- *Obiectivul final*: destinația, punctul spre care vă îndreptați.
- *Obiectivul intermediar:* călătoria dumneavoastră, modalitatea prin care veți ajunge la destinație. Atunci când elaborați un plan de atingere a obiectivului final, acesta va include o serie de obiective mai mici, care, treptat, vor constitui călătoria.

Conştientizarea acestor două aspecte diferite în fixarea obiectivelor este crucială. Deseori, ele sunt confundate, motiv pentru care rezultatele nu sunt întotdeauna cele dorite.

Cele şapte reguli de aur ale obiectivelor

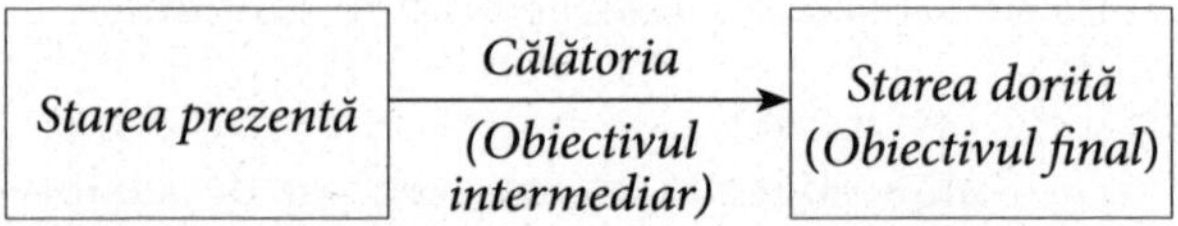

Atunci când vă stabiliţi un obiectiv, este bine să simţiţi că merită să luptaţi pentru a-l atinge. El trebuie să vă exprime valorile, altfel de ce v-aţi mai osteni? Există şapte reguli de aur, extrem de utile în stabilirea propriului obiectiv, ori în asistenţa oferită unei alte persoane în acest sens. Regulile pot fi aplicate atât în cazul obiectivelor profesionale şi personale, cât şi în cazul celor pe care doreşte să şi le stabilească o companie.

1. Obiectivele sunt exprimate în sens pozitiv

Orice obiectiv final trebuie exprimat în sens pozitiv – el trebuie să reprezinte ceea ce vă doriţi, nu ceea ce încercaţi să evitaţi. Mulţi dintre clienţi observă ceea ce e greşit în viaţa lor şi doresc să se îndepărteze de acel lucru. Ei vă vor spune cu exactitate ce nu-şi doresc. Dar a-ţi stabili un obiectiv negativ este ca şi cum te-ai duce la cumpărături cu o listă de produse pe care nu doreşti să le cumperi.

Puterea stabilirii obiectivelor constă în faptul că vă fixează atenţia şi vă concentrează gândurile. În cazul în care vă decideţi asupra unui obiectiv negativ, acesta vă va fixa atenţia pe ceva ce nu vă doriţi. De aceea, dacă, de pildă, v-ați propune să nu pierdeți bani, „pierderea banilor“ ar fi singurul lucru care v-ar preocupa. Dacă v-ați propune să renunțați la fumat, atenția dumneavoastră se va concentra tocmai pe fumat. E mult mai bine să vă gândiți la ceea ce vă doriți – în cazurile de față, la obținerea unor sume mai mari de bani și la o sănătate mai bună.

Această regulă de aur se aplică numai obiectivelor finale – cu alte cuvinte, destinației dumneavoastră. O destinație trebuie să fie întotdeauna pozitivă; este un punct spre care vă îndreptați. În schimb, nu este exclus ca obiectivul intermediar – modalitatea prin care ajungeți acolo – să conțină și câteva aspecte negative. Mai exact, atingerea obiectivului final ar putea implica renunțarea la anumite lucruri. La această latură ne vom referi mai târziu, atunci când vom schița un plan de acțiune (*vezi* paginile 88–89).

Întrebări-cheie pentru client, privind prima regulă de aur:

- Ce vă doriți?
- Ce vă doriți în schimbul a ceea ce aveți?
- Ce ați dori mai degrabă să aveți?

2. Stabiliți un obiectiv cât mai clar

Stabiliți-vă obiectivul final – destinația dumneavoastră – în așa fel încât să fie cât mai clar posibil. Este o misiune facilă în cazul anumitor obiective, precum cumpărarea unui nou computer, a unei mașini sau a unei case. În cazul obiectivelor abstracte și impalpabile, situația se complică. Este greu să te exprimi cu acuratețe atunci când te referi la o relație mai bună sau la dorința de a avea mai multă încredere în propriile forțe. Pentru aceste țeluri abstracte, fiți cât mai clar atunci când vă referiți la ceea ce ar atesta atingerea obiectivului. Spre exemplu, dacă obiectivul este acela de a avea mai multă încredere în propriile calităţi, atunci puteţi şti că l-aţi atins atunci când veţi fi în stare să ţineţi un discurs de 10 minute, în faţa mai multor persoane; acest lucru trebuie să se întâmple fără să transpiraţi de emoţie şi fără să fi stat treaz toată noaptea de dinainte, din cauza grijilor. De asemenea, va fi necesar ca discursul să fie caracterizat drept satisfăcător de cel puţin două dintre persoanele prezente, care v-au promis să vă ofere un feedback sincer.

Pentru dorinţele referitoare la anumite obiecte – cum ar fi, de pildă, „Vreau o maşină nouă", unde rezultatul este un obiect palpabil şi uşor de descris –, referiţi-vă cât mai clar la acestea, dar faceţi-o în limite adecvate. Nu fiţi perfecţionist. Cei care au această tendinţă devin mult prea exigenţi şi nu acceptă nimic mai prejos de ceea ce și-au propus iniţial.

Coach-ul trebuie să abordeze, mai întâi, obiectivele pe termen lung ale clientului, a căror definire clară nu este posibilă. Nu poţi fixa viitorul aşa cum fixezi un fluture în insectar. Cu cât un obiectiv este mai apropiat, cu atât el poate fi mai precis. În acest caz, o persoană poate estima când, unde şi cu cine îl poate atinge.

Pentru dorinţele abstracte – cum ar fi, de pildă, „Vreau să am mai multă încredere în mine", unde încrederea este o calitate abstractă –, nu încercaţi să precizaţi care va fi rezultatul. În schimb, specificaţi ce doriţi să vedeţi, să auziţi şi să simţiţi – dovezile care vă vor înştiinţa că aţi dobândit încrederea de care aveaţi nevoie.

Singurul lucru la care *întotdeauna* va trebui să fiţi cât mai precis este scara temporală:

- Cât va dura abordarea acestui obiectiv?
- Când vă doriți să atingeți obiectivul în cauză?
- Cât va dura până veți obține ceea ce vă doriți?

Această regulă se aplică atât călătoriei, cât și destinației. Durata călătoriei va reprezenta intervalul de timp în care vă propuneți să ajungeți la destinație.

Întrebări-cheie:

- Ce vă doriți mai exact?
- Puteți descrie foarte clar acest obiectiv?
- Ce veți vedea și auzi atunci când veți obține ceea ce vă doriți?
- Cât va dura?
- Când vă doriți să atingeți acest obiectiv?

3. *Stabiliți modul în care veți obține feedback și dovada obiectivului atins*

În cazul obiectivului final, este important să stabiliți proba ce vă va convinge că ați realizat ceea ce vă doreați. Atunci când veți vedea, auzi și simți X, Y și Z, veți ști că obiectivul a fost îndeplinit.

În cazul obiectivului intermediar – călătoria –, ceea ce vă va ghida va fi feedbackul. Acesta vă va indica dacă sunteți sau nu pe drumul cel bun spre destinația aleasă. Feedbackul pentru un agent de vânzări va fi, de pildă, calitatea raportului dintre el și cumpărător – micile semnale pe care clienții le oferă în timpul actului de tranzacție, drept răspuns la beneficiile aduse de un anume produs. Un bun agent de vânzări este cel care știe să încheie o afacere prin examinarea atentă a feedbackului transmis de cumpărător, de la limbajul trupului până la tonalitatea vocii și cuvintele folosite.

Puteți rata complet obiectivul, atunci când nu acordați suficientă atenție feedbackului. Riscul este mare mai ales în cazul obiectivelor pe termen lung. Imaginați-vă un avion care decolează de pe aeroportul din São Paulo, cu destinația Honolulu. Pilotul programează ruta, cu punct final în Honolulu. Totuși, după decolare, el nu lasă avionul să zboare de unul singur, ci monitorizează constant condițiile de zbor, altitudinea, traficul aerian, echipamentul de siguranță și, desigur, direcția, pentru a se asigura că avionul nu deviază de la ruta stabilită inițial. Chiar dacă aparatul de zbor a pornit în direcția corectă atunci când a părăsit aeroportul din São Paulo, pilotul știe că trebuie să acorde atenție constantă călătoriei. Vigilența permanentă este extrem de importantă, indiferent dacă se ivesc sau nu urgențe neașteptate; de fapt, tocmai monitorizarea avionului este cea care îl asigură pe pilot că *nu* vor avea loc evenimente neplăcute. Dacă așa stau lucrurile în cazul unor aparate de zbor moderne, echipate cu sisteme computerizate de siguranță, nu credem că mai e nevoie să spunem cât de important este feedbackul în contextul inconstanței și incertitudinii comunicării umane.

Prin urmare, atunci când ajutați un client să-și stabilească obiectivele, trebuie, mai întâi, să îi adresați câteva întrebări care să îl determine să se gândească la feedback:

- *„Cum vă veți măsura progresul?"*

Măsurarea progresului personal se poate efectua prin intermediul a două procedee principale, deși majoritatea obiectivelor vor implica elemente ale ambelor metode:

1. *În funcție de propria persoană.* Vă veți măsura performanțele la un moment dat, după care veți face același lucru mai târziu, analizând progresul înregistrat.
2. *În funcție de alte persoane.* Închipuiți-vă că sunteți un agent de vânzări și că doriți să realizați, luna viitoare, cele mai mari vânzări dintre toți colegii dumneavoastră. Pentru a reuși acest lucru, nu este obligatoriu să aveți performanțe mai bune decât cele prezente, ci doar ca restul să se descurce mai prost.

- *„Cât de des vă veți măsura progresul?"*

Să ne întoarcem la exemplul cu zborul spre Honolulu. Pilotul se va asigura constant că direcția avionului este cea corectă. Ar fi imprudent din partea lui să efectueze măsurătorile la intervale prea mari, întrucât, la o viteză de 800 de kilometri pe oră, un avion poate devia mult de la cursă chiar și într-o jumătate de oră. Adevărul este că avioanele nu se mențin niciodată exact pe direcția stabilită. Uneori, ele deviază spre dreapta, alteori, spre stânga. Pilotul trebuie să corecteze în mod constant direcția, altfel avionul ar zbura în sens greșit pe distanțe lungi, făcând corecția mai dificilă și mai îndelungată. Aceleași principii se aplică și în cazul obiectivelor. Trebuie să fim, întotdeauna, atenți la feedback, pentru a ne asigura că suntem pe drumul cel bun.

Dacă marginea drumului este presărată cu indicatoare, atunci putem menține direcția corectă. Indicatoarele ne pot servi drept ghid, în timp ce absența lor poate însemna dezastrul. În țările nordice, locuitorii obișnuiesc să pună de-a lungul drumurilor, la aproape fiecare 10 metri, stâlpi subțiri din metal. Aceștia pot părea ciudați în timpul verii, dar iarna, atunci când zăpada acoperă drumul, ei le confirmă conducătorilor auto că n-au deviat de pe autostradă. În lipsa lor, ar exista riscul ca șoferii să ajungă în mijlocul unui câmp sau peste marginea unei prăpăstii.

Întrebări-cheie:

- „Cum veți ști că ați atins obiectivul propus?"
- „Ce fel de indicii veți instala de-a lungul drumului?"
- „Cum veți ști că vă aflați pe drumul cel bun?"
- „Cât de des veți verifica dacă direcția este sau nu cea corectă?"

4. Gestionarea resurselor

În timpul *călătoriei*, resursele sunt importante și absolut necesare. (Ele vor deveni inutile la destinație.) Resursele pot consta în:

- *Obiecte*: Cărțile pe care le-ați citit, echipamente și aparatură tehnologică sau materiale audio-video cu informații utile.
- *Oameni*: Familie, prieteni, colegi sau alte persoane cunoscute de-a lungul vieții.
- *Timp*: Credeți că aveți suficient timp pentru a vă dedica atingerii obiectivului propus? Dacă nu, cum vă puteți face timp? Cum veți reacționa în fața unor întârzieri îndelungate?
- *Modele umane*: Cunoașteți persoane care au reușit să-și transforme dorințele în realitate? Ce puteți învăța de la ele? Există mărturii scrise de oameni de succes care explică ce au făcut pentru a-și atinge obiectivele? Există în cărțile citite sau în filmele și piesele de teatru vizionate un personaj fictiv pe care să-l puteți folosi drept model?

- *Calități personale*: Care sunt calitățile (aptitudini și talente) de care dispuneți sau care vă sunt necesare pentru a realiza ceea ce v-ați propus?

Țelul poate părea unul greu de atins și foarte îndepărtat, iar călătoria – lungă și anevoioasă, dar o resursă minoră utilizată acolo unde trebuie poate face diferența. Efort minim, rezultate maxime. Este vorba aici de folosirea efectului de pârghie, nu de forța brută. Efectul de pârghie reprezintă principiul conform căruia poți avea rezultate maxime în urma unui efort minor. El poate însemna ori renunțarea la anumite activități, ori impunerea unora noi. Gândiți-vă la efectul de pârghie atunci când vă utilizați resursele.

Întrebări-cheie:

- „Care vor fi resursele de care veți avea nevoie pentru a vă atinge scopul?"
- „Care sunt resursele de care, deja, dispuneți?"
- „Unde veți găsi resursele de care aveți nevoie?"

5. *Fiți proactiv*

Acest principiu se aplică, de asemenea, *călătoriei*, nu destinației. Pentru atingerea țelului pe care vi l-ați fixat, va trebui să treceți la acțiune, *dumneavoastră*, nu altcineva. Este esențial să simțiți că sunteți cauza evenimentelor din propria viață, nu doar un observator neputincios al efectelor. Mulți clienți apelează la coaching întrucât își dau seama că sunt dirijați de cei din jur, că întotdeauna reacționează la ceea ce fac alții, nereușind să producă ceva bun pentru ei înșiși. În aceste condiții, primul pas ce trebuie făcut este acela de a-și stabili obiectivele, iar regula de față este extrem de importantă în cazul lor.

Oamenii folosesc două maniere diferite atunci când vorbesc despre acțiunile întreprinse, iar cuvintele folosite reflectă întotdeauna felul în care gândesc despre acestea. Prima implică folosirea „vocii active". Ne referim aici la fraze precum „Am făcut acest lucru", „Mi-am stabilit aceste obiective" sau „Am ținut acea prezentare" – în care *dumneavoastră* sunteți protagonistul, în care *dumneavoastră* sunteți cel care face ceva.

Atunci când recurg la cealaltă manieră, oamenii își folosesc „vocea pasivă". Ea pune accentul pe *ceea ce s-a făcut*, evitând să specifice persoana care a întreprins acțiunea. Spre exemplu: „Obiectivele au fost stabilite" sau „Prezentarea a decurs bine". În niciunul dintre cele două exemple nu se menționează *cine* a făcut aceste lucruri. Uneori, clienții utilizează vocea pasivă întrucât nu se simt confortabil în asumarea responsabilității unui anume obiectiv (dacă eșuează?). Alteori, ei fac acest lucru din falsă modestie. Ascultați cu atenție și asigurați-vă că persoana pe care o ghidați își folosește vocea activă, astfel încât să-și asume responsabilitatea țelurilor fixate.

Întrebări-cheie:

- „Cât de mult se află acest obiectiv sub controlul dumneavoastră?"
- „Ce aveți de gând să faceți?"
- „Ce veți face pentru a atinge acest obiectiv?"
- „Ce le puteți oferi celorlalți, astfel încât aceștia să-și dorească să vă ajute?"

6. Acordați atenție consecințelor pe plan extins

Încercați să nu vă axați atenția doar asupra propriei persoane. Toate acțiunile pe care le întreprindem au consecințe asupra întregului sistem în care trăim. Prin urmare, obiectivele pe care le urmărim vor avea consecinţe atât pentru noi, cât şi pentru cei din jurul nostru. E bine să fim conştienţi de acest lucru, încă de la bun început.

Această regulă se aplică atât destinaţiei, cât şi călătoriei. Merită obiectivul fixat eforturile noastre? Va însemna el mai multă fericire? Va face ca viaţa dumneavoastră să fie una mai echilibrată? Cum va afecta persoanele din jur? În mod negativ sau în mod pozitiv? Care vor fi costurile atingerii scopului, atât pentru dumneavoastră, cât şi pentru celelalte persoane?

Călătoria trebuie, la rândul ei, examinată în profunzime. Care sunt mijloacele pe care le veţi folosi şi ce efecte vor avea ele asupra celor din jur? Există oameni care ar putea fi tentaţi să se arunce vijelios asupra obiectivului fixat, fără a mai ţine seama de efectele adverse pe care o astfel de abordare le poate avea asupra prietenilor şi familiei.

Puteţi obţine orice vă doriţi – spune zicala – atât timp cât sunteţi dispus să plătiţi costurile. Ce costuri presupune atingerea obiectivelor pe care vi le-aţi propus? Sunteţi dispus şi capabil să le plătiţi? Nu ne referim aici doar la costuri în bani, ci şi la cele în timp şi oportunităţi.

Întrebări-cheie:

- „Ce consecinţe au acţiunile dumneavoastră asupra celorlalţi?" Trebuie să analizaţi din perspectiva acestora (*vezi* paginile 142–143) şi să vă imaginaţi ce ar crede ei despre ţelurile pe care vi le-aţi fixat.
- „Care sunt costurile în timp, bani şi oportunităţi?"
- „Ce v-ar determina să renunţaţi?"

- „Cum va fi afectată balanţa dintre diferitele aspecte diferite ale vieţii dumneavoastră (relaţii, timp liber, partea profesională, sănătate), atunci când vă veţi atinge obiectivul?"
- „La ce lucru important din prezent ar trebui să renunţaţi pentru a vă atinge scopul?"

7. Elaboraţi un plan de acţiune

Schiţarea unui plan de acţiune reprezintă procesul prin care un vis devine obiectiv. Atunci când definiţi paşii ce trebuie urmaţi pentru a vă atinge ţelul, nu faceţi altceva decât să vă aduceţi visul la viaţă.

Pentru a trece la acţiune, este obligatoriu să fiţi motivat. De aceea, obiectivele trebuie să fie stimulatoare şi, în acelaşi timp, realiste. Este esenţial să fiţi atras de obiectiv şi să fiţi convins că acesta poate fi atins.

Unele obiective, în special cele pe termen lung, pot părea descurajatoare. Pentru a se evita această senzaţie, planul de acţiune le împarte în paşi mărunţi şi realizabili, desenând astfel o hartă a călătoriei.

Mai târziu, vom aborda mai pe larg tema planului de acţiune.

Regulile de aur aplicate obiectivelor finale și intermediare

DESTINAȚIE (OBIECTIV FINAL)	CĂLĂTORIE (OBIECTIV INTERMEDIAR)
DOVEZI CARE VOR ATESTA ATINGEREA SA	FEEDBACK
	PROACTIV Cum este măsurat Cât de des este măsurat Cum vă veți da seama că sunteți pe drumul cel bun
Specificat cât mai clar	RESURSE Lucruri Persoane Calități personale Timp Bani Modele Cărți

DESTINAȚIA ȘI CĂLĂTORIA:
SĂ MERITE EFORTUL
Măsurate în timp
PLANUL DE ACȚIUNE
Consecințe
- pentru alte persoane
- în alte sfere ale vieții dumneavoastră
- la ce va trebui să renunțați
- ce vă doriți să păstrați

Abordarea obiectivelor

Primul pas important într-o relație de coaching este acela de a-l determina pe client să-și definească obiectivele. Mai întâi, el trebuie să indice obiectivele pe termen lung, iar când spunem „termen lung“, ne referim la perioade de cel puțin 10 ani.

Cei mai mulți oameni nu sunt obișnuiți să se gândească atât de departe, însă este esențial să facă acest lucru, pentru a-și clarifica direcția în care doresc să meargă. Doar prin stabilirea unor obiective pe termen lung, ei vor putea să-și fixeze scopuri pe termen scurt – cele care îi vor păstra în direcția corectă.

Cereți-i clientului să-și noteze cel puțin cinci obiective pe termen lung (cel puțin 10 ani în viitor). Este o parte esențială a planificării vieții sale.

Este bine ca lista obiectivelor să fie una echilibrată și diversificată:

Un obiectiv privind cariera;
Unul referitor la sănătate;
Unul legat de relații;
Unul privind situația financiară;
Unul referitor la evoluția personală.
Altele, privind dezvoltarea spirituală, contribuția la evoluția comunității, timpul liber sau crearea unui mediu înconjurător ideal.

Odată ce clientul a făcut acest lucru, pasul următor este acela de a-i cere să precizeze câteva obiective pe termen mediu (cinci sau mai mulți ani în viitor), iar apoi cel puțin cinci obiective pe care ar urma să le îndeplinească într-un interval de maximum doi ani. În final, el va trebui să menționeze cel puțin cinci obiective pe care își propune să le atingă într-un an. Acest proces ar putea necesita mai multe sau mai puține ședințe, în funcție de personalitatea clienților. Unora dintre ei le va fi ușor să-l parcurgă, în timp ce alții îl vor găsi complicat și anevoios. În secțiunea Resurse există mai multe formulare-tip pe care le puteți utiliza cu clienții, în scopul stabilirii obiectivelor (*vezi* pagina 307).

La final, îi veți solicita clientului să repete cel mai important principiu dintre toate: obiectivul trebuie să merite efortul. El trebuie să fie conform valorilor clientului. Țelurile sunt generate de valori; ele sunt cele care dau startul călătoriei și îl determină pe client să meargă mai departe atunci când își pierde entuziasmul. Clientul își dorește ceva la un nivel profund, iar valorile reprezintă resortul real al obiectivelor.

Valorile

Ce sunt valorile? Este foarte simplu. Valorile reprezintă acele lucruri pe care dumneavoastră le apreciați cel mai mult în viață, nucleul propriei ființe. Nu există om care să nu aibă valori. Cei care susțin că n-au nicio valoare o fac pentru că nu se cunosc suficient de bine.

Valorile sunt elemente mentale, principii de acțiune, și, de obicei, sunt abstracte. Exemple: dragostea, onestitatea, distracția, sănătatea, respectul, libertatea, loialitatea, integritatea, siguranța și prietenia. Prețuim aceste calități atât la noi înșine, cât și la ceilalți.

În coaching, dorim să descoperim valorile clienților, astfel încât ei să le exprime pe deplin în propria lor viață. Puteți afla valorile clientului prin intermediul următoarelor întrebări:

- „Ce este important pentru dumneavoastră în privința...?“
- „Ce contează pentru dumneavoastră în acest caz?“
- „Ce beneficii vă va aduce acest lucru?“

O altă cale eficientă de a depista valorile clientului este aceea de a adresa următoarea întrebare: „Ce metaforă ați folosi pentru a vă descrie atunci când faceți acest lucru? Cine sau ce sunteți în acel moment?" Răspunsul clientului – un egiptolog, de exemplu – va implica anumite valori, cum ar fi curiozitatea, dorința de a explora și curajul.

Multe persoane se gândesc la valori într-un sens strict logic, însă acestea nu aparțin logicii. Ele sunt o expresie a ceea ce suntem, iar oamenii nu sunt logici. Vor exista multe cazuri în care clienții vă vor răspunde în mod rațional cine cred că sunt, în timp ce valorile lor profunde ar putea fi cu totul altele.

Valorile depind, uneori, de context. Ceea ce oamenii prețuiesc într-o relație diferă de ceea ce apreciază în viața profesională. În același timp însă ei își mențin unele valori adânc înrădăcinate, care rămân aceleași, indiferent de context.

Valorile clientului nu trebuie judecate niciodată, chiar dacă uneori pot părea bizare. Misiunea coach-ul nu este aceea de a judeca. El trebuie să respecte valorile clientului, indiferent de cum se prezintă acestea. Atunci când simte că nu poate face acest lucru, e de preferat să pună capăt colaborării cu persoana în cauză.

Valorile sunt exprimate prin comportament, iar gesturile și acțiunile ce indică o valoare pot diferi de la om la om. De cele mai multe ori, atunci când o persoană sau o companie acționează într-un mod inacceptabil sau imoral, o face pentru că nu îi este clar care este valoarea ce îi generează comportamentul, neștiind ce anume să facă pentru a o satisface.

Toate țelurile sunt generate de valori. Orice lucru pe care ni-l dorim în lumea materială este expresia unei valori pe care dorim să o obținem. Vrem să călătorim spre destinația propusă, întrucât ea este importantă pentru noi. Călătoria este însă presărată cu multe capcane. Una dintre cele mai periculoase este aceea de a neglija călătoria în favoarea destinației. Este crucial să respectați valoarea care a generat obiectivul, prin acțiunile desfășurate în vederea atingerii lui. Trebuie să trăiți valoarea în cadrul călătoriei, în drumul dumneavoastră spre atingerea scopului.

Primim, astfel, răspunsul la o întrebare foarte veche: justifică scopul mijloacele folosite? Unii spun că da, alții, că nu. Răspunsul este acela că scopurile și mijloacele se află într-o relație de dependență. Scopurile sunt obiective finale. Ele sunt generate de una sau mai multe valori. Dacă ignorăm valoarea în graba noastră de a ne atinge obiectivul, destinația – în caz că va mai fi vreuna – s-ar dovedi nesatisfăcătoare. Stabilirea destinației în conformitate cu propriile valori este un lucru de maximă importanță, căci astfel veți concepe traseul ce vă va duce exact în punctul dorit. Valorile care au generat obiectivul reprezintă busola călătoriei dumneavoastră. Ele vor fi garanția că la capătul drumului vă așteaptă fericirea.

Există situații în care oamenii își fixează anumite obiective, iar apoi încearcă să le atingă fără a mai respecta valorile care le-au făcut atât de atrăgătoare de la bun început. Să luăm, spre exemplu, un bărbat care își iubește familia și care dorește să le ofere membrilor ei o viață cât mai frumoasă. Așadar, valoarea sa de bază este dragostea pentru familie, astfel că muncește din greu să aibă o situație financiară care să-i permită să le cumpere soției și copiilor lucruri dintre cele mai bune. Însă, în tot acest timp, el se află mai mereu la locul de muncă, neglijându-și familia și înstrăinându-se de propriii copii, care devin, astfel, nefericiți. La rândul său, bărbatul ajunge să se simtă la fel de nefericit, moment în care își dă seama că ceva este în neregulă. Situația nu este cea dorită, dar el își justifică comportamentul prin ideea că face tot ce poate pentru binele familiei lui. Într-adevăr, așa este, însă acțiunile sale au ca finalitate exact opusul rațiunii lor de bază. El își atinge scopul referitor la asigurarea unei situații financiare cât mai bune pentru bunăstarea familiei, dar aduce nefericire în sufletele copiilor și soției, ca urmare a faptului că nu a respectat valoarea ce a generat obiectivul.

Atunci când ne cunoaștem valorile, suntem liberi să găsim calea optimă pentru a ne satisface cele mai profunde nevoi. Totodată, trăirea valorilor în timpul călătoriei ne menține motivați pe întregul parcurs.

Întrebarea e următoarea: cum descoperim valoarea care a generat un anumit obiectiv?

Descoperirea valorii din spatele obiectivului

În continuare, vă vom prezenta o ședință tipică de coaching, pentru a vă învăța cum să descoperiți valoarea din spatele unui anumit obiectiv. Scopul clientului nostru este acela de a se pensiona în cel mult 10 ani. Atunci când l-am întrebat care este cea mai importantă valoare care l-a determinat să-și fixeze acest obiectiv, a răspuns: independența financiară. Este un răspuns logic și, desigur, foarte important, dar coach-ul a dorit să exploreze mai în profunzime valoarea care a generat acest obiectiv.

Coach-ul: Gândiți-vă o clipă la pensionare și spuneți-mi ce beneficii vă va aduce aceasta?

Clientul: Îmi va aduce mai multă liniște.

Coach-ul: Iar după ce veţi avea linişte, ce beneficii vă va aduce?

Clientul: Voi dispune de securitate financiară! (Tonul vocii i se schimbă uşor, devenind parcă mai animat.)

Coach-ul: După ce veţi avea securitate financiară, ce beneficii vă va aduce?

Clientul: Nu voi mai fi îngrijorat de îmbătrânire. (Ochii i s-au mişcat spre dreapta şi au revenit apoi la poziţia iniţială. Răspunsul dat a fost unul negativ, fapt pentru care trebuia transformat într-unul pozitiv.)

Coach-ul: Iar când nu veţi mai fi îngrijorat de îmbătrânire, ce beneficii vă va aduce?

Clientul: Fericire. (Răspunsul părea sfârşitul drumului, însă coach-ul a insistat, întrucât tonul vocii şi limbajul trupului clientului nu l-au convins că a depistat cu adevărat valoarea de bază. Răspunsurile oferite păreau superficiale. În plus, corpul acestuia nu avea o poziţie echilibrată pe scaun, fiind aplecat într-o parte.)

Coach-ul: Când veţi avea fericire, ce alt beneficiu vă va aduce?

Clientul: Voi progresa! (Tonul vocii i s-a schimbat drastic, postura a devenit mai echilibrată, iar privirea – îndreptată direct în ochii coach-ului. Mai mult, pentru prima oară, clientul a specificat răspicat identitatea subiectului, asociindu-se cu valoarea în cauză.)

Coach-ul: Iată un răspuns care sună diferit!

Clientul: Dar am crezut că securitatea financiară este principalul motiv pentru care...

Coach-ul: În regulă. Atunci, spuneți-mi ce beneficii vă va aduce securitatea financiară?

Clientul: Voi putea călători și întâlni alți oameni, în diverse locuri ale lumii.

Coach-ul: Iar atunci când veți călători și veți întâlni alți oameni, care vor fi beneficiile?

Clientul: Voi învăța.

Coach-ul: Iar atunci când veți învăța, care va fi beneficiul?

Clientul: Voi progresa!

Toate drumurile par să fi dus la această valoare de bază: „Voi progresa."

Aceasta era, de fapt, valoarea care a generat obiectivul legat de pensionare.

Procesul depistării valorilor de bază

Iată etapele procesului de depistare a valorilor de bază:

1. Care este țelul clientului? Ce își dorește clientul?
2. Coach-ul preia informația și, folosind cuvintele clientului, adresează întrebări care duc discuția la un nivel superior (metodă cunoscută sub numele de „segmentare"). El întreabă: „Când veți avea [obiectivul clientului, în cuvintele sale], ce beneficiu vă va aduce?" (Observați că întrebarea începe cu un element temporal, „când", și nu cu „dacă", întrucât „dacă" implică îndoială privind atingerea scopului în cauză.) Această întrebare trebuie, de asemenea, să conecteze clientul cu obiectivul. Cu alte cuvinte, el trebuie să experimenteze în acel moment cum este să aibă ceea ce-și dorește. O altă cale de a pune această

întrebare este: „Imaginaţi-vă că aveţi, acum, ceea ce vă doriţi. Ce beneficiu vă aduce acest lucru?"

3. Clientul răspunde precizând un alt obiectiv sau o altă valoare.
4. Coach-ul pune, iarăşi, aceeaşi întrebare, folosind cuvintele clientului din răspunsul anterior.
5. Clientul răspunde cu un alt obiectiv sau cu o altă valoare.
6. Coach-ul şi clientul continuă acest proces până când cel din urmă se opreşte la un lucru foarte important pentru el. Aceasta este valoarea din spatele obiectivului.

În acest proces, este foarte important să folosiţi *exact* cuvintele clientului, astfel încât, atunci când clientul spune „linişte", să *nu încercaţi* să înlocuiţi termenul cu „pace", „tihnă", „răgaz" sau alt sinonim. Ele ar putea însemna ceva diferit pentru client, termenul cu care a fost înlocuit cuvântul iniţial riscând să denatureze procesul.

Obiectivul

↓

„Când veţi avea ceea ce vă doriţi (obiectiv), ce beneficii vă va aduce?"

↓

Valoare

↓

„Când veţi avea ceea ce vă doriţi (valoare), ce beneficii vă va aduce?"

↓

Continuaţi cu aceeaşi întrebare până când veţi ajunge la valoarea de bază.

Cum puteţi şti că aţi descoperit valoarea de bază?

Există mai multe indicii:

- Atunci când clientul repetă același cuvânt de mai multe ori în timpul procesului.
- Atunci când clientul accentuează anumite cuvinte cu un gest sau o tonalitate puternică.
- Atunci când clientul face o afirmație în care specifică deslușit identitatea subiectului. (În exemplul oferit mai sus, răspunsul a fost: „Voi progresa!“)
- Atunci când procesul se desfășoară într-un cerc închis, iar clientul repetă același răspuns.
- Coach-ul poate verifica valoarea de bază prin împărțirea în mai multe bucăți a motivului logic, prezentat de client la început. (În exemplul oferit de noi, coach-ul a utilizat, pentru a testa valoarea, termenul „securitate financiară“ deoarece clientul credea că acesta este motivul care a generat obiectivul său.)

Odată ce descoperiți valoarea din spatele scopului, atingerea acestuia poate deveni un proces plăcut. Fără descoperirea – și trăirea – valorii de bază, călătoria poate însemna ani la rând de caznă și eforturi zadarnice. Nu puțini sunt cei care își irosesc viețile aflându-se într-o continuă căutare a fericirii.

Această idee ne conduce către următorul pas. Coach-ul trebuie să găsească cea mai bună cale prin care clientul să poată trăi și respecta valoarea ce a generat obiectivul, pe întregul parcurs al călătoriei.

Ședința a continuat.

Coach-ul: Cum puteți fi sigur că veți progresa, în timp ce vă veți îndrepta spre pensionare?

Clientul: Făcând ceea ce fac şi acum. Examinând cele mai bune modalităţi de a-mi îmbunătăţi fizicul, mintea şi sufletul; apoi, verificând unde mă aflu în acest proces şi ce altceva mai pot face.

Coach-ul: Cum vă simţiţi în legătură cu acest lucru?

Clientul: Mă simt foarte bine şi uimit de faptul că progresul personal este motivul pentru care fac toate acestea. Am realizat că este vorba despre ceva care mi-a influenţat puternic viaţa şi deciziile.

În acest punct, un observator exterior ar putea gândi că toate acestea sunt mai mult decât evidente. Răspunsul e că toate răspunsurile profunde şi cruciale la întrebările vieţii nu pot fi evidente decât la o examinare ulterioară a evenimentelor. În acelaşi timp, cuvintele – aşa cum se prezintă ele în discursul clientului – poartă un înţeles personal pentru acesta. Dacă, la început, coach-ul ar fi întrebat: „Este adevărat că acţiunile majore pe care le-aţi întreprins până acum au avut ca resort faptul că vă doriţi să învăţaţi cât mai multe din viaţă?", probabil că acesta ar fi răspuns „Da", fără prea multă convingere. În exemplul dat, clientul a rostit însă din proprie iniţiativă anumite cuvinte, iar ele au atins o coardă sensibilă înăuntrul său. Acele cuvinte au venit din interior, fără a-i fi impuse din afară. Coach-ul a creat condiţiile optime pentru o conexiune între client şi valoarea sa de bază.

Aşadar, descoperirea valorii din spatele obiectivului şi a modului în care trebuie s-o respectaţi şi s-o trăiţi în drumul spre atingerea scopului este un proces simplu, totuşi profund, care implică două întrebări importante:

- „Când aveți ceea ce vă doriți, ce beneficiu *vă va aduce* acel lucru?“
- Cum vă puteți asigura că *veți trăi* acea valoare, în cadrul procesului?“

Observați presupozițiile inserate în întrebare. Întrebând „Când aveți ceea ce vă doriți, ce beneficiu *vă va aduce* acel lucru?“, se presupune că obiectivul a fost deja atins. Întrebând: „Cum vă puteți asigura că *veți trăi* acea valoare, în cadrul procesului?“, se presupune că persoana ghidată este responsabilă pentru valoare și că are posibilitatea de a o trăi în desfășurarea procesului.

Planul de acțiune

Mai întâi de toate, coaching-ul îl ajută pe client să-și clarifice idealurile prin folosirea celor șapte reguli de aur.

Apoi, coach-ul îl asistă în stabilirea acelor valori de bază care îi generează obiectivele și care îl vor ghida în călătorie.

Abia acum clientul este pregătit să-și elaboreze un plan de acțiune.

De obicei, oamenii își schițează un astfel de plan gândindu-se la viitor. Ei încep cu prezentul, iar apoi privesc înainte, spre viitor, definind pașii logici pe care îi vor urma pentru a ajunge dintr-un punct într-altul. Noi credem că este mult mai eficient ca acest proces de planificare să se desfășoare în sens invers. Începeți cu obiectivul final. Țelul este cel care generează acțiunea, prin urmare, este un punct logic de pornire. Majoritatea oamenilor evită să înceapă cu obiectivul, din cauză că nu sunt siguri că-l vor atinge, context în care se gândesc că trebuie să înceapă cu prezentul. Ei se tem de incertitudine, fără a realiza însă că atunci când îşi stabilesc un obiectiv, acesta devine singura lor certitudine. Începeţi cu certitudinea viitorului vizat, nu cu incertitudinea prezentului. Atunci când începeţi de la coadă spre capăt, aflaţi mai multe despre ceea ce aveţi de făcut şi despre ce nu trebuie să faceţi.

Reprezentarea timpului

Elaborarea unui plan de acţiune înseamnă planificare în timp, motiv pentru care trebuie să găsim o modalitate de a reprezenta timpul. Cea mai bună metodă este cea în care timpul este văzut ca o distanţă. Vorbim despre trecutul îndepărtat şi despre viitorul apropiat. Vedem o distanţă lungă reprezentând o perioadă lungă de timp şi o distanţă scurtă reprezentând un interval scurt de timp. Ceasul funcţionează pe baza unei linii ce formează un cerc, indicatoarele sale – aflate într-o mişcare circulară continuă – având rolul de a măsura timpul. La rândul lor, calendarele alocă un anumit spaţiu fiecărei zile. Aşadar, pentru elaborarea unui plan de acţiune, primul lucru pe care un coach trebuie să-l facă este acela de a-l determina pe client să reprezinte timpul ca pe o distanţă.

Este crucial ca îndrumătorul să îndepărteze din mintea clientului felul în care acesta percepe timpul. Puteţi face acest lucru într-o manieră directă, solicitându-i clientului următorul lucru: „Imaginaţi-vă o linie care reprezintă viaţa dumneavoastră. Indicaţi direcţia în care se află trecutul, iar apoi pe cea care reprezintă viitorul.“ Linia care va uni cele două puncte va fi „linia timpului“.

Viitor

↑

Trecut

Stabilirea planului de acțiune

Odată ce clientul ajunge să înțeleagă noțiunea timpului văzut ca o distanță, puteți începe să lucrați cu el în vederea stabilirii pașilor planului de acțiune. Pentru această etapă, puteți opta pentru una dintre următoarele două modalități:

1. Clientul își poate elabora singur planul, schițându-l pe o foaie de hârtie. Rugați-l să marcheze prezentul și viitorul pe foaie – spre exemplu, prezentul ar putea fi plasat în josul paginii, iar viitorul (împreună cu obiectivul) în partea de sus. O altă variantă ar fi aceea în care prezentul este plasat în stânga paginii, iar viitorul în dreapta. Apoi, clientul va trebui să plaseze pașii de acțiune între cele două puncte. (S-ar putea să aveți nevoie de o foaie mai mare!)
2. Clientul poate desena o linie a timpului pe podea. Rugați-l să marcheze direcția viitorului (de exemplu, spre dreapta). Stabiliți apoi un punct al prezentului și cereți-i să meargă pe linia timpului desenată pe podea, stabilind în acest timp pașii de acțiune. În timp ce clientul face aceasta, dumneavoastră trebuie să notați pașii pe care îi menționează.

Vom descrie acum acest proces, în cea de-a doua variantă, cu o linie a timpului desenată pe podea.

Pașii de acțiune

- Stabiliți obiectivul clientului și valoarea care îl generează.
- Rugați-l pe client să deseneze o line a timpului.
  „Unde este prezentul dumneavoastră?“
  „Unde este viitorul dumneavoastră?“

„Când vă doriţi să atingeţi acest obiectiv?"
„Cât de îndepărtat în viitor credeţi că va fi?"

- Puneţi o foaie de hârtie pe podea, în partea destinată viitorului, cu obiectivul notat pe ea. Locul ales va reprezenta momentul în care clientul va obţine ceea ce îşi doreşte.
- Rugaţi-l pe client să păşească pe acea foaie de hârtie „în viitor" şi ajutaţi-l să se simtă cu adevărat conectat la acel moment.
„Acum vă aflaţi aici, v-aţi atins ţelul!"
„Priviţi, auziţi şi simţiţi realizarea dumneavoastră. Cum este? Vă bucuraţi de toate acele lucruri pe care obiectivul atins le aduce cu el; aveţi tot ceea ce v-aţi dorit."

Asiguraţi-vă că momentul este cu adevărat trăit de client. Observaţi schimbările produse în postura corpului şi în nuanţa tenului. Clientul se va proiecta mental în viitor, bucurându-se de sentimentul atingerii scopului.

În clipa în care clientul îşi va asocia pe deplin fiinţa cu acel moment, întrebaţi: „Ce aţi făcut înainte de atingerea obiectivului?" Clientul vă va indica ce anume a precedat obiectivul pentru ca realizarea sa să aibă loc. Notaţi acest lucru. Trebuie să fie vorba de o acţiune. Unii clienţi vor descrie nu acţiunea, ci sentimentul care i-a condus în punctul final. În cazul în care lucrurile stau astfel, întrebaţi ce acţiune a declanşat acele sentimente.

- Atunci când clientul este pregătit, cereţi-i să se retragă de la viitorul dorit cu un pas înapoi.
- Odată ajuns la acţiunea care precede atingerea obiectivului, determinaţi-l să se identifice cu acel moment: „Ce anume faceţi aici? Priviţi, auziţi şi

simțiți cu exactitate acest moment. Faceți-l cât mai real posibil."

- Verificați dacă persoana în cauză s-a identificat pe deplin cu acel pas, ascultând cu atenție limbajul pe care îl folosește. Spre exemplu, este esențial ca el să vorbească la timpul prezent, la persoana I singular („Scriu o scrisoare", nu „Aș putea scrie o scrisoare", „Voi scrie o scrisoare" sau „Am scris o scrisoare".)
- Atunci când sunteți sigur că asocierea clientului cu acel moment s-a produs, întrebați: „Ce ați făcut chiar înainte de acest punct, pentru ca el să devină posibil?" Clientul vă răspunde. Notați acel pas.
- Cereți-i clientului să facă un pas înapoi.
- Repetați acest proces până când clientul ajunge la momentul prezent. Asigurați-vă că ați notat cel puțin șase pași de acțiune (pentru a avea garanția că sunt suficient de preciși), fiecare descris de un verb la timpul prezent.

Nu acceptați răspunsurile prompte. Există clienți care încearcă să răspundă în funcție de planul pe care și l-au schițat dinainte, pornind de la prezent spre viitor. În timpul procesului de stabilire a pașilor de acțiune, ei nu fac altceva decât să prezinte acel plan într-o versiune inversată. Astfel, totul decurge mult prea rapid și ușor. Noi îi îndemnăm să uite complet de planul gândit inițial și să se gândească doar la ceea ce fac în acele momente. Pașii de acțiune rezultați sunt complet diferiți și mult mai utili decât cei stabiliți anterior de client.

- Atunci când clientul ajunge la momentul prezent, rugați-l să vă spună ce crede despre plan. Apoi, cereți-i să iasă de pe linia timpului și să o privească din lateral. Ce părere are despre plan din această poziție detașată? Metoda oferă clientului două căi de evaluare. Una este cea din momentul prezent, cu planul de acțiune direct în față, pe când cea de-a doua reprezintă o observare detașată, în care clientul se plasează, virtual, în afara timpului, având posibilitatea de a evalua pașii de acțiune într-o manieră mai critică. Ambele viziuni sunt necesare.

- Puneți următoarele întrebări în fiecare dintre cele două situații:
  „Ce părere aveți despre acest plan?"
  „Doriți să schimbați ceva în ordinea pașilor?"
  „Credeți că lipsește ceva important din acest plan?"
  „Observați vreun pas care vă pare inutil?"
- Atunci când clientul se află în poziția laterală, cereți-i să asocieze fiecare pas cu o anume perioadă: „Când ar trebui completat acest pas?" Notați termenele-limită pentru fiecare pas în parte. Asigurați-vă că acele termene sunt realiste și nu se referă la „speranțele" clientului în privința momentului de punere în practică a pașilor de acțiune.
- În clipa în care va fi mulțumit de pași și de termene, clientul va trebui să se întoarcă la punctul ce reprezintă momentul prezent și să pășească pe linia timpului spre viitor, imaginându-și fiecare pas. În proces, coach-ul se folosește de notițele luate mai devreme, reamintindu-i clientului pașii de acțiune și datele fixate. Astfel, cei doi explorează încă o dată pașii, dar dinspre prezent spre viitor. De asemenea, ei repetă mental planul, făcându-l să pară mult mai real. Această metodă de elaborare a planului de acțiune împarte obiectivul în mai mulți pași, înlesnind călătoria spre atingerea scopului final.

- Acum, clientul are un plan de acțiune. Prezentați-i o sarcină care îl va porni la drum și care îl va ajuta să ducă la bun sfârșit primul pas.
- Sărbătoriți realizările clientului! Deseori, refuzăm să facem un pas important în viață întrucât el ne pare unul spre o nouă sarcină, așa cum după un examen urmează altul, apoi încă unul și tot așa. Momentele de entuziasm îl mențin pe client motivat și în contact continuu cu obiectivul fixat.
- În final, cum ne putem asigura că persoana îndrumată își trăiește valorile în desfășurarea planului de acțiune? Se află, oare, planul de acțiune în conformitate cu valorile sale? Atunci când procesul este elaborat cu grijă și atenție, valorile vor fi prezente în fiecare pas al călătoriei.

Cele două călătorii

Planul de acțiune implică două călătorii paralele. Prima este cea vizibilă: o serie de acțiuni întreprinse de acea persoană, care vor aduce schimbări în mediul înconjurător și care vor fi observate de cei din jur. Cealaltă este călătoria invizibilă: călătoria lăuntrică. Această călătorie este una a sentimentelor, a învățării și a progresului personal. Vor exista clienți în cazul cărora călătoria vizibilă va fi cea mai evidentă. Ei se vor hotărî cu ușurință asupra pașilor de acțiune, dar nu vor vorbi prea mult despre sentimentele lor și nici despre lucrurile învățate în etapele procesului. Alții se vor referi mai mult la ceea ce simt, la ceea ce au învățat și la progresul înregistrat odată cu punerea în practică a pașilor de acțiune. În cazul acestora, lumea interioară este una mult mai vie decât cea exterioară, vizibilă. Coach-ul trebuie să lucreze concomitent cu ambele lumi.

Nu trebuie uitat că, pentru a genera un plan de acțiune, este totuși nevoie de pragmatism. Prin urmare, chiar dacă explorați călătoria interioară, asigurați-vă că în drumul spre atingerea țelului există pași clari și acțiuni clare. Nu puteți învăța lucruri noi decât făcând ceva diferit.

Vă sugerăm să lucrați împreună cu clientul asupra obiectivelor și valorilor sale, imediat după prima ședință, care este cea în care clientul și coach-ul se întâlnesc pentru prima oară și în care cei doi negociază felul în care vor colabora. Este următorul subiect ce urmează a fi abordat.

SUMAR

Obiectivele

Obiectivele sunt visuri aduse la viață; ele ajung undeva.

Orice decizie luată în viață ne modelează realitatea.

Folosiți în mod pozitiv frica de necunoscut pentru a vă îndrepta spre un viitor mai bun.

Fixându-vă obiective, vă asumați responsabilitatea față de direcția în care merge viața dumneavoastră.

Ne deplasăm dintr-o stare prezentă într-una dorită. În clipa în care nu mai suntem mulțumiți cu ceea ce avem, ne implicăm într-o călătorie spre ceva dezirabil.

Opusul fixării țelurilor este concentrarea pe probleme. A-ți analiza cu obstinație problemele înseamnă a te axa pe ceea ce este greșit.

Coach-ul îl ajută pe client să exploreze prezentul și să proiecteze viitorul.

Există două tipuri de obiective.

- Obiectivul final: destinația, punctul spre care vă îndreptați.
- Obiectivul intermediar: călătoria dumneavoastră, felul în care veți ajunge acolo unde vă doriți.

Cele şapte reguli de aur ale obiectivelor

1. Obiectivele sunt exprimate în sens pozitiv. Această regulă se aplică doar obiectivului final.
2. Stabiliţi un obiectiv cât mai clar.
   Stabiliţi-vă cu cât mai multă acurateţe un obiectiv final.
   Descrieţi cât mai exact obiectivele tangibile. În cazul obiectivelor abstracte, menţionaţi dovada care vă va indica atingerea scopului.
   Cu cât obiectivul este mai îndepărtat în timp, cu atât mai puţin exact trebuie să fie clientul atunci când se referă la el. Ţelurile pe termen lung hotărăsc direcţia.
3. Stabiliţi modul în care veţi obţine feedback şi dovada obiectivului atins.
   În cazul obiectivului final, este important să stabiliţi proba ce vă va convinge că aţi realizat ceea ce vă doreaţi.
   Pentru călătorie, elementul căruia trebuie să-i acordaţi cea mai mare atenţie este feedbackul.
   Ce anume veţi măsura?
   Cum vă veţi măsura progresul? Raportat la dumneavoastră sau raportat la alte persoane?
   Cât de des vă veţi măsura progresul?
4. Gestionaţi-vă cu grijă resursele.
   În călătoria dumneavoastră (nu şi la destinaţie) veţi avea mare nevoie de resurse.

   Resursele pot fi:
   - obiecte
   - oameni
   - timp
   - modele
   - calităţi personale

   Folosiţi-vă de resurse pentru a crea un efect de pârghie. Efectul de pârghie reprezintă principiul conform căruia poţi produce efect maxim în urma unui efort minor. El poate însemna ori renunţarea la anumite activităţi, ori impunerea unora noi.

Care sunt resursele pe care deja le aveţi?
Care sunt resursele de care aveţi nevoie pentru a progresa?

5. Fiţi proactiv.
   Acest principiu se aplică doar călătoriei, nu şi destinaţiei.
6. Acordaţi atenţie consecinţelor pe plan extins.
   Clientul trăieşte într-un sistem vast, iar acţiunile sale au consecinţe pentru toţi cei din jurul său. Regula se aplică atât destinaţiei, cât şi călătoriei.
   Care sunt consecinţele pentru ceilalţi?
   Care este costul în timp, bani şi oportunităţi?
   La ce lucru important din prezent ar trebui să renunţaţi pentru a vă atinge scopul?
7. Elaboraţi un plan de acţiune.
   Planul de acţiune împarte obiectivul în paşi mărunţi.
   El este harta călătoriei.
   Pentru a defini un plan de acţiune, trebuie să ştiţi care sunt valorile clientului.

Valorile

Valorile sunt lucrurile care au o însemnătate majoră pentru dumneavoastră.

Nu există valori rele.

De obicei, valorile sunt definite prin termeni abstracţi.

Orice obiectiv este generat de o valoare.

A nu vă respecta valorile în timpul călătoriei înseamnă a vă îngreuna şi bloca drumul spre atingerea obiectivului.

Descoperiţi valorile de bază care au generat obiectivul prin intermediul întrebării: „Ce beneficiu vă aduce acest lucru?"

Asiguraţi-vă că, în drumul spre ţelul său, clientul îşi trăieşte valorile.

Planul de acţiune

Pentru a schiţa un plan de acţiune, începeţi cu obiectivul şi terminaţi cu prezentul.

PAȘI DE ACȚIUNE

Dacă vă doriți să înțelegeți, acționați. Iată aici câteva modalități de explorare a ideilor prezentate în acest capitol. Le puteți folosi ca sarcini atât pentru client, cât și pentru dumneavoastră, dacă doriți acest lucru.

1. Gândiți-vă la un scop atins în trecut. Verificați dacă respectă cele șapte reguli de aur ale obiectivelor.
2. Planificați-vă viața – dacă nu ați făcut deja acest lucru – enumerând pe o foaie de hârtie cele mai importante cinci obiective pe termen lung (10 ani). Asigurați-vă că formează un set echilibrat de obiective, aparținând unor zone diferite din roata vieții (*vezi* pagina 123).
3. Gândiți-vă la un obiectiv pe care încă nu l-ați atins. Descoperiți valoarea din spatele său.
   Verificați dacă respectați valoarea în demersul dumneavoastră de a vă atinge scopul.
   Este planul de acțiune în concordanță cu valoarea care l-a generat?
4. Definiți un obiectiv pe termen scurt (unul pe care vă doriți să-l atingeți în următorul an) folosind cele șapte reguli de aur.
5. Faceți un inventar al propriilor resurse.
   Care sunt aptitudinile de care dispuneți? Gândiți-vă la fiecare context posibil.
   Care sunt cunoștințele dumneavoastră? Gândiți-vă la educație, la specializări și la ceea ce ați învățat în școala vieții.
   Care sunt persoanele cu care aveți sau ați avut diverse relații? Faceți o listă cu colegii de la locul de muncă, cu prietenii (atât din trecut, cât și din viitor), cu membrii familiei, cu mentorii, profesorii și cunoștințele ș.a.m.d.
   După ce terminați, gândiți-vă cum ar putea deveni unele dintre aceste persoane resurse utile pentru dumneavoastră.

CAPITOLUL 4
Prima ședință

> Procesul de coaching începe odată cu prima întâlnire între client și coach. Este momentul în care se stabilește raportul dintre cei doi - punctul de unde începe clădirea unei relații bazate pe încredere și coaching-ul în sine. Prima ședință pregătește scena, stabilește detaliile practice ale procesului de coaching, explorează situația prezentă a clientului și determină modul în care coach-ul și clientul urmează să colaboreze.

Prima întrevedere coach–client marchează o hotărâre de o însemnătate profundă. Clientul este o persoană care a decis să-și asume responsabilitatea asupra vieții și fericirii sale.

Prima ședința se desfășoară în opt etape:

1. Clădirea raportului și a temeliilor încrederii
2. Abordarea așteptărilor clientului
3. Evaluarea clientului și colectarea informațiilor
4. Depistarea îngrijorărilor imediate ale clientului
5. Conturarea alianței de coaching
6. Administrarea detaliilor practice
7. Asumarea unui angajament față de programul de coaching

8. Inaugurarea procesului de coaching cu cea mai arzătoare problemă a clientului

Clădirea raportului și a temeliilor încrederii

Raportul coach–client este o relație de influență și respect reciproce. Nu există decât o singură șansă pentru crearea unei bune impresii; raportul, în schimb, se poate clădi continuu, de-a lungul timpului. El se naște dintr-o tentativă sinceră de înțelegere a celeilalte persoane, din încercarea de a privi lucrurile și din perspectiva sa, de a auzi sunetele așa cum le aude ea și de a fi dispus să te transpui în locul său. Nu este ceva ce poate fi „deținut", ci o caracteristică a relației. Raportul coach–client nu este o relație de prietenie, ci una în care clientul este dispus să-și deschidă sufletul în fața îndrumătorului. De asemenea, raportul nu este o relație de armonie în idei – este foarte posibil ca cele două părți să aibă un raport bun, dar să se contrazică puternic în păreri și concepții. Totodată, raportul nu este o particularitate care ori există, ori nu, ci una care are anumite niveluri. De obicei, când persistă în timp, un raport se dezvoltă într-o relație de încredere. Raportul se formează în mod natural și poate evolua spontan de la un stadiu la altul. Important e să se evite orice acțiune care ar putea afecta în mod negativ acest proces.

Respectarea valorilor și credințelor

Pentru întemeierea raportului, este esențial să respectați credințele și valorile clientului. Acest lucru nu înseamnă că trebuie să fiți de acord cu el în orice privință, ci presupune o disponibilitate de a privi evenimentele și din perspectiva sa. De asemenea, este necesar ca îndrumătorul să pornească într-o relație de coaching cu multă curiozitate și pregătit să accepte părerile celuilalt. În caz contrar, există riscul ca acesta să-și ofere serviciile numai persoanelor care-i seamănă și pe care va încerca să le modeleze și mai mult conform personalității sale.

Clientul reprezintă întruchiparea valorilor și credințelor sale. Puteți să nu fiți de acord cu acestea, dar esența respectului înseamnă a-l accepta pe client așa cum este și cum se prezintă. Poate că faptele sale din trecut nu vor fi pe placul dumneavoastră, dar ați putea accepta și respecta aceste acțiuni examinând circumstanțele date și opțiunile clientului de la acea vreme.

Dacă simțiți însă că nu puteți tolera în niciun fel anumite aspecte, renunțați imediat la colaborarea cu clientul. Limitele dumneavoastră trebuie respectate și ele.

Armonizarea comportamentului

Cum puteți da de înțeles că îl respectați pe client și că vă doriți să-l înțelegeți?

În general, oamenii îi simpatizează pe cei care li se aseamănă. Dacă priviți cu atenție doi indivizi ce par a se înțelege bine, veți observa că tind să-și potrivească postura și gesturile, unul în funcție de celălalt. Ambii vor sta la fel, ori aplecați în față, ori aplecați pe spate. Uneori, se întâmplă ca amândoi să adopte aceeași poziție a corpului. Niciunul nu-l imită în mod deliberat pe celălalt; totul se întâmplă natural. Această tendință a fost studiată pentru prima oară în anii '60, de către William Condon. Denumirea generică pe care el a atribuit-o acestor fenomene a fost de *microritmuri culturale*.

Înregistrări video în care apar oameni aflați în relații bune relevă existența unui limbajul corporal asemănător dansului, plin de simetrie. Atunci când înregistrările au fost derulate cu încetinitorul, concordanțele au putut fi observate cu multă claritate. Unul dintre cei doi gesticulează sau își schimbă poziția, iar, după doar câteva secunde, celălalt face același lucru; ambii au tendința de a se mișca în același ritm. Își armonizează limbajul trupului, unul în funcție de celălalt.

Același lucru este valabil și în cazul tonului vocii. Persoanele care se află în relații de cordialitate tind să vorbească în același ritm și cu același volum. Ritmul vorbirii (numărul sunetelor scoase pe secundă) se egalizează. Perioada de latență (pauza între clipa în care o persoană se oprește din vorbit și cea în care cealaltă începe să vorbească) ajunge la același nivel în ambele cazuri. Mai mult, persoanele apropiate tind chiar să respire în același tempo.

Acest raport este unul la nivel de comportament. El trebuie să provină dintr-o dorință sinceră de înțelegere a felului în care cealaltă persoană vede realitatea și de transpunere în lumea sa. Doar așa va putea fi unul spontan, puternic și ușor de construit.

Așadar, examinați cu mare atenție comportamentul clientului dumneavoastră. Dacă acesta stă în picioare, stați și dumneavoastră. Dacă se așază pe scaun, faceți același lucru. Dacă se mișcă mai lent, mișcați-vă în același ritm cu el. Evaluați cât de dispus este să se implice în contacte vizuale. Contactul vizual nu spune nimic bun sau rău despre client, dar, în general, oamenii îi privesc pe ceilalți în ochi doar în funcție de cât de confortabil se simt. Așadar, urmăriți cu atenție privirea clientului. O privire îndreptată direct în ochii coach-ului nu creează în mod automat un raport, însă contactul vizual – spun specialiștii în domeniu – este un semn bun.

Urmăriți ritmul vorbirii și volumul vocii clientului. Dacă vorbește tare, vorbiți la fel de tare. Acordați mare atenție spațiului personal de care acesta pare să aibă nevoie; el variază de la cultură la cultură. În culturile anglo-saxonă și europeană, spațiul personal constă, de obicei, în distanța de la corp până la punctul în care ajung, întinse, mâinile persoanei respective.

Atunci când vă armonizați limbajul corporal și tonul vocii, clientul va înțelege în mod inconștient că depuneți eforturi sincere de a pătrunde în lumea lui – cum se simte, cum vorbește, cum se mișcă și cum privește –, fapt pentru care va începe să se simtă în largul său. Armonizarea comportamentală nu este însă totuna cu mimarea; nu încercați să copiați pur și simplu comportamentul clientului. Acest lucru ar avea un efect contrar celui dorit, făcându-l pe client să se simtă incomod.

Asigurați-vă că vă ajustați ținuta și tonul vocii chiar și în timpul în care vă contraziceți cu clientul într-o anume problemă. Cuvintele dumneavoastră se vor opune alor sale, dar gesturile și vocea îi vor transmite că încă îl respectați și că doriți să îl înțelegeți.

În cadrul primei ședințe, începeți prin a armoniza:

- postura generală
- ritmul gesturilor
- contactul vizual
- tempoul vorbirii
- tonul vocii

În cazul în care ședința nu decurge așa cum ar trebui, concentrați-vă mai puțin pe ceea ce spuneți și mai mult pe ajustarea vocii și a limbajului corporal.

Armonizarea cuvintelor

Cuvintele pe care le folosim ne reflectă gândurile, iar gândurile reprezintă realitatea aşa cum o vedem. Prin urmare, fiecare cuvânt contează. Reţineţi cuvintele şi frazele importante pe care clientul le rosteşte atunci când se referă la valorile sau obiectivele sale (notaţi-le dacă este necesar). Remarcaţi cum clientul le accentuează cu un gest anume sau pe un ton al vocii apăsat. Atunci când veţi folosi exact aceleaşi cuvinte, îi veţi demonstra că sunteţi foarte atent şi că vă interesează care sunt lucrurile pe care le consideră de importanţă majoră. Această metodă este cunoscută sub numele de *backtracking*.

Ţineţi minte! Parafrazarea *nu* îl va convinge pe client că îl înţelegeţi. De ce? Pentru că atunci când recurgeţi la o parafrază, folosiţi *propriile* cuvintele, care vin din *propria* dumneavoastră realitate. Dacă sunteţi norocos, ea s-ar putea confunda cu cea a clientului, iar calitatea raportului nu ar avea de suferit. Dar de ce să riscaţi?

În procesul de *backtracking* nu faceţi altceva decât să reafirmaţi punctele-cheie folosind cuvintele clientului. În expunerea lor, aţi putea chiar să reluaţi gesturile cu care clientul şi-a însoţit afirmaţiile. *Backtracking*-ul este util în orice etapă a procesului de coaching atunci când doriţi următoarele:

- să verificaţi dacă clientul este de acord cu dumneavoastră
- să consolidaţi raportul, dovedind că ascultaţi cu atenţie
- să reduceţi neînţelegerile
- să clarificaţi valorile clientului

Backtracking-ul este la fel de simplu și eficient ca metoda ajustării limbajului corporal, singura diferență fiind aceea că îndrumătorul nu trebuie să armonizeze decât în cazul aspectelor importante. Dacă insistați prea mult pe *backtracking*, clientul s-ar putea întreba: „Oare, de ce repetă coach-ul întruna ceea ce spun eu?“

Armonizarea modului de gândire

Ce este gândirea? Ea reprezintă lucruri diferite pentru oameni diferiți. Pentru unii, gândirea este totuna cu imaginile care le trec prin minte. Pentru alții, ea este o voce interioară sau un sentiment vag și nedefinit. Cu alte cuvinte, vedem, auzim și simțim în propriile minți așa cum vedem, auzim și simțim prin intermediul simțurilor în lumea de afară. Reexperimentăm sau ne *re-prezentăm* lumea folosindu-ne următoarele simțuri:

vizual	(V)	văzul
auditiv	(A)	auzul
chinestezic	(K)	simțul tactil etc.
olfactiv	(O)	mirosul
gustativ	(G)	gustul

Simțurile experimentate pe plan interior, în procesul gândirii, sunt cunoscute în NLP sub numele de *sisteme reprezentaționale*. Ele sunt folosite indiferent dacă ne amintim experiențe trecute sau ne imaginăm experiențe posibile (sau imposibile) pentru viitor. Vă puteți aminti cum ați alergat după un autobuz (imagini vizuale reconstituite) sau vă puteți imagina cum alergați pe suprafața planetei Marte purtând un costum de astronaut (imagini vizuale construite). În primul caz, întâmplarea a avut loc în realitate, în timp ce în al doilea este vorba despre o reprezentare ireală.

Oamenii au însă capacitatea de a le reproduce mental pe ambele.

Nu ne utilizăm niciodată sistemele reprezentaţionale în mod izolat, tot aşa cum nu putem experimenta mediul înconjurător doar printr-un singur simţ. Experimentăm lumea prin intermediul tuturor simţurilor cu care suntem înzestraţi, mecanismul gândirii funcţionând la fel, printr-un melanj amplu al tuturor sistemelor. Utilizăm sistemele reprezentaţionale în tot ceea ce facem – în rememorare, planificare şi învăţare, în imaginarea unor situaţii şi în rezolvarea problemelor.

> *Sistemul vizual* este cel prin intermediul căruia ne creăm imaginile mentale, prin care anticipăm, ne imaginăm anumite lucruri sau visăm cu ochii deschişi. Atunci când vă imaginaţi că vă aflaţi într-unul dintre locurile dumneavoastră preferate, când vă reamintiţi cum v-aţi plimbat, vara, pe o plajă însorită sau când vă planificaţi cum vă veţi decora camera, nu faceţi altceva decât să vă folosiţi sistemul vizual.
>
> *Sistemul auditiv* este cel cu ajutorul căruia vă amintiţi o melodie, vorbiţi în gând sau auziţi mental vocile altor oameni. Gândirea auditivă este, deseori, un mixaj de cuvinte şi alte sunete. Atunci când vă imaginaţi vocea unui prieten, zgomotul produs de valurile mării sau pur şi simplu liniştea, vă folosiţi sistemul auditiv.
>
> *Sistemul olfactiv* este responsabil cu producerea mirosurilor, în timp ce *sistemul gustativ* gestionează gusturile amintite şi create. Amintiţi-vă o masă pe care aţi savurat-o. Reamintiţi-vă cum a fost să mirosiţi şi să gustaţi mâncarea. Tocmai vă folosiţi cele două sisteme: olfactiv şi gustativ.
>
> *Sistemul chinestezic* se referă la simţurile interioare şi exterioare, la atingere şi la conştientizarea corpului. El mai

include şi simţul echilibrului. Emoţiile fac şi ele parte din sistemul chinestezic, cu toate că reprezintă un domeniu aparte – sunt senzaţii *despre* ceva. Reprezentarea lor în organism se realizează însă tot pe cale chinestezică. Atunci când vă imaginaţi că mergeţi pe un podeţ strâmt, că atingeţi o suprafaţă foarte netedă sau că vă aflaţi în culmea fericirii, nu faceţi altceva decât să vă folosiţi sistemul chinestezic. Uneori, sistemele olfactiv şi gustativ sunt tratate ca parte a sistemului chinestezic, întrucât li se acordă mai puţină importanţă în cultura vest-europeană şi cea nord-americană.

Aşa cum unele simţuri se dezvoltă mai pronunţat decât celelalte, devenind foarte receptive la lumea exterioară, tot aşa şi unele sisteme reprezentaţionale tind să se dezvolte mai intens în procesul gândirii, motiv pentru care le vom rezerva o abordare detaliată. În general, fiecare persoană are un sistem reprezentaţional preferat. Gândim mult mai uşor şi mult mai fluent cu sistemul pe care îl preferăm. Acest lucru ne oferă un avantaj în situaţiile familiare, dar ne şi poate limita gândirea în situaţii nefamiliare de presiune sau stres.

Sistemul reprezentaţional preferat se află, de obicei, în legătură directă cu un simţ preferat sau ultradezvoltat. Dacă, de pildă, acordaţi foarte multă atenţie lucrurilor pe care le vedeţi, înseamnă că, în procesul gândirii, vă folosiţi îndeosebi sistemul reprezentaţional vizual. Oamenii înzestraţi cu un auz foarte bun ar putea prefera sistemul reprezentaţional auditiv. Dacă faceţi parte din această categorie, puteţi avea aptitudini speciale în lingvistică, publicistică, teatru, muzică, training sau prelegeri. Cei care denotă o preferinţă pentru sistemul vizual ar putea fi interesaţi de desen, design de interior, modă, arte plastice, televiziune sau cinematografie.

În fine, persoanele care preferă chinestezicul sunt, de obicei, înclinate spre practicarea unui sport.

Dar ce aplicații practice pentru coaching rezervă cunoașterea sistemelor reprezentaționale? Ascultați cuvintele pe care le folosește clientul. Cuvintele ne îmbracă gândurile, astfel încât acestea să se poată aventura în afara minții noastre și să apară bine înveșmântate în lumea exterioară. Cuvintele își trădează originile mentale. Atunci când un client spune „Îmi imaginez ceea ce vreți să spuneți", el își creează o imagine mentală, altfel fraza n-ar mai avea niciun sens. Dacă afirmă ceva de genul „Trebuie să auziți cum sună ideea mea", el gândește în acel moment în sunete sau cuvinte; iar dacă spune „Nu pot să-mi țin viața în frâu", el își folosește sistemul reprezentațional chinestezic. Fiecare sistem are propriul limbaj, compus din cuvinte și fraze ce implică anumite simțuri. O listă completă a cuvintelor și frazelor de acest gen poate fi găsită în secțiunea Resurse (*vezi* paginile 327-331).

Prin urmare, nu gândim doar cu creierul, ci cu tot corpul nostru. Ne „reglăm" corpul în postùri, gesturi și modele de respirație, pentru a putea gândi într-un anumit fel. Tot în capitolul Resurse, există o listă generală a felului în care sistemele reprezentaționale se manifestă în limbajul trupului, ținută și respirație (*vezi* Resurse, pagina 323). În NLP, acestea sunt cunoscute sub numele de *indicatori de acces*.

De obicei, felul în care privim și ne mișcăm ochii dezvăluie *cum* gândim (nu însă și ceea ce gândim). Spre exemplu, atunci când își folosesc sistemul chinestezic, oamenii privesc, de cele mai multe ori, în jos spre dreapta. Atunci când își spun ceva în gând, au tendința de a se uita în jos, spre stânga, iar când vizualizează, privesc în jos sau în gol.

În NLP, a analiza clientul în funcție de privire înseamnă a urmări *indicatorii de acces vizuali* (*vezi* Resurse, pagina 324).

Să ne imaginăm că întâmpinați un client care vine la întâlnire îmbrăcat în culori aprinse, se uită des în sus, are o postură rigidă și vorbește precipitat. Observând aceste detalii, puteți presupune, fără a greși, că persoana respectivă gândește foarte mult vizual. Cum puteți clădi un raport bun cu un astfel de client? Armonizați-vă tempoul vorbirii, astfel încât acesta să ajungă la velocitatea celuilalt – vorbiți repede. Folosiți multe cuvinte vizuale. Dacă vă spune că nu-și poate imagina o cale de ieșire, replicați-i că ședințele de coaching îi vor clarifica viziunea. Vorbiți despre extinderea orizonturilor și despre oferirea unor noi puncte de vedere. Zugrăviți-i imaginea unei vieți mai bune. Atunci când se va uita în altă parte sau va privi în gol, opriți-vă și lăsați-l să vadă cu ochii minții lucrurile la care vă referiți. Îi veți oferi, de asemenea, instrumente concrete cu care să lucreze și care să reprezinte vizual ideile dezbătute. Roata vieții este un instrument ideal pentru astfel de situații (*vezi* pagina 123).

Poate că următorul client pe care îl veți avea va fi un profesor. Cei care au această profesie tind să vorbească mult și fluent, cu o voce plăcută, care nu este nici pripită, dar nici prea domoală. Ei își ascultă interlocutorul cu multă atenție. Poate că își vor sprijini bărbia în pumn și se vor uita în jos, spre stânga, în timp ce vă vor întreba ce puteți face pentru a-i ajuta. Vor sublinia de la bun început că adoră muzica și conversația. Cu un astfel de client e bine să vorbiți mai încet și mai ritmic, fiind nevoie ca subiectele pe care le abordați să fie dezbătute în profunzime. Poate va fi nevoie să programați mai multe ședințe de coaching prin telefon sau să le oferiți materiale audio cu sarcini sau exerciții.

Al treilea client ar putea fi unul supraponderal. Oamenii de acest gen se îmbracă cu haine care îi fac să se simtă confortabil, ignorându-le pe cele aflate la modă. Se mișcă mai greoi și respiră din abdomen, iar înainte de a începe o discuție simt nevoia să-și găsească o poziție cât mai comodă în fotoliu. Vorbesc într-un ritm lent și nu este exclus să vă ceară să-i ajutați să-și țină viața în frâu. Își vor descrie situația ca fiind una în care s-au împotmolit, context în care ar fi bine să le oferiți „o mână de ajutor". Înainte de a răspunde întrebărilor dumneavoastră, e posibil să facă o pauză și să privească spre podea. În cazul unui astfel de client, trebuie să vă armonizați vocea la un tempo lent. Vorbiți-i despre rolul esențial al sentimentelor în coaching și despre cât de important este să acționeze. Vorbiți-i despre cum îl puteți ajuta să-și îmbunătățească în mod considerabil regimul de viață.

Acestea sunt exemple extreme, bazate pe trei categorii distincte de oameni. Rareori se va întâmpla ca persoanele care vor apela la dumneavoastră să aibă exact caracteristicile descrise. Cu toate acestea, principiile sunt unele foarte utile. Acordați mare atenție felului de a fi al clientului, adaptați-vă modului în care gândește și simte și folosiți cuvinte asemănătoare celor folosite de el. Ajustați toate aceste aspecte și veți clădi un raport excelent.

Un coach iscusit trebuie să-și dezvolte trei aptitudini:

1. Prima este aceea de a fi foarte atent la *tipul* de cuvinte folosite de către client, cât și la ceea ce descriu ele. Nu este atât de ușor pe cât pare – trebuie să privim dincolo de aparențe, întrucât suntem obișnuiți să

ascultăm doar ceea ce spune cineva, nu și felul în care o spune.

2. A doua este cea de a găsi o conexiune între cuvintele pe care clientul le folosește și sistemul reprezentațional utilizat în acel moment.
3. Cea de-a treia, și ultima, constă în utilizarea unor cuvinte care să aparțină sistemului reprezentațional la care a apelat clientul. *Cuvintele potrivite contează.* Atunci când coach-ul i se adresează clientului fără a părăsi sfera acelui sistem reprezentațional, acesta percepe în mod inconștient că este înțeles la un nivel profund.

O ambianță confortabilă

Raportul coach–client este mai ușor de construit atunci când ambianța este una confortabilă. Aranjați-vă, așadar, camera în care vă primiți clientul într-o manieră care să-i dea un aer cât mai primitor. O ambianță prea caldă, prea rece, prea zgomotoasă sau prea aglomerată vă va împiedica atât pe dumneavoastră, cât și pe client să vă concentrați așa cum trebuie. Asigurați-vă că nu veți fi deranjat de telefoane, e-mailuri sau vizitatori inoportuni. Închideți-vă telefonul mobil. Clientul trebuie să simtă că spațiul în care se află e și al lui, nu numai al dumneavoastră. Hainele pe care le purtați și grija cu care vă prezentați sunt aspecte care fac parte din atmosferă; de aceea, îmbrăcați-vă confortabil și elegant. Veți fi judecat și în funcție de cum arătați și de hainele purtate. Nu contează dacă o astfel de atitudine e sau nu superficială, ci faptul că ea există. De aceea, e bine să nu ignorați acest aspect. Dacă urmează să vă întâlniți cu un director general, îmbrăcați-vă într-o ținută mai oficială, cum ar fi un costum. O ședință de coaching de viață, în schimb, va reclama o îmbrăcăminte lejeră, întrucât hainele oficiale l-ar putea stingheri pe client.

În cazul în care clientul este directorul unei mari companii este important să vă asigurați că, în timpul ședințelor de coaching, îl veți sustrage din poziția de putere în care se află. Atunci când se află într-un mediu familiar, precum biroul sau fotoliul său – locuri în care este obișnuit să se afle la comandă –, acesta tinde să preia controlul evenimentelor, lucru ce ar putea îngreuna procesul de coaching.

Atunci când (eu, Andrea) m-am ocupat de președintele unei mari companii, primele ședințe au avut loc în biroul său. Secretara primise ordine stricte de a nu lăsa pe nimeni să ne deranjeze, indiferent ce problemă ar fi apărut, însă clientului i-a fost greu să se deschidă în fața mea. Am descoperit, apoi, că ședințele sunt mult mai productive atunci când se desfășoară într-o altă locație. În afara biroului, clientul era mult mai relaxat, mai deschis și mai puțin preocupat de muncă. Ședințele au devenit mai plăcute și au început să dea rezultate.

Câștigarea încrederii

Raportul poate fi clădit repede și tot la fel de repede se poate dărâma, pe când încrederea necesită timp mai îndelungat. Pentru a câștiga încrederea unui client, trebuie să demonstrați, încă de la primele ședințe, că dispuneți de calități esențiale.

- Fiți autentic. Nu pretindeți că sunteți ceea ce nu sunteți sau că simțiți lucruri pe care nu le simțiți. Nu sunteți perfect; sunteți o ființă umană, la fel ca și clientul.

- Fiţi onest. Ţineţi-vă de cuvânt. Dacă spuneţi că veţi face ceva, atunci respectaţi-vă promisiunea. În caz că acest lucru nu se întâmplă, trebuie să aveţi un motiv plauzibil.
- Fiţi competent. Trebuie să fiţi în stare să puneţi în practică ceea ce aţi promis.
- Fiţi franc. Spuneţi adevărul, aşa cum îl vedeţi – nu irosiţi timpul dumneavoastră şi al clientului. Totuşi, atunci când afirmaţi un lucru, faceţi-o într-o manieră respectuoasă. Recunoaşteţi atunci când nu înţelegeţi ceva sau când nu cunoaşteţi răspunsul la o anumită problemă. Nu veţi risca decât să păreţi uman – îl veţi determina pe client să aibă mai multă încredere în dumneavoastră.
- Fiţi concordant. Ce înseamnă acest lucru? Înseamnă potrivirea cuvintelor cu faptele. Atunci când nu sunteţi în concordanţă cu dumnevoastră înşivă, transmiteţi mesaje ce se bat cap în cap. Cu cât este mai accentuat dezacordul cu dumneavoastră, cu atât mai puţin veţi fi disponibil pentru client. Vă va fi greu să acordaţi atenţie deplină clientului şi să puneţi întrebări eficiente, atunci când acesta descrie un conflict prezent în dumneavoastră. Uneori, problemele ridicate de client îi pot stârni emoţii neplăcute coach-ului. De aceea, nu este exclus să se ajungă la momente în care veţi refuza să discutaţi un anume subiect, întrucât acesta are un efect supărător pentru dumneavoastră. E obligatoriu să aşteptaţi până când veţi depăşi respectiva problemă. Într-o asemenea situaţie, a apela dumneavoastră înşivă la un coach ar putea fi o decizie înţeleaptă.

- Fiți acolo! Fiți mereu punctual. Fiți prezent cu trup și suflet; acordați-i clientului întreaga dumneavoastră atenție.

Abordarea așteptărilor clientului

Clientul trebuie pregătit pentru coaching. Ce așteaptă el de la dumneavoastră?

Unii clienți se așteaptă la terapie, dorind ca îndrumătorul să se ocupe de trecutul lor. Alții așteaptă de la coach să le spună ce au de făcut. În situații de acest gen, trebuie să le explicați că veți face tot posibilul pentru a-i ajuta să aibă o viață fericită, să-și îndeplinească obiectivele și să-și trăiască valorile, dar că responsabilitatea față de rezultatele procesului de coaching e numai a lor. Explicați-le în ce constă coaching-ul și oferiți-le un sumar scris al programului.

De asemenea, îi puteți înștiința de la bun început că vor fi momente, în timpul ședințelor, în care îi veți întrerupe. Coaching-ul nu este locul potrivit pentru povești întortocheate, pe care unii clienți încearcă să le prezinte în scopul de a-și justifica situația ingrată. Avertizați-i că uneori îi veți întrerupe, întrucât veți simți că ceea ce spun nu este în beneficiul lor. Cereți-le să vă anunțe atunci când se simt jigniți. Va fi suficient pentru a vă permite să depășiți limitele, atunci când veți găsi de cuviință.

Confidențialitatea

Comunicați-i clientului faptul că, atât timp cât nu veți avea permisiunea sa, nu veți discuta cu alte persoane absolut nimic din ceea ce vă va dezvălui. Lucrurile sunt simple atunci când ședințele de coaching sunt plătite direct de către client. Ele se complică însă în cazurile în care ședințele sunt plătite de către angajatorul clientului, care, bineînțeles, așteaptă un anume feedback. Aveți mare grijă în aceste situații. Conveniți asupra condițiilor cu firma la care lucrează clientul *înainte* de începerea procesului de coaching. Pentru a face acest lucru, există mai multe variante.

Ați putea, de pildă, să ajungeți la un acord în privința rezultatelor, iar atât timp cât acestea vor fi unele bune, compania nu va trebui să cunoască nimic din detaliile procesului de coaching. Spre exemplu, sunteți angajat pentru a vă ocupa de un manager care are performanțe slabe. Veți stabili în avans cât de mult va trebui acesta să-și îmbunătățească rezultatele muncii. Când obiectivul va fi atins, procesul va lua sfârșit, iar compania nu va trebui să afle nimic despre problemele clientului sau despre metodele folosite în timpul ședințelor. Asigurându-vă că rezultatele – măsurabile în îmbunătățirea eficienței la locul de muncă – vor putea fi vizibile, veți putea păstra discuțiile cu clientul absolut confidențiale.

Nu cu mult timp în urmă, (eu, Joseph) m-am aflat într-o situație de acest gen. Fusesem angajat pentru a mă ocupa de un membru important al unei echipe executive. Acesta se afla în conflict cu ceilalți membri ai consiliului de conducere. Cu toții vedeau în el o problemă. Am subliniat în negocierile cu directorii companiei că nu voi divulga nimic din discuțiile pe care le voi purta cu clientul, fără permisiunea sa, iar acest lucru a fost acceptat.

În prima ședință, clientul a demonstrat o bună cunoaștere a situației sale, dar s-a împotrivit ideii că el ar fi cel care provoacă neînțelegerile cu ceilalți. Apoi, a devenit din ce în ce mai evident că poziția sa în companie era una dificilă, îndeosebi din cauza modului în care aceasta era structurată. Interesele departamentului pe care îl conducea se aflau, în majoritatea cazurilor, în conflict cu cele ale celorlalte sectoare, iar el se dovedea foarte perseverent atunci când trebuia să le apere. Clientul era un om extrem de inteligent, foarte competent și energic, iar în situația dată, disputele cu ceilalți directori erau inevitabile. Pentru rezolvarea problemei a fost necesară o singură ședință de coaching, desfășurată pe durata a patru ore. Clientul a realizat că modul în care era structurată compania îl punea într-o poziție dificilă și a știut imediat ce va avea de făcut pentru a schimba această situație. A devenit conștient de elementele ce alimentau diferendele dintre el și colegii săi și a înțeles imediat ce are de făcut pentru a le evita.

A doua variantă ar fi aceea de a accepta să garantați feedback companiei, cu condiția ca angajatul să fie la curent cu ceea ce urmează să dezvăluiți și să își dea acordul asupra informațiilor pe care le veți face cunoscute. Apoi, va trebui să discutați cu clientul ce tip de feedback urmează să-i oferiți companiei. Să spunem că acel client discută cu dumneavoastră despre o problemă pe care o are acasă sau la slujbă și care îi afectează performanțele profesionale. Nu veți dezvălui această problemă decât cu acordul clientului, indiferent dacă îl considerați sau nu de maximă importanță.

Dacă, după negocierile cu reprezentanții companiei și clientul, va reieși că nu se poate ajunge la o înțelegere privind feedbackul, atunci refuzați să semnați un contract. Este greu de crezut că angajatul de care vă veți ocupa se va deschide în fața dumneavoastră atât timp cât va ști că ceea ce spune va fi raportat conducerii. Veți primi o versiune „dezinfectată“ a problemei, motiv pentru care vă va fi imposibil să o soluționați.

Subiectul abordat aduce în discuție un aspect important al coaching-ului: etica profesională. Etica se referă la standardele dumneavoastră *interioare*. Ele vă influențează acțiunile, iar acțiunile întreprinse sunt cele care vă conturează imaginea și personalitatea. Suntem cu toții participanți activi la teatrul cotidian, nu observatori științifici ce privesc, detașat, de undeva de pe margine. Ceea ce facem ne afectează atât pe noi, cât și pe ceilalți. Dacă ar fi să încălcați un pact de confidențialitate, acest gest vă va afecta chiar și în cazul în care nu ar fi descoperit. De ce? Pentru că e suficient să-l cunoașteți doar dumneavoastră.

Suntem, de asemenea, posesori ai unor standarde exterioare – la ce ne așteptăm de la ceilalți și la ce se așteaptă ceilalți de la noi. Aceste standarde sunt principiile noastre morale în formă exterioară. Standardele unui coach se referă la calitatea coaching-ului pe care îl oferă și la pregătirea sa în domeniu, cât și la aptitudinile, specializările și certificatele sale. Coaching-ul este o profesie relativ nouă și, de aceea, standardele sunt foarte importante în cazul său, ele formând imaginea publică a coaching-ului. Clienții se așteaptă la îndrumători calificați și competenți. Dacă sunteți membru al unei organizații de coaching sau aveți, ca și noi, pregătire certificată, atunci veți dori să activați conform standardelor etice. Standardele înalte reprezintă, pentru client, o garanție a calității muncii dumneavoastră. Ele vă vor spori credibilitatea. Dacă sunteți membru al unui organism profesional ce funcționează conform unor standarde clare, această calitate vă va ajuta să vă sporiți numărul de clienți. Atât certificările și standardele noastre etice, cât și aptitudinile de care dispunem în materie de coaching sunt publicate în documente oficiale (*vezi* Resurse, paginile 287–299).

Înainte de inițierea procesului de coaching, veți stabili împreună cu clientul modalitățile de plată, zilele și orele la care vor avea loc ședințele, cât și metodele ce urmează a fi folosite. Aceste detalii sunt tratate separat de standarde, ele diferențiindu-se de la coach la coach. Vă vom oferi câteva sfaturi în această privință în secțiunea dedicată Resurselor (*vezi pagina 314*).

Evaluarea clientului și colectarea informațiilor

Informații primare

La prima întâlnire, dacă nu chiar mai devreme, trebuie să obțineți informațiile de contact ale clientului:

- numele
- adresa
- numărul de telefon fix
- numărul de telefon mobil
- numărul de fax
- adresa de e-mail
- pagina web

În cazul în care clientul este angajat undeva, veți avea nevoie de:

- numele și adresa angajatorului
- numărul de telefon
- numărul de fax
- pagina web

Păstrați la îndemână un formular special conceput pentru notarea acestor informații.

Curriculum vitae

Majoritatea specialiștilor în coaching de carieră colaborează cu agenții de plasament al forței de muncă pentru a-i ajuta pe clienți să-și găsească o slujbă și pentru a-i asista în carieră și în dobândirea calităților necesare noului loc de muncă. Într-un astfel de caz, veți avea nevoie de un CV mai detaliat, în care să fie menționate:

- instituțiile de învățământ absolvite și calificările profesionale
- lista locurilor de muncă anterioare
- companiile la care a fost angajat clientul
- descrierea funcției și a responsabilităților
- vânzările și profitul acelor companii (în termeni aproximativi)
- lista serviciilor sau a produselor aflate în responsabilitatea clientului
- profilul clienților acelei companii
- experiențe (dacă există) în administrarea acțiunilor unei companii pe piața bursieră
- responsabilități de conducere nonexecutivă

Ca și mai devreme, este bine să aveți pregătit un formular pe care să-l completați cu aceste informații.

Ele vă spun câte ceva despre client – cu ce s-a ocupat până în prezent și cum îl puteți contacta. Următoarea etapă este cea în care trebuie să aflați mai multe despre el ca persoană.

Clientul

Vom menționa, în continuare, câteva subiecte esențiale pe care le puteți discuta cu clientul. Domeniul asupra căruia vă veți concentra va depinde de tipul de coaching pe care îl oferiți și de problemele imediate ale clientului. Toate ar putea fi însă importante.

Întrebările pe care le vom prezenta în continuare vor fi unele pe care, probabil, nu le veți adresa în mod direct, dar care vă vor furniza informațiile de care aveți nevoie pentru ca procesul de coaching să fie unul eficient. La momentul potrivit, pe parcursul relației de coaching, puteți aborda următoarele aspecte.

Cariera

Cariera reprezintă evoluția unei profesii de-a lungul timpului. Definiția nu se aplică însă tuturor clienților. Unii dintre ei pot avea o istorie profesională foarte variată, cu slujbe alese aleatoriu, fără un obiectiv comun.

Cu ce anume se ocupă clientul?
Ce părere are acesta despre locul său de muncă?
Ce beneficii urmărește să obțină de la slujba pe care o are?
Ce a făcut pentru a-și proteja cariera?
Ce anume face pentru a-și dezvolta cariera?
Se simte în impas?
Are regrete?
Salariul obținut îi satisface nevoile?

Relațiile

Calitatea relațiilor unei persoane reflectă calitatea vieții și arată cât de fericită este aceasta.

Ce fel de relații are clientul cu ceilalți oameni?
Este căsătorit?
Are familie?
Are mulți prieteni buni?
De cine se simte cel mai apropiat?
Relațiile pe care le are îl fac să se simtă fericit?

Sănătatea și energia

Felul în care clientul se simte din punct de vedere fizic și nivelul general al energiei de care dispune sunt aspecte care nu trebuie neglijate. Coach-ul nu este medic, prin urmare nu trebuie să diagnosticați pe nimeni. Dacă însă simțiți că persoana care a apelat la dumneavoastră are nevoie de un consult medical sau de o anume medicație, atunci încurajați-o să meargă la medic.

Care este starea sănătății clientului?
Ce face acesta pentru a-și menține sănătatea?
Este îngrijorat de sănătatea sa?
În general, se simte bine?
Care este nivelul său de energie?

Situația financiară

Ce părere are clientul despre bani?
Este mulțumit cu banii pe care îi câștigă?
Deține suficiente economii pentru acoperirea situațiilor de criză?
Ce face pentru a-și asigura o stabilitate financiară?

Obiective și valori

Ce își dorește clientul de la viață?
Ce este important pentru el?
Ce face pentru a-și atinge obiectivele?
Care sunt motivațiile acțiunilor sale?

Angajamentul față de progresul personal, dezvoltarea spirituală și echilibrul în viață

Care este viața spirituală a clientului?
Ce investiții face pentru progresul personal?
Cum contribuie la evoluția comunității în care trăiește?

Activitățile în timpul liber și hobby-uri

Care sunt hobby-urile clientului?
Cum se relaxează acesta?
Ce fel de cărți citește?
Hobby-urile sale sunt unele solitare sau implică participarea altor persoane?

Îngrijorarea imediată

De ce a apelat la coaching?
Ce așteptări are de la coaching?
Ce beneficii crede că îi va aduce coaching-ul?

Roata vieții

Un instrument excelent de coaching pentru evaluarea situației curente a clientului și a echilibrului existent în viața sa este roata vieții (*vezi* Resurse, pagina 321). Roata este împărțită în opt zone:

- mediu fizic
- sănătate
- carieră
- relații
- dragoste
- dezvoltare personală
- bani
- distracție și recreere

Clientul completează în fiecare secțiune a roții un procentaj care semnifică nivelul de *satisfacție* simțit în cele opt domenii, *la momentul prezent*. El nu trebuie să se refere la valoarea absolută, ci doar la satisfacție.

Spre exemplu, dacă un client câștigă 20 000 de lire sterline pe an, el ar putea fi 90% satisfăcut în domeniul finanțelor, însă un milionar ar putea fi satisfăcut de această sumă în proporție de doar 50%.

Iată roata vieții unui client:

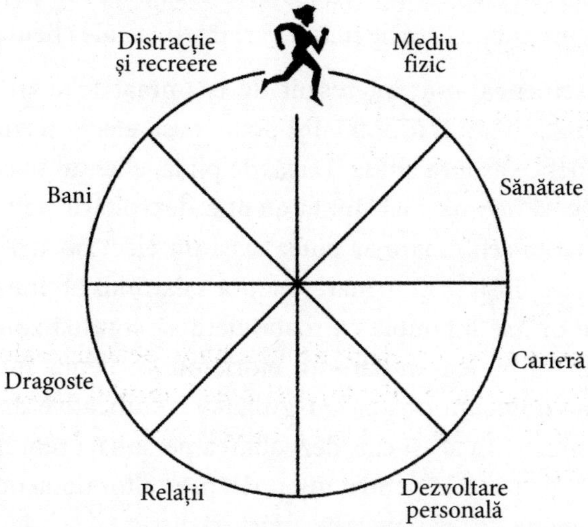

Roata vieții

Să presupunem că această roată arată:

- 60 procente satisfacție în domeniul mediului fizic
- 90 procente satisfacție în domeniul sănătății
- 50 procente satisfacție în domeniul carierei
- 30 procente satisfacție în domeniul dezvoltării personale
- 80 procente satisfacție în domeniul relațiilor
- 80 procente satisfacție în domeniul dragostei
- 50 procente satisfacție în domeniul situației financiare
- 70 procente satisfacție în domeniul distracției și recreerii

Imaginați-vă acum că această roată este atașată unui automobil care îl transportă pe client în călătoria vieții. Călătoria nu va fi una lină, ci zgâlțâită, întrucât viața sa nu este echilibrată. Domeniile ce trebuie ajustate sunt dezvoltarea personală, cariera și situația financiară, chiar dacă ele nu figurează pe lista de îngrijorări imediate ale clientului.

De asemenea, este interesant de examinat felul în care îmbunătățirea unui domeniu poate avea efecte secundare benefice asupra altuia. Dacă, de pildă, clientul în cauză începe să acorde mai multă atenție dezvoltării personale, această schimbare ar putea avea un efect pozitiv asupra carierei și, prin urmare, asupra salariului obținut. De multe ori, se întâmplă ca roata vieții să conțină zone de pârghie – puncte în care un efort minim depus într-un anume domeniu poate da rezultate semnificative directe și indirecte. În acest caz, dezvoltarea personală reprezintă o zonă de pârghie pentru îmbunătățirea altor două domenii, care nu vor mai necesita eforturi directe.

Cerându-i clientului să completeze o roată a vieții în fiecare lună, veți obține feedback util referitor la modul în care decurge procesul de coaching. De obicei, satisfacția crește gradual, dar sunt și cazuri în care evoluția ei este spectaculoasă.

Scopul nu este acela de a-l aduce pe client într-un punct în care să fie 100% satisfăcut de fiecare aspect al vieții sale. Oricare ar fi nivelul nostru de satisfacție la un moment dat, ne vom obișnui cu el, iar mai devreme sau mai târziu ne vom dori și mai mult. Sunt însă și cazuri în care, de-a lungul procesului de coaching, nivelul satisfacției clientului scade. Spre exemplu, clientul ar putea fi satisfăcut de situația financiară în proporție de 80%, dar după câteva ședințe de coaching și-ar da seama că standardele lui au fost mult prea scăzute. Va simți, astfel, că merită mai mult și că nu este plătit conform performanțelor profesionale. Prin urmare, satisfacția sa financiară ar putea scădea la 50 de procente.

Evaluarea informală

E important ca observațiile pe care le veți face pe seama clientului să le păstrați pentru dumneavoastră. Nu-l judecați, nu-l aprobați și nu-l condamnați, doar observați-l și ascultați-l. Lăsați-l să fie el însuși. Ce fel de persoană este?

> Cum vede, cum aude și cum simte lumea înconjurătoare?
> Cum își interpretează experiențele?
> Care este starea sa emoțională predominantă?
> Ce fel de poziție adoptă față de ceilalți?
> Ce părere are despre drepturile și responsabilitățile sale și care dintre acestea crede că poartă cea mai mare semnificație?
> Cum arată clientul?
> Cum se îmbracă de obicei?
> Care sunt cele mai dese gesturi ale sale?
> Cum este vocea sa? Este una puternică sau domoală?
> Vorbește repede sau molcom?
> Ce fel de clișee verbale folosește?
> Ce fel de cuvinte sau fraze folosește mai des?
> Care este mișcarea ochilor săi?
> Cât de mult se implică în contactele vizuale?

Observarea acestor detalii vă va ajuta să construiți raportul, prin armonizarea limbajului corporal și a tonului vocii. De asemenea, ascultându-l pe client, veți începe să aflați cine este și cum gândește.

Este impulsiv sau cumpătat? Va raţiona sau nu înainte de a acţiona?
Vorbeşte în termeni generali sau este atent la detalii?
Este atras de teorii şi abstracţiuni sau este mai pragmatic?
Cât este de influenţabil?
Cât de multă atenţie acordă feedbackului?

Mai demult, un prieten comun ne-a dezvăluit maniera în care abordează feedbackul primit după ce întârzie la întâlniri. „Ascult amabil mustrările celorlalţi, după care mă gândesc la avantajele ce-mi revin prin faptul că întârzii. Abia apoi decid dacă trebuie sau nu să-mi schimb comportamentul." Amicul nostru este o persoană care va lua întotdeauna hotărâri pe cont propriu. Alţi oameni sunt însă mult mai dependenţi de reacţiile venite din exterior, conchizând deseori că ceea ce fac este greşit şi că ceilalţi au dreptate, indiferent dacă lucrurile stau sau nu întocmai.

Sunt clienţi care conştientizează şi singuri ce anume este în neregulă în viaţa lor. Ei vă vor spune cu exactitate ce ar trebui schimbat şi de ce cred că sugestiile dumneavoastră, chiar dacă sunt utile, nu vor da niciun rezultat în cazul lor. Aceşti clienţi mai sunt numiţi şi „dadarişti", pentru că ori de câte ori veţi formula o sugestie, prima lor reacţie va fi: „Da, dar..." În prima şedinţă, nu va trebui să faceţi nimic altceva decât să ascultaţi şi să observaţi. Mai târziu, va fi însă nevoie să vă ocupaţi şi de acest aspect (*vezi* pagina 172). Odată ce veţi şti cum gândeşte clientul, veţi şti şi modalităţile prin care îl puteţi ajuta.

Mulţi dintre cei care vor intra pentru prima oară pe uşa biroului dumneavoastră vor fi oameni frustraţi şi nemulţumiţi de viaţa pe care o au. Ei vor descrie situaţia în care se află prin intermediul a diverse figuri de stil. Unii vor spune că sunt împotmoliți; alții vor spune că sunt blocați sau prinși în nisipuri mișcătoare, ori că se simt încătușați și că nu se pot elibera. Toate acestea sunt metafore chinestezice. Alți clienți vor spune că încearcă să deslușească o cale de ieșire, dar că nu o pot găsi sau că orizontul lor este mult prea restrâns și că nu pot vedea nicio soluție. Acestea sunt metafore vizuale. Metaforele auditive sunt mult mai rare, dar am auzit clienți spunând că se simt ca și cum toți cei din jur ar zbiera la ei.

Primul lucru pe care un coach trebuie să-l facă este acela de a-și ajusta limbajul în funcție de cel al clientului. Dacă acesta spune că se simte împotmolit, atunci vorbiți în termeni generali despre cum îl puteți ajuta să repornească la drum. Dacă vă spune că nu poate desluși o cale de ieșire, precizați că îi puteți indica dumneavoastră una, iar dacă se plânge de faptul că viața sa este plină de discuții fără sens, oferiți-vă să suprimați hărmălaia pentru a-l ajuta să poată gândi clar. În acest fel, clientul va percepe în mod inconștient că înțelegeți situația în care se află. El va înțelege ceea ce îi spuneți întrucât îi vorbiți pe limba lui.

Odată ce ați stabilit raportul, îndrumați-l spre un alt sistem reprezentațional. Întrebați-l pe clientul care s-a plâns de faptul că se simte împotmolit cum ar fi dacă ar putea privi situația în care se află dintr-un alt unghi. Cereți-i clientului care a afirmat că nu poate desluși o cale de ieșire să-și imagineze că pășește înainte. Aceste simple intervenții îl vor ajuta pe client să-și analizeze situația într-o manieră cu totul nouă.

Depistarea îngrijorărilor imediate ale clientului

Grijile imediate ale clientului vor ieși la iveală chiar de la începutul primei ședințe. Unii dintre ei vă vor spune că sentimentul care îi macină este acela că nu realizează tot ce le stă în puteri. Își doresc enorm să progreseze, dar nu sunt siguri în privința modalităților. Vă vor spune cu exactitate la ce se așteaptă de la coaching și vor fi foarte receptivi la ceea ce le veți cere în vederea îndeplinirii obiectivelor.

Alții vor fi conștienți de dificultățile pe care le întâmpină în viață. Ei vor sesiza o problemă și vor decide să solicite ajutorul unui coach. În cazul lor, procesul de coaching se va axa, mai întâi, pe stabilirea obiectivelor. Acești clienți vor avea nevoie de o direcție și o destinație care să îi motiveze să se desprindă de starea prezentă nesatisfăcătoare.

Multe dintre preocupările imediate ale clienților se referă la dobândirea unor noi aptitudini. În general, rezolvarea acestei probleme nu necesită mai mult de una sau două ședințe. Ca îndrumător, veți clarifica obiectivul și valorile care îl generează, veți explora credințele care l-ar putea obstrucționa și veți elabora un plan de acțiune pentru dobândirea unei noi aptitudini sau pentru îmbunătățirea uneia deja existente. Cel mai probabil, în săptămânile ce vor urma, clientul va avea nevoie de încurajare și sprijin, motiv pentru care veți discuta constant prin telefon, în scopul de a-l motiva și a-i oferi sfaturi.

Alți clienți vor avea nevoie de conversații mai complexe, pe parcursul mai multor ședințe. E posibil ca progresul lor să fie îngrădit de credințe limitative și circumstanțe problematice, rezolvarea situației urmând să reclame eforturi comune. Ei vor trebui să-și clarifice obiectivele, iar procesul de coaching – care se va desfășura pe perioada mai multor săptămâni sau luni – s-ar putea concentra pe multe aspecte ale vieții personale.

În fine, vor exista clienți care vor dori schimbări fundamentale în viață și în cazul cărora se vor impune conversațiile mai profunde. Cel mai probabil, ei vor avea nevoie de coaching în viață. Genul de problemă care ar reclama acest tip de coaching ar putea fi o schimbare în carieră sau creșterea unui nou-născut. Programul de coaching ar putea dura câteva luni.

Oricare ar fi grijile clientului, trebuie să explorați împreună următoarele întrebări:

> Cum veți ști atât dumneavoastră, cât și clientul că programul de coaching dă rezultate? Este absolut necesar să știți în ce anume va consta succesul procesului de coaching.
> Ce va trebui să întreprindă clientul?
> Ce nu va mai trebui să facă clientul? Care dintre obiceiurile lui obstrucționează obiectivul și ce elemente din viața sa îl împiedică să progreseze? Clientul va fi nevoit să-și evalueze obiceiurile, să renunțe la unele dintre ele și să-și formeze altele.
> Care dintre activitățile clientului vor trebui intensificate?
> Care dintre activitățile sale au nevoie de o abordare diferită?
> Ce exerciții și sarcini îi puteți prezenta clientului în scopul facilitării acestor schimbări? Vă puteți face o idee în privința acestor viitoare sarcini încă de la prima ședință.

Conturarea alianței de coaching

Odată ce i-ați explicat clientului ce este și ce nu este coaching-ul, veți dispune de contextul potrivit pentru a contura „alianța de coaching". Cum i-ar plăcea clientului să se desfășoare ședințele? Cum puteți colabora astfel încât să obțineți cele mai bune rezultate?

Una dintre modalitățile prin care puteți contura această alianță este aceea de a-i oferi clientului – în cursul primei ședințe – o foaie de hârtie pe care să figureze două fraze neterminate:

> Coaching-ul dă rezultate în cazul meu atunci când coach-ul face următoarele lucruri...
> Coaching-ul nu dă rezultate în cazul meu atunci când coach-ul face următoarele lucruri...

După ce clientul va completa spațiul rămas liber, vă veți face o idee asupra tipului de abordare care i se potrivește. Astfel, atât dumneavoastră, cât și clientului vă va fi mai ușor să puneți bazele unei alianțe eficiente.

Coach-ul trebuie să dea dovadă de mai multă flexibilitate decât clientul. Atunci când nu-și va putea schimba stilul, în ideea de a se adapta personalitățillor diferite ale clienților, el își va îngrădi posibilitățile de colaborare la un singur tip de clienți.

Alianța îl va responsabiliza pe client față de rezultatele procesului de coaching. Soluțiile problemelor sale se află numai și numai la el; responsabilitatea în privința acestora e a sa. În cazul în care coach-ul i-ar spune clientului ce are de făcut, ar însemna ca rezolvarea să vină din exterior. Acest lucru nu înseamnă că, în intenția de a-l ajuta pe client să descopere soluția unei probleme, coach-ul nu poate face sugestii – uneori ele chiar se impun. Coach-ul poate indica o soluție prin intermediul întrebărilor, sugestiilor și sarcinilor. Până la urmă, clientul va fi acela care va alege ce crede că este mai bine pentru el.

Acest aspect este unul crucial. Atât timp cât nu va realiza că este deţinătorul soluţiilor şi responsabilul rezultatelor produse de coaching, clientul se va aştepta ca îndrumătorul să fie cel care să-l schimbe. În cazul în care progresul se va lăsa aşteptat, clientul va avea tendinţa de a da vina pe coach, iar acesta chiar ar putea cădea în capcana de a se simţi culpabil.

Coaching-ul este o alianţă – adevăr foarte vizibil în coaching-ul sportiv. Coach-ul (antrenorul) îl asistă pe atlet în pregătirea de dinaintea unei competiţii, dar numai cel din urmă păşeşte pe podium atunci când câştigă concursul. Sportivul este singurul încununat cu glorie şi medalii. Chiar dacă are un rol esenţial în pregătirea atletului, antrenorul va rămâne în umbră. Aplauzele publicului nu vor fi îndreptate spre el, ci spre sportiv.

Abordarea detaliilor practice

În relaţia dumneavoastră cu clientul, trebuie să vă ocupaţi şi de anumite detalii practice – cum şi când oferiţi şedinţele de coaching şi care sunt tarifele pe care le practicaţi. Printre aspectele pe care trebuie să le lămuriţi se numără atât costul şedinţelor, tipul de coaching (faţă în faţă sau prin telefon), durata şedinţelor, cât şi zilele şi orele la care vor avea loc. Aceste probleme sunt dezbătute în Resurse (*vezi* pagina 314).

Angajamentul faţă de programul de coaching

Coaching-ul dă rezultate numai atunci când coach-ul şi clientul îşi asumă un angajament conform căruia se vor implica pe deplin în proces. Nu acceptaţi un client decât dacă sunteţi pregătit să-l ajutaţi cu generozitate şi să-l respectați pentru ceea ce este. Dacă nu sunteți sigur sau simțiți că persoana în cauză se confruntă cu probleme psihice, care țin mai degrabă de terapie sau counselling, atunci recomandați-i un terapeut sau un *counsellor* bun. Fiți sincer și înștiințați-o că nu sunteți omul potrivit pentru a o ajuta în acel moment și că ar fi mai bine să apeleze la un alt specialist.

Clientul trebuie, la rândul său, să se implice pe deplin în procesul de coaching. Nu este un lucru simplu. Clientul are deja mai multe angajamente luate în viață – față de locul de muncă, față de prieteni, familie și hobby-uri –, iar dumneavoastră îi cereți să își asume unul în plus. Se poate integra acest nou angajament între cele deja existente?

Pentru o implicare concordantă, atât coach-ul, cât și clientul trebuie să cerceteze obstacolele ce s-ar putea ivi în calea programului de coaching. A anticipa acele elemente care ar putea submina procesul nu înseamnă a fi negativist sau pesimist. Odată ce veți ști împreună ce anume ar putea obstrucționa programul, veți fi mai bine pregătiți pentru a-l duce la bun sfârșit.

- Ce anume ar putea întrerupe programul de coaching?
- Cât de bine se integrează programul de coaching în viața dumneavoastră?
- Ce veți face în cazul în care procesul va părea că decurge prea lent, ori va deveni plictisitor sau lipsit de sens?

Implicarea deplină în programul de coaching nu trebuie să fie doar una a intelectului, ci și a părții emoționale. Clientul nu va acționa și nu va continua relația de coaching decât dacă angajamentul pe care și-l asumă este și unul emoțional. Implicarea intelectuală nu este suficientă.

Atunci când începeți programul, verificați adevăratul angajament al clientului, după cum urmează:

- Mai întâi, descrieți ce efecte ar avea programul de coaching, în cazul în care ar avea succes. Acest lucru va furniza motivație și vă va conecta, atât pe dumneavoastră, cât și pe client, la obiectivul programului.
- Apoi, declarați-vă angajamentul față de program.
- Cereți-i clientului să facă același lucru. Dacă își asumă angajamentul, clientul va promite că va fi punctual și că va duce la bun sfârșit sarcinile asupra cărora ați convenit.

Începeți programul de coaching cu grijile imediate ale clientului

Angajamentele fiind luate, nu vă rămâne decât să treceți la treabă. Deschiderea primei ședințe cu problema cea mai arzătoare pentru client îi va oferi acestuia motivație și sentimentul că ceva bun se întâmplă. Indiferent despre ce va fi vorba, începeți prin abordarea temei obiectivelor. De asemenea, un bun exercițiu de început va fi completarea unei roți a vieții.

La finalul ședinței, prezentați-i clientului o temă pentru acasă, astfel încât să dispuneți de un subiect de discuție pentru începutul ședinței viitoare.

SUMAR

Prima ședință de coaching are opt etape:

1. Clădirea raportului și a temeliilor încrederii
   Respectați credințele și valorile clientului.
   Armonizați-vă limbajul corporal și tonul vocii, într-o manieră sinceră, în intenția de a-l înțelege pe client.
   Repetați cuvintele și valorile importante pentru testarea și demonstrarea raportului, clarificarea valorilor și reducerea neînțelegerilor.
   Armonizați-vă cu felul de a gândi al clientului, acordând atenție indicatorilor de acces ai sistemelor reprezentaționale. Rețineți cuvintele senzoriale și ajustați-vă limbajul în funcție de acestea.
   Asigurați o ambianță confortabilă și ospitalieră.
   Clădiți încrederea în timp. Fiți autentic, competent și sincer.
2. Tratarea așteptărilor clientului
   Explicați-i clientului la ce trebuie să se aștepte.
   Definiți și descrieți procesul de coaching.
   Respectați confidențialitatea.
   În cazul în care nu clientul este cel care vă angajează, clarificați problema feedbackului înainte de demararea programului.
   Aderați la principiile etice și la standardele profesionale ale coaching-ului.
3. Evaluarea clientului și colectarea informațiilor
   Obțineți informațiile de contact.
   Efectuați o evaluare informală a personalității clientului. Ce fel de persoană este? Ce își dorește?
   Obțineți informații despre:
   - cariera clientului
   - relațiile sale
   - starea sănătății și a energiei fizice
   - situația financiară
   - obiectivele și valorile sale

- angajamentul față de progresul personal, dezvoltarea spirituală și echilibrul în viață
- activitățile din timpul liber și hobby-urile sale
- îngrijorările imediate

Dacă este necesar, rugați-l pe client să completeze un CV detaliat.

Folosiți roata vieții pentru a cerceta cât de echilibrată este viața clientului și cum se prezintă nivelul de satisfacție.

4. Depistarea îngrijorărilor imediate ale clientului
Ce l-a determinat pe client să apeleze la coaching?
Cum va ști că programul de coaching dă rezultate?
Care dintre activitățile sale necesită o abordare diferită?
La care dintre activități va trebui să renunțe? Care sunt deprinderile ce îi obstrucționează progresul și ce anume alimentează aceste obiceiuri?
5. Conturarea alianței de coaching
Cum i-ar plăcea clientului să se desfășoare ședințele?
Clarificați de la bun început că numai clientul este cel responsabil de rezultatele procesului de coaching.
6. Abordarea detaliilor practice
Lămuriți problema plăților, a duratei și a orarului ședințelor.
7. Angajamentul față de programul de coaching
Verificați adevăratul angajament al clientului față de program.
Descrieți ce efecte ar avea programul de coaching, în cazul în care ar avea cu succes.
Examinați obstacolele ce ar putea submina programul.
    Ce anume ar putea întrerupe procesul de coaching?
    Cum se integrează programul de coaching în viața clientului?
    Ce va face clientul în cazul în care va avea senzația că procesul decurge prea lent, ori va considera că e plictisitor sau lipsit de sens?

Declarați-vă angajamentul față de program.
Cereți-i clientului să facă același lucru.

8. Inițiați procesul de coaching cu grijile imediate ale clientului
   La finalul primei ședințe, prezentați-i clientului o temă pentru acasă și întrebări la care să mediteze, după care programați următoarea ședință.

PAȘI DE ACȚIUNE

Dacă vă doriți să înțelegeți, acționați. Iată aici câteva modalități de explorare a ideilor prezentate în acest capitol. Le puteți folosi ca sarcini atât pentru client, cât și pentru dumneavoastră, dacă doriți acest lucru.

1. Urmăriți cu atenție (dar nu într-o manieră vădită!) perechile din restaurante.
   Puteți spune care dintre ele se află într-un raport? Argumentați-vă răspunsurile.
2. Care sunt persoanele cu care ați dori să vă îmbunătățiți relațiile?
   Data viitoare când vă veți întâlni cu aceste persoane, gândiți-vă mai mult la cauzele pentru care nu vă înțelegeți cu ele așa cum v-ați dori. Acordați atenție stilului lor de a vorbi și observați-le limbajul corporal. Se armonizează vocea și gesturile acestora cu cele ale dumneavoastră? Cât de mult contează acest aspect?
3. La următoarea convorbire telefonică, armonizați-vă vocea la nivelul și tempoul persoanei de la celălalt capăt al firului. Atunci când vă doriți ca discuția să se sfârșească, renunțați la armonizare – vorbiți mai puternic sau mai încet, ori mai repede sau mai lent. Vi se pare că discuția decurge mai ușor atunci când vocile se armonizează și că aceasta se încheie mai ușor atunci când vocile au tonuri și cadențe diferite?
4. Data viitoare când veți mai avea o conversație pe subiecte profesionale, ascultați cu atenție, iar apoi reluați cele mai importante patru puncte la care persoanele în cauză au făcut referire. În reluarea temelor respective, folosiți exact aceleași cuvinte. Verificați dacă această abordare facilitează sau nu conversația.

5. Aflați ce sistem reprezentațional preferați, în cazul în care acesta vă este încă necunoscut. Puteți face acest lucru înregistrându-vă în timp ce vorbiți timp de câteva minute despre un subiect care vă solicită interesul. Ascultați, apoi, înregistrarea și observați care sunt acele cuvinte senzoriale pe care tindeți să le folosiți mai des. Puteți, de asemenea, să vă gândiți la postura generală, la gesturi, la tempoul respirației și la pasiunile dumneavoastră.
6. După ce veți afla care vă este sistemul reprezentațional preferat, descoperiți sistemele predilecte în cazul clienților dumneavoastră. Nu vă înțelegeți mai bine cu cei care vă împărtășesc preferința pentru același sistem?
7. Completați chiar astăzi o roată a vieții. Ce vă spune aceasta despre viața dumneavoastră? Care este cel mai important domeniu pe care ar trebui să-l îmbunătățiți cât mai curând posibil?
8. Cum v-ar plăcea să fiți îndrumat? Enumerați pe o foaie de hârtie lucrurile care ar face eficient un proces de coaching pentru dumneavoastră în cazul în care ați fi un client. Ce vă spun aceste lucruri despre maniera în care colaborați cu clienții?

CAPITOLUL 5
Arta coaching-ului

Calitățile pe care un coach trebuie să le aibă sunt ușor de descris. Ele se referă în principal la capacitatea de a acorda atenție altor persoane. Atenția este unul dintre cele mai prețioase bunuri în relațiile interumane; un bun ce nu poate fi pretins, ci doar oferit. Atunci când nu ni se oferă suficientă atenție, ne simțim lipsiți de vitalitate și energie. Atenția e la fel de vitală pentru sănătatea noastră psihică așa cum apa și aerul sunt pentru cea fizică.

Încă de la prima ședință de coaching, atenția acordată clientului implică două aptitudini:

- calibrarea
- ascultarea

Calibrarea

Calibrarea este un termen specific NLP și înseamnă a evalua cu acuratețe starea de spirit a unei alte persoane prin citirea semnalelor nonverbale.

Calibrarea se referă la diferența dintre a vedea, a observa și a constata. De cele mai multe ori, oamenii doar *văd* o altă persoană. A vedea înseamnă pur și simplu a lăsa undele electromagnetice din lumină să transmită semnale ochilor. Prin urmare, o persoană va putea vedea mișcările globilor oculari, gesturile sau îmbrăcămintea alteia, dar nu va trage nicio concluzie din toate acestea.

Cel de-al doilea nivel este cel al observării. Atunci când observați ceva, ceea ce vedeți începe să capete un înțeles. Ați surprins o mișcare a ochilor. Ce înseamnă ea? Ați observat o mișcare bruscă a mâinii. Oare, ce semnifică? Aceste gesturi au un înțeles anume pentru client și, de aceea, trebuie să aibă o semnificație și pentru coach.

Ultimul nivel este cel al constatării. În această fază, aveți capacitatea de a calibra, întrucât nu numai că observați, dar și sesizați anumite șabloane. Spre exemplu, constatați că atunci când clientul este supărat, gura și fruntea sa devin oarecum crispate. Partea stângă a gurii se ridică ușor, tonul vocii devine mai apăsat, iar tempoul vorbirii se accelerează. Vedeți acest semn în mod repetat. Totodată, constatați că șabloanele se reiau atunci când clientul vorbește despre șeful său. Își urăște șeful? Probabil că da. Este prilejul pentru a pune această întrebare, moment în care clientul se va arăta uimit de intuiția dumneavoastră. El nu va ști că observarea atentă și calibrarea au fost tehnicile care v-au permis să ajungeți atât de repede la miezul problemei.

Clienții vă vor dezvălui detaliile vieții lor în orice ridicare din umeri, în orice oftat și în orice privire în gol. Important e să fiți atent la ele. Vocile lor vă vor mărturisi care le sunt speranțele și visurile, ce este important pentru ei, când sunt nervoși, când sunt supărați, când sunt fericiți și când sunt plictisiți. Limbajul trupului este bogat în mesaje și înțelesuri. Urmăriți fiecare mișcare a ochilor. Urmăriți-le gesturile. Când vorbesc despre timp, gesticulează spre stânga sau spre dreapta? Gesticulează în față sau spre ei? Un client pe care l-ați calibrat este unul pe care ați ajuns să-l cunoașteți foarte bine. Îl înțelegeți, iar acest lucru îl va ajuta să se înțeleagă pe sine însuși.

Ascultarea

A asculta – nimic mai simplu. Nu pierdeți însă din vedere faptul că atunci când ascultați un client, trebuie să o faceți cu atenție, fără a-i judeca, interpreta sau distorsiona spusele. Experiența va fi una profundă. Există patru niveluri ale ascultării:

1. Auzirea
Cel mai superficial nivel al ascultării este auzirea. A auzi înseamnă a înregistra undele sonore din vocea altei persoane. Puteți auzi o persoană vorbind și în același timp să vă gândiți la cu totul altceva sau să vă îndreptați atenția către un alt lucru. Pentru a auzi nu e obligatoriu să fiți atent la ceea ce spune celălalt. Un coach nu trebuie să se afle niciodată în această ipostază.

2. Ascultarea normală
Cel de-al doilea nivel este cel în care îl ascultați pe client, dar cu o întrebare în minte: „Ce înseamnă pentru mine lucrurile pe care le aud?“ În acest caz, ascultați din prisma propriei experiențe, folosindu-vă de evenimente din viața altcuiva pentru ca mintea dumneavoastră să declanșeze diverse amintiri. Persoana în cauză v-ar putea relata o conversație avută cu partenerul de viață, iar dumneavoastră v-ați putea gândi la o discuție purtată recent cu soțul sau soția. Ne referim aici la nivelul de ascultare comun, el fiind adecvat conversațiilor de zi cu zi, nu însă și coaching-ului.

3. Ascultarea selectivă
Cel de-al treilea nivel este cel în care ascultarea se produce în mod selectiv. Coach-ul poate intui ceva, context în care filtrează tot ceea ce spune clientul și selectează ceea ce este important pentru a trage o concluzie. Pentru a reuși acest lucru, coach-ul va fi nevoit, uneori, să se implice într-un dialog interior, cu sine însuși.

4. Ascultarea conștientă
Ascultarea conștientă este una profundă, cu o minimă judecare a spuselor clientului. Este nivelul în care ieșiți din scenă, pentru a-i acorda exclusivitate absolută clientului. Dialogul interior este redus la un nivel minim. Este contextul perfect pentru a apela la intuiție.

Ascultarea conștientă are trei inamici:

- *Dialogul interior.* Atunci când vă ascultați propriile gânduri, nu sunteți în stare să-l ascultați pe client. Există riscul și mai mare ca dialogul interior să se producă în sfera unui subiect care nu are nimic de-a face cu ceea ce spune clientul: „Am lăsat cumva ibricul pe foc?“, „Oare ce voi mânca la prânz?“, „Mi-e sete“, „Ce film va fi diseară la televizor?“ Un astfel de dialog interior nu vă împiedică să-l auziți pe client, dar face imposibilă ascultarea sa. Chiar și atunci când dialogul interior se referă la subiectul abordat de client, nivelul maxim pe care îl puteți atinge este cel de-al treilea. Așadar, suprimați dialogul interior și lăsați-l pe client să vorbească.
- *Tensiunea musculară.* Este dificil să ascultați atunci când sunteți tensionat. În momentul în care constatați că nu vă mai puteți concentra asupra spuselor clientului, relaxați-vă. De asemenea, asigurați-vă că ați adoptat o poziție confortabilă, întrucât disconfortul fizic vă poate distrage.

- *Privirea fixă.* Mintea dumneavoastră va fi mult mai deschisă și mai receptivă, atunci când vă veți folosi întregul câmp vizual. De aceea, vă îndemnăm să reduceți focalizarea privirii și să vă extindeți unghiul de vedere. Încercați să înglobați în acest unghi cât mai mult spațiu posibil, cu o privire relaxată și deschisă.

Pozițiile perceptuale

Coach-ul apelează la mai multe perspective. Un bun coach își cunoaște propriile obiective și limite, având, în același timp, capacitatea de a vedea lumea din perspectiva clientului, într-o manieră obiectivă. În NLP există trei perspective cunoscute sub numele de *poziții perceptuale.*

- *Prima poziție* reprezintă propria realitate, perspectiva din care experimentați orice situație – credințele, sentimentele, opiniile, interesele, preocupările și valorile dumneavoastră. Excelența în coaching își are drept sursă o primă poziție puternică, ce înseamnă a te cunoaște pe tine însuți și a ști cu claritate care-ți sunt obiectivele, valorile și limitele.
- *A doua poziție* presupune experimentarea unei situații prin prisma experienței clientului. Ea implică dezvoltarea capacității de a efectua un salt creativ în imaginație, pentru a înțelege lumea din perspectiva altei persoane, pentru a gândi așa cum gândește aceasta. Atunci când adoptați cea de-a doua poziție, trebuie să înțelegeți punctul de vedere al clientului, ceea ce nu înseamnă că trebuie să fiți de acord cu el. Această poziție reprezintă baza coaching-ului, întrucât ea furnizează empatie și raport.
- *A treia poziție* înseamnă adoptarea unei perspective detașate atât din punctul dumneavoastră de vedere, cât și din cel al clientului. Din această ipostază puteți

observa conexiunea și relația dintre cele două puncte de vedere.

Noi am dori să mai adăugăm o perspectivă grupului celor trei.

- *A patra poziție* reprezintă perspectiva dinspre sistemul în care clientul acționează. Acesta poate fi, de pildă, afacerea în cadrul căreia lucrează clientul. Când oferiți coaching de afaceri, trebuie să cunoașteți efectele pe care acțiunile clientului le au asupra sistemului afacerii respective, dar și felul le care sistemul îl influențează și constrânge pe client.

  Un alt exemplu ar putea fi familia clientului. Ce efecte au acțiunile sale asupra membrilor familiei? Cum limitează sau sprijină familia obiectivele clientului?

  Cea de-a patra poziție se referă, în același timp, la ecologie – la cercetarea efectelor pe care deciziile clientului le au asupra persoanelor ce urmează a fi influențate de schimbare.

Deseori, programul de coaching va consta în a-l învăța pe client să adopte diferite poziții în vederea soluționării problemelor cu care se confruntă. Spre exemplu, capacitatea de asumare a celei de-a doua poziții este fundamentală în relațiile interumane, ceea ce înseamnă că va trebui să-l învățați pe client să adopte și alte perspective, în cazul în care întâmpină dificultăți în contactele cu ceilalți. Pe de altă parte, atunci când clientul este mereu influențat de cei din jur și simte că obiectivele altora devin mai importante decât ale sale, se va impune consolidarea primei poziții. În cea de-a treia poziție, clientul va putea dispune de o reprezentare obiectivă a situației, descoperind punctul de pârghie care îl va conduce către rezultatele dorite.

Toate pozițiile sunt utile. Ele sunt resurse neprețuite. Sunt oameni care prezintă aptitudini deosebite într-una dintre poziții, dar care întâmpină dificultăți în celelalte. Cea mai bună înțelegere provine din utilizarea eficientă a tuturor pozițiilor, iar coach-ul nu trebuie să excludă niciuna în procesul de coaching. Vom aborda problema utilizării lor puțin mai târziu.

SUMAR

Acordați-i clientului atenție maximă.

Calibrați clientul – recunoașteți-i cu acuratețe starea de spirit prin citirea semnalelor nonverbale. Există trei niveluri ale calibrării: vederea, observarea și constatarea.

Ascultați-vă cu atenție clientul. Există patru niveluri ale ascultării: auzirea, ascultarea normală, ascultarea selectivă și ascultarea conștientă.

Ascultarea conștientă are trei inamici:

- tensiunea musculară inutilă
- dialogul interior
- privirea focalizată

Un coach trebuie să fie capabil să adopte diferite perspective și, dacă este necesar, să îl învețe pe client să facă același lucru.

1. Prima poziție reprezintă realitatea persoanei respective – obiectivele, valorile și interesele sale.
2. A doua poziție înseamnă să poți aprecia realitatea altei persoane, din perspectiva acesteia.
3. A treia poziție se referă la observarea unei relații într-o manieră mai obiectivă, mai detașată și mai utilă.
4. A patra poziție reprezintă perspectiva clientului dinspre sistemul în care acesta acționează (locul de muncă, familia ș.a.m.d.). Este o poziție favorabilă cercetării impactului obiectivelor sale asupra sistemului.

PAȘI DE ACȚIUNE

Dacă vă doriți să înțelegeți, acționați. Iată câteva modalități de explorare a ideilor prezentate în acest capitol. Le puteți folosi ca sarcini atât pentru client, cât și pentru dumneavoastră, dacă doriți acest lucru.

1. Alegeți o conversație care nu este foarte importantă și ascultați cu mintea complet deschisă, fără niciun fel de dialog interior. Nu încercați să înțelegeți sau să interpretați. Ce lucruri noi descoperiți în legătură cu acea persoană?
2. Care dintre cele trei poziții perceptuale vi se pare cel mai ușor de adoptat?
3. Enumerați pe o foaie de hârtie beneficiile pe care vi le aduce poziția perceptuală preferată. Apoi, faceți o listă a neajunsurilor sale. (Dacă, de pildă, poziția dumneavoastră prevalentă este prima, înseamnă că vă cunoașteți foarte bine, dar ați putea fi considerat îndărătnic. Cea de-a doua poziție vă înzestrează cu empatie, dar vă poate face să vă neglijați propriile interese. O a treia poziție puternică vă oferă obiectivitate, cu riscul de a vă crea o imagine de om „distant".) În final, enumerați beneficiile pe care vi le-ar aduce dezvoltarea celorlalte două poziții.

CAPITOLUL 6
Întrebările sunt răspunsul

Prima ședință tocmai s-a terminat; ați făcut, așadar, cunoștință cu noul dumneavoastră client. Ce urmează? Coaching-ul este bazat pe o structură bine definită. Iată imaginea sa generală:

	COACH — CLIENT
Prima etapă	Stabilirea raportului și a bazelor încrederii
A doua etapă	Abordarea problemei imediate
A treia etapă	Obiective, valori, credințe
A patra etapă	Depistarea resurselor
A cincea etapă	Reevaluarea deprinderilor
A șasea etapă	Sarcini
A șaptea etapă	Sprijin constant

Structura coaching-ului

Stabilirea raportului este, aşadar, primul pas. Puneţi prima cărămidă la construirea sa, în prima şedinţă, şi acordaţi-i o atenţie specială în fiecare etapă a procesului de coaching. În timp, raportul se va transforma într-o relaţie bazată pe încredere.

Cel de-al doilea pas în structura generală prezentată se referă la abordarea grijii imediate a clientului. Ea reprezintă motivul pentru care acesta a apelat la coaching. Uneori, se întâmplă ca acea problemă să fie singura pe care se va concentra întregul proces. Clientul doreşte, de pildă, să-şi îmbunătăţească o aptitudine, iar coach-ul îl va asista special pentru acest lucru. În majoritatea cazurilor, însă, problema respectivă se va dovedi a fi una complexă, cu multe conexiuni în diferite aspecte ale vieţii clientului.

Începând să exploraţi grija imediată a clientului, intraţi în cea de-a treia fază: stabilirea obiectivelor şi descoperirea valorilor clientului. Este o etapă roditoare. Obiectivele şi valorile sunt culorile cu care clientul îşi pictează tabloul vieţii. Ele sunt note muzicale în melodia vieţii. Mulţi dintre cei care vă vor solicita ajutorul au vieţi cenuşii şi monotone. Dumneavoastră veţi fi cel care le va deschide porţile către o lume mai bogată, mai vie şi mai veselă.

În această fază, coach-ul îl ajută pe client să-şi transpună visurile în realitate, prin fixarea obiectivelor pe termen lung. Împreună, cei doi convertesc problemele în scopuri şi elaborează un plan de acţiune în vederea atingerii acestora. Tot aici, ei colaborează pentru a descoperi rezervele de energie din spatele obiectivelor, adică valorile – motoarele care îl propulsează pe client înainte. Orice program de coaching se fundamentează pe obiectivele şi valorile clientului. Cu energia furnizată de valori, viața sa înaintează vertiginos spre obiectivele fixate.

Cum reușește un coach să determine această transformare? În mare parte, prin adresarea unor întrebări eficiente.

Arta de a întreba

Întrebările pot avea diverse implicații. În cadrul primei ședințe, coach-ul pune întrebări pentru a obține informații elementare despre client. În etapele următoare, coach-ul adresează întrebări pentru a explora credințele și valorile clientului, pentru a cerceta cum gândește, ce își dorește, de ce își dorește acele lucruri și ce l-ar putea împiedica să-și atingă scopurile.

Întrebările au o calitate oarecum bizară – vă este imposibil să nu răspundeți. Ele vă forțează să meditați asupra experiențelor dumneavoastră. Chiar dacă răspunsul dat este „Nu știu“, tot a trebuit să vă gândiți la acea întrebare și să vă examinați experiența de viață, astfel încât să găsiți un răspuns.

Întrebările sunt raze de lumină ce strălucesc în locuri întunecate. O întrebare eficientă va lumina zone aflate în obscuritate. Atunci când îi adresați clientului o întrebare bună, îi oferiți oportunitatea de a-și explora experiența și resursele într-o manieră cu totul nouă, astfel încât să ofere răspunsuri pe care nu credea că le deține. În obișnuința lor, clienții au căutat răspunsuri în locurile care le erau familiare. Răspunsurile nu se află însă niciodată acolo, altfel le-ar fi descoperit deja.

Există o poveste zen, despre un bărbat care caută cu disperare un obiect pierdut la lumina unui felinar de pe stradă. Un trecător se oprește pentru a-l ajuta.

„Ce anume căutați?" îl întreabă acesta.

„Mi-am pierdut cheile", răspunde bărbatul.

„Unde le-ați pierdut", întreabă bunul samaritean.

„Acasă."

„Nu înțeleg", se miră străinul. „Dacă le-ați pierdut în casă, atunci de ce le căutați tocmai aici, în stradă?"

„Pentru că în casă este întuneric", răspunde bărbatul. „Acolo nu văd nimic, pe când aici este lumină. Prin urmare, caut aici."

Coach-ul adresează întrebări care luminează locurile potrivite.

Una dintre cele mai interesante întrebări la care (eu, Andrea) a trebuit să răspund mi-a fost adresată în timpul unui interviu destinat evaluării aptitudinilor mele în coaching și training. Persoanele care m-au intervievat atunci se ocupau de modelarea aptitudinilor mele în coaching și training. Acești oameni nu s-au rezumat doar la a mă urmări în timpul ședințelor de coaching și training pe care le ofeream; ei au dorit să-mi cunoască și strategiile mentale, obiectivele și valorile legate de cele două discipline. Am răspuns la întrebările lor fără a sta prea mult pe gânduri, întrucât subiectele aduse în discuție îmi erau destul de familiare. Ultima întrebare a interviului a fost una neașteptată: „Ce metaforă ați folosi pentru a vă descrie în ipostaza de coach și trainer?"

Această întrebare m-a pus într-adevăr pe gânduri... Mi-am lăsat mintea să hoinărească liberă, în așteptarea unui răspuns spontan. La un moment dat, m-am văzut în ipostaza unui explorator pasionat de piramidele egiptene, iar imaginea mi s-a părut conformă realității.

„De ce un explorator?“ am fost întrebată.

„Pentru că atunci când știi unde să cauți, poți descoperi comori în locuri unde nimeni n-a mai fost vreodată. Văd oamenii ca pe niște temple ce ascund comori nebănuite, care abia așteaptă să fie scoase la lumină!“

Aceasta a fost metafora mea pentru coaching: un explorator pasionat de piramide, o persoană care scoate tot ce e mai bun din ceilalți. Am realizat acest lucru prin intermediul unei întrebări temeinice, ce mi-a fost adresată la momentul potrivit.

Presupozițiile

Figura de stil prin care întrebările sunt asemănate cu o sursă de iluminare este una foarte inspirată. Întrebările pot aduce lumină într-un anume loc, dar în același timp lasă alte zone în întuneric. Cu alte cuvinte, întrebările direcționează atenția clientului spre anumite probleme, îndepărtând-o astfel de altele. Cum se întâmplă acest lucru? În cea mai mare parte a cazurilor, prin intermediul presupozițiilor pe care le implică întrebarea. Presupozițiile reprezintă ipoteze ce trebuie acceptate ca fiind adevărate în demersul de a răspunde la o întrebare.

Toate întrebările conțin presupoziții. Puteți ori să acceptați aceste presupoziții și să răspundeți la întrebarea ce v-a fost adresată, ori să puneți o altă întrebare referitoare la cea inițială. Spre exemplu, atunci când un coach îl întreabă pe client „Ce vă doriți?“, se presupune că persoana respectivă își dorește ceva. Clientul ar putea răspunde enumerându-și obiectivele sau ar putea să ridice din umeri, declarând că nu ştie; ambele răspunsuri semnifică faptul că acel client a acceptat presupoziţia. În cealaltă variantă, răspunsul oferit ar putea fi: „Nu îmi doresc nimic." Întrebarea primeşte astfel un răspuns diferit – prin respingerea presupoziţiei din spatele ei. Clientul ar putea pune în discuţie presupoziţia însăşi, întrebând: „Ce vă face să credeţi că îmi doresc ceva?"

Un aspect important al artei de a pune întrebări eficiente este reprezentat de fundamentarea acestora cu presupoziţii dintre cele mai puternice. Mulţi oameni pun întrebări care conţin presupoziţii inutile sau chiar nocive.

Analizaţi, de pildă, întrebarea: „Cine e de vină pentru toate acestea?" Ea conţine două presupoziţii. Prima este aceea că există o vină, iar a doua că aceasta îi poate fi atribuită cuiva. Aceste presupoziţii nu sunt unele pozitive. Tema culpabilităţii direcţionează spre trecut, căutând vinovaţi în încercarea de a explica felul în care a fost creată problema. Chiar dacă vina îi va fi atribuită cuiva, acest lucru nu va ajuta cu nimic la soluţionarea problemei. Mai mult, atunci când va ajunge să creadă în vină, clientul va presupune că ori de câte ori ceva nu merge aşa cum trebuie, există un vinovat, care ar trebui pedepsit. Va începe să creadă că problemele nu apar pur şi simplu, ci sunt cauzate de oameni. În acest context, dacă vina nu va putea fi aruncată în cârca *altor persoane*, cel vinovat va fi însuşi clientul. Ipoteza nu este deloc una eliberatoare, deşi unii ar putea spune că are şi un aspect pozitiv – acela că oferă iluzia controlului (există o explicaţie pentru orice).

Conceptul culpabilităţii nu are ce căuta în coaching.

Iată un alt exemplu de întrebare nocivă: „De ce încearcă să vă facă rău?" Pare o simplă solicitare a unei informaţii, dar întrebarea conține presupoziția că cineva încearcă, în mod intenționat, să-i facă rău clientului. Un coach nu poate avansa o asemenea presupunere în cazul în care clientul specifică acest lucru în mod expres.

Un ultim exemplu: „Cât timp v-ați complăcut în această situație?“ Presupoziția înglobată în această întrebare este aceea că situația se află sub controlul clientului. Dacă situația este una foarte neplăcută, întrebarea adaugă o tentă de insultă sentimentelor deja rănite ale clientului, în contextul în care acesta a încercat să-și rezolve problema, dar nu a reușit. În coaching, o astfel de întrebare poate fi interpretată și ca o admonestare – clientul și-a dat seama că situația nu este una bună, dar nu a făcut ceea ce trebuie pentru a-i pune capăt.

Toate aceste exemple s-au referit la întrebări cu efect nociv. Din fericire, există modalități infinite de a adresa întrebări utile. Iată câteva exemple (presupozițiile se află între paranteze):

- „Dintre toate resursele de care dispuneți, care credeți că ar fi cea mai eficientă pentru redresarea situației?“ (Aveți multe resurse și puteți alege. În același timp, resursele dumneavoastră pot îmbunătăți situația.)
- „Ce vă oprește să declanșați schimbarea?“ (Aveți puterea de a schimba situația.)
- „Câte lucruri puteți învăța din această experiență?“ (Puteți învăța.)

Asigurați-vă, întotdeauna, că întrebările dumneavoastră conțin presupoziții utile și solide.

Sincronizarea

Momentul ales pentru adresarea unei întrebări este crucial, ca atunci când spuneți un banc. O întrebare, fie ea una bună, are toate șansele să rămână fără niciun rezultat în cazul în care este pusă într-un moment nepotrivit. Aceeași întrebare însă îl poate face pe coach să strige „Evrika" dacă este adresată cu cinci minute mai târziu. Cum vă dați seama care este momentul propice pentru a pune o întrebare?

Alegerea contextului potrivit pentru întrebările pe care doriți să i le adresați clientului face parte din intuiție. Intuiția reprezintă capacitatea unei persoane de a realiza în mod spontan când anume trebuie întreprinsă o acțiune. Vă puteți exersa intuiția prin intermediul a două mijloace.

- *Ascultați!* Relaxați-vă. Înăbușiți dialogul interior. Întrebați-vă: „Ce îi trebuie acestui client, în clipa de față?" Poate aveți o întrebare genială în minte, dar este, oare, momentul potrivit pentru a i-o face cunoscută?
- *Calibrați!* Dacă veți urmări cu atenție limbajul corporal și tonul vocii clienților, veți ști cu exactitate când sunt pregătiți pentru a primi întrebarea dumneavoastră. Un bun coach poate schimba în mers cea de-a doua jumătate a întrebării, în funcție de reacția nonverbală a clientului față de începutul acesteia.

Odată ce veți deveni mai priceput la ascultare și calibrare, veți începe să vă sincronizați mai bine întrebările, întrucât vă veți obișnui să ascultați dincolo de cuvinte și să observați semnalele nonverbale. Făcând aceste lucruri din instinct, nu veți mai fi conștient de ele, dar veți acționa în funcție de ceea ce veți vedea și auzi. Veți fi totuși conștient de un lucru, și anume de îmbunătățirea semnificativă a întrebărilor pe care le veți pune.

Sinceritatea

Cum veţi şti când clientul vă răspunde sincer? Cum vă veţi da seama că nu vă spune decât ceea ce crede că doriţi să auziţi?

Înainte de toate, încă de la prima şedinţă, trebuie să le explicaţi clienţilor cum funcţionează coaching-ul. Este foarte important să le precizaţi că nerăspunzând sincer întrebărilor dumneavoastră se vor păcăli pe ei înşişi, întrucât programul de coaching are drept scop îmbunătăţirea vieţii lor, nu a altcuiva. În acelaşi timp, însă, vor avea oricând dreptul să refuze să răspundă la întrebările care îi deranjează.

În al doilea rând, va trebui să calibraţi starea clienţilor, astfel încât să vă puteţi da seama, din limbajul trupului şi din tonul vocii, când sunt nesiguri sau încurcaţi de o anumită întrebare. După aceea, puteţi alege ori să schimbaţi subiectul, ori să insistaţi asupra sa.

În al treilea rând, întrebările coach-ului izvorăsc întotdeauna dintr-o curiozitate binevoitoare şi sinceră. Coach-ul trebuie să fie un model de sinceritate pentru client; atunci când clientul va observa franchețea coach-ului, va tinde să dea răspunsuri sincere.

O ultimă modalitate ar fi aceea de a adresa întrebări de urmărire precum acestea:

> „Ce altceva aţi mai observat?“
> „Care ar fi răspunsul pe care mi l-aţi da dacă nu v-ar păsa de ceea ce cred eu despre dumneavoastră?“
> „Aţi dori să mai spuneţi şi altceva, în afara celor deja precizate?“

Clădirea raportului prin întrebări

Întrebările pot fi folosite pentru construirea raportului. Chiar și întrebările stimulatoare pot fi adresate cu respect, astfel încât să nu destrame raportul.

Există două modalități principale de a pune întrebări delicate fără a deteriora raportul:

1. Puteți indica în avans o anume întrebare. Puteți face următoarea introducere: „Aș vrea să vă pun o întrebare în legătură cu..."
2. Puteți atenua șocul produs de întrebare prin schimbarea tonului vocii sau prin fraze de genul:

   „Aș dori să știu dacă..."
   „Sunt interesat să aflu dacă..."
   „V-ar deranja dacă mi-ați spune..."

Pentru a se evita deteriorarea raportului, întrebările trebuie prezentate într-o manieră respectuoasă. Limbajul corporal și tonul vocii sunt la fel de importante precum cuvintele. „Ce vă doriți?" este o excelentă întrebare de bază în coaching, însă ea poate avea efecte negative asupra raportului atunci când este adresată pe un ton sarcastic, cu un deget acuzator ațintit spre client.

Schimbarea stărilor emoționale

Întrebările pot schimba starea emoțională a clientului. Ele îl pot aduce pe client într-o stare deposedată de resurse prin folosirea greșită a tonului vocii și a limbajului trupului, cât și prin presupozițiile limitative ce le-ar putea conține. Spre exemplu, „Care este cel mai grav aspect în legătură cu această problemă?" este o întrebare defectuoasă întrucât, pentru a o înțelege, clientul trebuie să treacă printr-un şir de emoţii negative, să decidă care este cel mai grav lucru şi apoi să răspundă. „Cât de neajutorat vă simţiţi?“ este o întrebare atât de neinspirată, încât ar putea fi calificată drept „anticoaching“. Prin această întrebare, un client care, în fond, se simte în regulă, va rămâne cu o stare psihică deplorabilă după şedinţa de coaching.

Există însă o mulţime de întrebări care-l pot plasa pe client într-o stare bogată în resurse. Uneori, coach-ul va pune anumite întrebări doar cu acest scop. Întrebările se vor referi la:

- resursele aflate la dispoziţia clientului
- persoanele pe care acesta le iubeşte
- experienţele pozitive din trecut

Cum se pun întrebările temeinice?

Întrebările reprezintă principala cale prin care coach-ul explorează problemele clientului şi îl ajută să le rezolve. Ele pot fi foarte puternice, cu condiţia să fie precise.

Să ne imaginăm, de pildă, că îndrumătorul doreşte să pună o întrebare pentru a afla valoarea din spatele obiectivului. Iată trei posibile întrebări:

> „Dacă veţi îndeplini acest obiectiv, ce beneficii vă va aduce el?“
> „Când veţi îndeplini acest obiectiv, ce beneficii vă va aduce el?“
> „Când veţi îndeplini acest obiectiv, ce va însemna el pentru dumneavoastră?“

Prima întrebare introduce un element de îndoială („dacă“), referitor la posibilitatea ca acel client să-şi atingă ţelul. Presupoziţia nu este una foarte utilă. Nimeni nu poate cunoaşte viitorul, dar e mai bine să credem că cel aflat sub îndrumarea noastră va avea succes, evitând să îi insuflăm îndoială chiar înainte de a porni la drum.

Cea de-a doua întrebare este şi cea mai bună, întrucât implică ideea conform căreia clientul îşi va atinge scopul, concentrându-se pe valoarea ce a generat obiectivul.

Cea de-a treia întrebare conţine, la rândul ei, presupoziţia potrivit căreia clientul îşi va atinge ţelul, însă este mai puţin precisă. Răspunsul ar putea fi un amestec de valori, credinţe, experienţe anterioare, legături între idei şi alte elemente. Când ştiţi cu exactitate ce doriţi să aflaţi, vă este mult mai uşor să adresaţi o întrebare precisă.

În coaching, întrebările puternice au cinci caracteristici principale.

1. Încep, de obicei, cu „ce"

„*Ce* vă doriţi?", „*Ce* este important pentru dumneavoastră?" şi „*Ce* v-ar putea împiedica să vă atingeţi obiectivul?" sunt întrebări eficiente. Prima cercetează obiectivele clientului, cea de-a doua valorile acestuia, iar cea de-a treia credinţele limitative sau alte elemente obstructive ce trebuie depăşite.

Întrebările care încep cu „de ce" sunt, de obicei, mai puţin puternice. Ele explorează, în general, valorile clientului. Cea mai eficientă întrebare în acest sens este totuşi următoarea: „*Ce* este important pentru dumneavoastră în legătură cu acest lucru?" „De ce este important pentru dumneavoastră" nu este o întrebare la fel de precisă, întrucât clientul ar putea răspunde cu o descriere a aşteptărilor altor persoane sau cu explicaţii logice pentru acţiunile întreprinse.

În același mod, întrebarea „De ce ați făcut acest lucru?" ar putea fi interpretată ca una acuzatoare. Clientul ar putea simți că este chemat să-și justifice acțiunea. Ca și în celelalte cazuri, ar putea oferi explicații raționale sau o descriere a evenimentelor care au condus către acțiunea respectivă, evitând astfel să numească valoarea ce a generat fapta sau ce anume a încercat să obțină acționând astfel.

Există o întrebare care începe cu „ce" și pe care clientul v-ar putea-o adresa: „Ce ar trebui să fac?" Expresia „ar trebui" formează un element de presiune – ea implică faptul că există o regulă pe care clientul crede că e obligat să o urmeze, motiv pentru care se așteaptă să îi spuneți în ce constă aceasta. Mesajul inclus în întrebare este: „Spuneți-mi ce să fac. Dați-mi niște reguli pe care trebuie să le respect." Este crucial să rezistați tentației de a răspunde pozitiv acestei solicitări, chiar dacă vă este foarte clar ce ar trebui să întreprindă clientul. Cel mai bun răspuns la această întrebare este o altă întrebare: „Dumneavoastră ce vă doriți?" Odată ce își clarifică valorile, credințele și obiectivele, clientul va ști și ce are de făcut.

2. Întrebările temeinice duc la acțiune

Întrebările îl orientează pe client spre soluții. Înțelegerea pe calea intelectului nu este suficientă pentru rezolvarea unei probleme sau pentru atingerea unui obiectiv. Trebuie *să faceți* ceva, în ambele cazuri.

3. Întrebările temeinice sunt orientate spre obiective, nu spre probleme

Coaching-ul se concentrează pe prezent și pe viitor, nu pe trecut. Întrebările eficiente nu insistă asupra problemelor, ci îl direcționează pe client spre un viitor mai bun.

4. Întrebările temeinice îl orientează pe client spre viitor, evitându-se căutarea unor explicații în trecutul său

Toate întrebările puternice duc spre viitor. Nu este obligatoriu să înțelegem cum s-a ivit o situație neplăcută pentru a fi în stare să o soluționăm. Dacă intrați într-o cameră întunecată, nu trebuie să înțelegeți teoria electricității pentru a aprinde lumina.

5. Întrebările temeinice conțin presupoziții puternice, foarte utile pentru client

Structura de bază a unei bune întrebări de coaching este următoarea:

Ce... dumneavoastră... verb... viitor pozitiv.

„Ce“ face ca întrebarea să fie exactă și orientată spre obiectiv.
„Dumneavoastră“ îl indică pe client ca fiind cel responsabil de atingerea obiectivului.
Verbul înseamnă acțiune.
Viitorul pozitiv îl direcționează pe client către viitorul pe care și-l dorește.

Formula nu este una pe care trebuie să o aplicați în mod strict și rigid. Ea este o structură ce se poate dovedi utilă și în jurul căreia vă puteți pune în valoare creativitatea și capacitatea de improvizație.

Iată câteva exemple de întrebări puternice:

- „Ce vă doriți?“
  Este întrebarea de bază pentru descoperirea obiectivelor.
- „Ce alte alegeri puteți face?“
  Această întrebare implică existența mai multor opțiuni aflate la dispoziția clientului.

- „Ce beneficii vă va aduce îndeplinirea acestui obiectiv?“
Prin această întrebare se urmărește aflarea valorilor care au generat obiectivul.
- „Ce este important pentru dumneavoastră în legătură cu acest lucru?“
Întrebarea dezvăluie valorile care au generat obiectivul.
- „La ce sunteți dispus să renunțați pentru a vă atinge scopul?“
Această întrebare se referă la aspectul ecologic al obiectivului, la mediul în care clientul trăiește. Observați cuvintele folosite. Presupoziția înglobată în întrebare este cea potrivit căreia clientul este dispus și apt să renunțe la ceva. Este o diferență uriașă între această întrebare și „Ce va trebui să pierdeți pentru a obține ceea ce vă doriți?“ A pierde și a renunța nu sunt unul și același lucru. Atunci când o persoană pierde ceva poate suferi, pe când renunțarea la ceva presupune o decizie voluntară.
- „Ce anume sunteți dispus să schimbați?“
Întrebarea este una și mai sugestivă, în sensul că implică ideea conform căreia schimbarea este posibilă și se află la îndemâna clientului.
- „Ce anume ați încercat să obțineți făcând acest lucru?“
Este o întrebare bună, ce poate fi pusă în contextul în care o acțiune a clientului nu a avut rezultatele așteptate. Ea se concentrează asupra obiectivului și solicită informații despre intenția clientului. Poate că intenția a fost bună, chiar dacă rezultatele au fost defectuoase. Ne referim aici la o presupoziție specifică NLP, conform căreia în spatele oricărei acțiuni există o intenție pozitivă. Ea ne conduce spre următoarea întrebare:
- „Ce puteți învăța din această experiență?“
Este o întrebare puternică, în contextul în care clientul a făcut o greșeală – adică atunci când comportamentul său nu s-a potrivit cu intenția sau când eforturile

depuse nu au avut rezultatul scontat. În loc să analizeze greșeala, această întrebare îi cere clientului să privească experiența dintr-un unghi obiectiv și să tragă învățămintele necesare.

- „Ce veți face diferit data viitoare?"
Este întrebarea care, de obicei, îi urmează celei de mai sus.
- „Ce părți aparținând situației actuale pot fi considerate bune?"
Întrebarea pune în mod eficient problema ecologiei. Ea conține presupoziția că în viața actuală a clientului există părți bune care ar merita păstrate. Este o întrebare importantă atunci când vă aplecați asupra obiectivelor. Orice situație are partea sa pozitivă.
- „Ce acțiuni puteți întreprinde pentru a schimba situația?"
Întrebarea implică ideea că subiectul procesului de coaching are puterea de a-și schimba viața.
- „Ce v-ar putea împiedica să treceți la acțiune?"
Această întrebare se axează, la rândul ei, pe viitoarele fapte ale clientului. Nu ignorați lucrurile care l-ar putea împiedica pe acesta să acționeze.

În final, vă prezentăm patru întrebări ușor diferite, ce pot fi utile pentru testarea impactului pe care acțiunile clientului l-ar putea avea asupra mediului înconjurător:

- „Care ar fi cel mai rău lucru care s-ar putea întâmpla dacă faceți acest lucru?"
Întrebarea privește spre viitor și îi solicită clientului să evalueze posibilele consecințe negative. Ea poate fi utilă atunci când viitorul pare nesigur, în sensul în care i-ar putea semnala clientului că perspectivele nu sunt atât de întunecate pe cât credea. De asemenea, ea este utilă în cazul unui planning de tip „cel mai rău scenariu posibil". Atunci când este pregătit să se confrunte cu cele mai defavorabile împrejurări, clientul va putea

avansa cu mai multă încredere pe drumul său spre atingerea obiectivului.

- „Care este cel mai bun lucru care s-ar putea întâmpla dacă faceți acest lucru?“
Este o întrebare eficientă atunci când doriți să ridicați moralul clientului. În același timp, însă, ea l-ar putea determina să realizeze că recompensa pentru eforturile sale nu va fi atât de consistentă pe cât a crezut. Clarificarea acestui aspect extrem poate fi foarte utilă.
- „Care ar fi cel mai rău lucru care s-ar putea întâmpla dacă nu faceți acest lucru?“
Această întrebare îl obligă pe client să constate că a nu lua o anumită decizie este, de fapt, tot o decizie – una în favoarea statu-quoului, cu consecințele de rigoare. Inacțiunea este, așadar, o alegere; o alegere care poate înrăutăți situația...
- „Care ar fi cel mai bun lucru care s-ar putea întâmpla dacă nu faceți acest lucru?“
Întrebarea este similară celei de mai sus, explorându-se, de data aceasta, consecințele pozitive ale pasivității.

Puterea acestor întrebări de tip „care“ este uriașă.

Întrebările care încep cu adverbul „cum“ își au și ele utilitatea lor, doar că vin de obicei pe plan secundar. Ele explorează mijloacele pe care clientul le va folosi în acțiunile sale. Singurele momente în care importanța lor devine una primară sunt acelea în care procesul de coaching se aplică asupra planului de acțiune, iar acesta nu poate fi formulat fără clarificarea anterioară a obiectivelor și valorilor.

Întrebările de tip „când“ sunt și ele utile, însă, pentru a decide „când“ mai întâi, trebuie să știți „ce“ și „cum“.

Așadar, ordinea întrebărilor de coaching este următoarea:

- *Ce* (obiective și valori)

- *Cum* (mijloace de atingere a scopului)
- *Când* (momentul)

În fluxul și refluxul unei ședințe de coaching, întrebări de toate felurile se vor împleti ca firele într-o tapiserie reușită, venind în întâmpinarea coach-ului și a clientului, pentru a-i ajuta să găsească cele mai bune răspunsuri. Cuvintele folosite la formularea întrebărilor vor determina nașterea unui nou mod de gândire, care la rândul său va zămisli noi acțiuni. Acesta este coaching-ul NLP în acțiune.

Întrebările stimulatoare

Întrebările eficiente furnizează răspunsuri pe măsură și, de cele mai multe ori, clarifică intențiile clientului. Ele mai pot fi utilizate pentru provocarea limitelor pe care clientul și le-a impus singur și pentru diversificarea opțiunilor. În acest sens, coach-ul trebuie să asculte dincolo de cuvinte, în scopul identificării tipului de gândire care generează acele cuvinte. Atunci când clientul folosește cuvinte care îi limitează posibilitățile de acțiune, reiese că gândește într-o manieră restrictivă, întrucât limbajul reflectă întotdeauna gândurile. Dacă modul de gândire al clientului este limitativ, înseamnă că numărul de alegeri pe care le poate face este la rândul său limitat. În astfel de situații, prin contestarea cuvintelor folosite de către client, programarea neurolingvistică poate interveni decisiv, deschizând calea către acțiune.

Cuvinte	*Gândire*	*Acțiune*
Contestarea cuvintelor...	pentru eliberarea gândirii...	pentru facilitarea acțiunii

Există clișee de limbaj pe care un coach competent are capacitatea de a le depista atunci când își ascultă clientul. Apoi, el poate să folosească ori să conteste imediat acele șabloane, ori să aștepte până mai târziu, în vederea găsirii unor conexiuni între informațiile obținute și alte probleme ale clientului.

Opiniile eronate

Cu toții avem opinii, iar ele pot deveni restrictive în două situații.

În primul rând, clientul și-ar putea exprima opiniile ca și cum acestea ar fi stări de fapt. Opiniile sunt bazate însă pe credințe, iar credințele pot fi de multe ori eronate. Totuși, prin intermediul acestor opinii emitem judecăți de valoare atât despre noi înșine, cât și despre ceilalți.

În al doilea rând, clientul poate prezenta opiniile altor oameni ca și cum ar fi ale sale. Prin urmare, el ar putea să se judece atât pe sine, cât și pe ceilalți nu prin prisma valorilor sale, ci în funcție de valorile altora (părinți, prieteni, colegi de serviciu sau personaje influente din copilărie). Este foarte posibil ca aceste aprecieri să nu mai aibă de mult timp nicio legătură cu realitatea, însă ele continuă să influențeze viața clientului, întrucât acesta nu le-a pus niciodată la îndoială. Judecățile de valoare și opiniile care i-au fost inculcate clientului pot fi sursa a numeroase probleme din viața sa. Scoțându-le la iveală, coach-ul îi acordă clientului șansa de a le conștientiza și evalua.

O altă categorie de judecăți pe care coach-ul nu trebuie să le treacă cu vederea sunt comparațiile. Ascultați cu atenție atunci când clientul folosește cuvinte precum „mai bun", „mai rău", „bun", „rău" sau „mai ușor". Comparațiile pot obstrucționa progresul clientului atunci când sunt bazate pe paralele inadecvate sau neconforme cu realitatea. Clientul riscă să cadă în depresie și să-și piardă motivația dacă se compară cu standarde imposibil de atins sau cu modele ireale (care ar putea proveni din imaginea personajelor marcante din copilărie). Gândind astfel, el ajunge să fie nemulțumit de propria viață, fără a ști însă ce-i provoacă insatisfacția. În astfel de situații, coach-ul trebuie să conteste standardele nerealiste de comparație și să-i prezinte clientului unele adecvate.

S-ar putea ca unii dintre clienții dumneavoastră să încerce să trăiască, și la maturitate, la înălțimea standardelor impuse de părinți, motiv pentru care, ca adulți, se vor simți nefericiți. Explicați-le acestor persoane că este mult mai eficient (și mai realist) să se compare cu ei înșiși, așa cum se prezentau cu câteva luni în urmă, și să nu aibă în vedere standarde inaccesibile. În procesul de coaching, clienții vor învăța să-și stabilească propriile standarde.

Adverbele de genul „evident", „firește", „desigur" sau „bineînțeles" sunt, la rândul lor, indicatoare ale unor judecăți de valoare. Ascultați cu atenție sporită ori de câte ori clientul va rosti fraze care încep cu: „Firește, acest lucru este..." sau „Evident, este o chestiune care..." Lucrurile în privința cărora se pronunță ar putea fi „firești" și „evidente" pentru el, dar asta nu le face și adevărate.

Asigurați-vă că acela pe care îl îndrumați va renunța la judecățile de valoare împrumutate și va începe să lucreze cu standarde de comparație realiste.

Suprageneralizarea

Învățăm prin generalizare – intrăm în contact cu unul sau două modele ale unui lucru și conchidem că tot ce face parte din categoria acestuia operează în același fel. De cele mai multe ori, concluzia este una corectă. Învățăm să conducem o mașină, după care ne simțim în stare să conducem și altele. Nu suntem nevoiți să învățăm să șofăm ori de câte ori ne urcăm la volanul unei noi mașini. Acesta este mecanismul prin care ne formăm obiceiurile – ele fac lucrurile să fie mai ușoare.

Problemele se ivesc atunci când generalizăm prin prisma câtorva exemple care nu sunt reprezentative. Ascultați cu atenție atunci când clienții folosesc cuvinte de genul „întotdeauna", „niciodată", „toată lumea" sau „nimeni" – cuvinte ce implică lipsa excepțiilor. Aceste cuvinte sunt restrictive, întrucât persoana care le folosește presupune, generalizând, că lucrurile stau întocmai cum le-a descris, indiferent de situație.

Atunci când constatați că generalizează, mai ales dacă face acest lucru pentru a justifica o problemă, cereți-i clientului să se gândească bine dacă afirmațiile sale chiar nu suportă nicio excepție. Dacă afirmația este una de genul „Niciodată nu m-am priceput la acest lucru", îi puteți replica: „*Niciodată*? Nu vi s-a întâmplat niciodată să faceți acel lucru bine?" Nu e nevoie decât de o singură excepție pentru a infirma generalizarea. Un client care suprageneralizează vă oferă, prin limbaj, indicii utile privind existența unei credințe limitative care îi blochează progresul.

Presupozițiile neîntemeiate

Aceste presupoziții operează în același mod ca și cele înglobate în întrebări. Ce trebuie să fie adevărat pentru ca dumneavoastră să acceptați ceea ce clientul afirmă? Vă atrage acesta în problemele sale? Deseori, clienții construiesc presupoziții pe care le integrează în propriul limbaj, astfel încât dumneavoastră să le acceptați pentru a vă putea ocupa de problema prezentată. Nu de puține ori însă se întâmplă ca *însăși presupoziția* să fie problema. Spre exemplu, persoana respectivă spune: „Vreau să discutăm despre felul în care dispoziția soțului meu mă deprimă." Presupoziția este aceea că dispoziția partenerului de viață reprezintă cauza depresiei. Aceste presupuneri pot fi un factor important, dar nu cel mai important.

Depistați presupozițiile limitative, de genul celor care urmează (presupoziția se află între paranteze):

> „De câte ori trebuie să le cer să înceteze să mai facă acest lucru?" (Va trebui să le repet cererea, înainte ca ei să înceteze.)
> „Când vor începe să se comporte responsabil?" (Acum nu acționează în mod responsabil.)
> „Cât de mult se mai poate înrăutăți situația?" (Situația actuală este una neplăcută, dar poate fi și mai neplăcută.)
> „Nu știu dacă voi ajunge vreodată pe drumul cel bun". (Direcția actuală este una greșită.)
> „Cât de mult vrea, oare, să mă rănească?" (Vrea să mă rănească.)

Presupozițiile pot fi uneori deghizate cu dibăcie în întrebări care încep cu „de ce". Iată câteva exemple:

> „De ce este atât de nerecunoscător?" (Este nerecunoscător.)
> „De ce nu poate face nimic așa cum trebuie?" (Nu se pricepe la nimic.)
> „De ce, oare, sunt atât de insensibil?" (Sunt insensibil.)

Totodată, presupunerile se pot camufla în cuvinte precum „când", „dacă" sau „întrucât". Iată un exemplu:

> „Când, oare, va realiza că nu-mi place cum se comportă?" (Nu-mi place cum se comportă, iar el nu realizează acest lucru.)

Citirea gândurilor

Una dintre sursele presupozițiilor este „citirea gândurilor". Clientul ar putea crede că știe ce gândește cealaltă persoană, chiar dacă indiciile primite sunt foarte puține. El își închipuie că a depistat intenția celuilalt ghidându-se după ceea ce vede, adică după comportament. Comportamentul este vizibil, în timp ce intenția este invizibilă.

Atunci când clientul încearcă să citească gândurile celorlalți, e bine ca îndrumătorul să pună sub semnul întrebării acuratețea acestui proces. Clientul poate intui corect, dar ar putea să și greșească. Întrebați-l cum știe că persoana respectivă gândește în felul în care el crede că o face. Poate că are dreptate, dar acest lucru trebuie confirmat.

Prin același mecanism, unii clienți se așteaptă ca persoanele din jur să intuiască ceea ce ei își doresc și să acționeze în consecință. Astfel, procesul de citire a gândurilor este inversat – ei își închipuie că ceilalți oameni pot bănui ceea ce ei gândesc, supărându-se atunci când aceștia nu le satisfac nevoile, chiar dacă ele nu au fost făcute niciodată cunoscute. Clienții care obișnuiesc să gândească astfel sunt, de obicei, profund nemulțumiți și supărați pe cei din jurul lor. Ei sunt convinși că ceilalți le pun bețe în roate în mod intenționat.

Cuvintele de presiune

„Ar trebui" și „n-ar trebui", „trebuie" și „nu trebuie", „se cuvine să" și „nu se cuvine să" sunt exemple de cuvinte de presiune. Ele creează presiune pentru executarea sau blocarea unei anumite acțiuni. În general, aceste expresii implică o regulă de care, de cele mai multe ori, clienții nu sunt conștienți.

Câteva exemple:

„*Ar trebui* să mă descurc mai bine."
„*Trebuie* să termin această lucrare până la sfârșitul lunii."
„*Nu trebuie* să fac nicio greșeală."
„*N-ar trebui* să fac acest lucru."

Din ipostaza de coach, este esențial să contestați aceste cuvinte de presiune prin trei modalități diferite:

- Puteți contesta consecințele regulii din mintea clientului întrebând ce s-ar întâmpla dacă aceasta ar fi încălcată. În cazul în care clientul spune „*Ar trebui* să fac acest lucru", puteți întreba „Ce s-ar întâmpla dacă nu l-ați face?" sau „Ce vă obligă?" (Ultima întrebare necesită un raport aflat cel puțin la un nivel mediu.)
- Puteți, de asemenea, să vă opuneți tiraniei lui „ar trebui" întrebând: „Să ne închipuim pentru o clipă că nu faceți ceea ce ar trebui. Cum ar fi?" În cazul în care clientul spune „*Nu ar trebui* să fac acest lucru", puteți replica: „Ce s-ar întâmpla dacă totuși l-ați face?" sau „Cine a stabilit că nu ar trebui?"
- Totodată, puteți sugera o alternativă, menționând: „Să presupunem că ați putea... Cum ar fi?"

Cuvintele de presiune pot avea un temei în practica acceptată sau în moralitate, dar dacă veți asculta cu atenție, veți fi surprins de cât de des le folosesc clienții pentru a se constrânge să facă sau să nu facă diverse lucruri lipsite de importanță. Cuvintele de presiune pot, de asemenea, să indice anumite credințe limitative. Rețineți orice cuvânt de presiune auzit!

Convertirea presiunii în scopuri

Puteți transforma cuvintele de presiune în scopuri prin direcționarea atenției clientului către obiectivele sale.

Cereți-i clientului să converteascǎ „trebuie sǎ" și „se cuvine sǎ" în „vreau sǎ". Îndemnați-l sǎ rosteascǎ aceste cuvinte cu toatǎ convingerea. Prin urmare, atunci când clientul va spune ceva de genul „*Ar trebui* să-mi vizitez părinții", cereți-i să transforme propoziția în „*Vreau* să-mi vizitez părinții", după care întrebați-l cum se simte rostind aceste cuvinte. În cea mai mare parte a cazurilor, clienții își vor da seama că *nu doresc* să facă acest lucru; vizitarea părinților nu are nimic de-a face cu obiectivele lor. Atunci, de ce afirmă că ar trebui totuși să facă acea vizită? Ce reguli își impun de unii singuri? Cel mai probabil, se simt vinovați, iar în spatele sentimentului de vină se află un resentiment.

În aceeași manieră, atunci când clientul declară „*Nu ar trebui* să fac acest lucru", cereți-i să spună cu voce tare „*Nu vreau* să fac acest lucru". Întrebați-l, apoi, cum se simte rostind aceste cuvinte. Modelul de abordare prezentat îl transpune pe client la timona propriilor acțiuni, îi oferă posibilitatea de a alege și îi redirecționează atenția către obiectivele propuse.

Atunci când un client pretinde că „nu poate" face un anume lucru, analizați această afirmație ca pe o convingere. Obstacolul poate sălășlui în propria sa minte, nu în realitate.

Există mai multe metode prin care puteți convinge un client care susține că nu este capabil de o anumită acțiune. De pildă, un client ar putea afirma ceva de genul „Nu mă pot relaxa". Puteți contesta această convingere, astfel:

1. O puteți trata ca pe un cuvânt de presiune, contestând consecințele imaginate de către client cu următoarea întrebare: „Ce s-ar întâmpla dacă ați reuși?"
2. Puteți, de asemenea, întreba: „Ce vă oprește?" Această întrebare conține presupoziția conform căreia clientul se poate relaxa, dar ceva îl împiedică să o facă.
3. Îi puteți cere clientului să facă o distincție între posibilitate și capacitate, întrebând: „Nu puteți sau doar nu știți cum?" Uneori, clienții cred că ceva este imposibil, când, de fapt, problema e că nu știu cum să realizeze ceea ce își doresc – ei confundă, astfel, posibilitatea cu capacitatea. Singurul lucru de care au nevoie e să învețe cum.

„Dar"

Nu treceți cu vederea cuvântul „dar" atunci când îl auziți pe client rostindu-l. „Dar" este termenul care justifică sau neagă o idee sau o faptă anterioară. Atunci când auziți „dar", solicitați-i clientului să înlocuiască acest cuvânt cu „și". Spre exemplu, în loc să spună „Sunt de acord cu dumneavoastră, *dar* cred că ar trebui să luați în considerare următorul aspect", îndemnați-l pe client să-și modifice fraza astfel: „Sunt de acord cu dumneavoastră *și* cred că ar trebui să luați în considerare următorul aspect." În cea de-a doua variantă, cele două afirmații sunt coordonate afirmativ, fraza având, astfel, mai multe șanse să fie primită cu receptivitate.

O altă cale prin care puteți anula efectele negative ale cuvântului „dar" este cea care presupune schimbarea ordinii celor două afirmații. Prin urmare, atunci când clientul spune ceva de genul „Voi încerca să fac acest lucru, dar va fi dificil“, cereți-i să transforme fraza în „Va fi dificil, dar voi încerca să fac acest lucru“. Această simplă modificare oferă un sens pozitiv afirmației.

Uneori, cuvântul „dar“ ascunde ceea ce s-ar putea numi un „aparteu“. Aparteul este un comentariu rostit ca și când nu ar avea importanță decât pentru cel care îl face, însă el reprezintă un aspect crucial pentru coaching. Coach-ul trebuie să rămână mereu alert și să depisteze aceste aparteuri pentru a le întâmpina cu întrebări. Ele sunt importante, iar clientul încearcă să treacă rapid peste ele.

Unii dintre clienți vor folosi în mod constant expresia „da, dar“. Nimic din ceea ce coach-ul sugerează nu merge pentru ei; întotdeauna există un „dar“. Pentru coach, această atitudine poate fi una foarte frustrantă. „Da, dar“ indică lipsa armonizării între coach și client, cel din urmă respingând cu obstinație încercările de creare a unui raport. Oricare ar fi contextul, el caută mereu excepții și dificultăți. Avertizați-l asupra problemelor pe care și le produce prin perpetuarea acestui model de abordare negativistă. Drept sarcină, cereți-i ca, timp de o săptămână, să scoată din vocabular cuvintele „da, dar“. Solicitați permisiunea de a-i atrage atenția ori de câte ori îl auziți rostindu-le. Sugerați-i să înlocuiască expresia cu una nouă, cum ar fi, de pildă: „Mă îngrijorează faptul că...“

Înțelesurile

Suntem obișnuiți să tragem anumite concluzii din experiențele pe care le avem. Chiar dacă rațiunea ne spune că nu putem controla toate evenimentele din jurul nostru, avem tendința de a lua multe lucruri strict personal, indiferent dacă acestea au sau nu vreo legătură cu noi.

Înțelepciunea nu se referă la numărul experiențelor prin care am trecut, ci la concluziile pe care le tragem din acestea. Ascultați cu atenție felul în care clienții interpretează ceea ce li se întâmplă. Unii dintre ei găsesc mereu conexiuni între diverse evenimente, într-o manieră care îi face să se simtă prost și care le alimentează credințele restrictive. Acordați o atenție specială modalităților prin care clientul încearcă să-și consolideze interpretările, cum ar fi, de pildă, următoarea frază: „A întârziat *atât de mult*, încât a fost clar că nu i-a păsat de întâlnire." În cazul de față, clientul subliniază că a întârzia înseamnă a acorda o importanță minimă unei întâlniri.

Un alt exemplu ar fi acela în care un client s-ar afla în mijlocul unei prezentări, iar cineva din audiență ar începe să caște. Clientul va crede că acea persoană este plictisită și că prezentarea sa este deci una neinteresantă. Drept urmare, el va avea tendința să generalizeze, ajungând să creadă că nu se pricepe să vorbească în fața unei audiențe și că nici nu se va pricepe vreodată.

În exact același context, o altă persoană ar putea crede că cel care a căscat nu era decât obosit. Își va închipui că „somnorosul" a avut o noapte albă și va hotărî că ar fi bine să le ofere tuturor o scurtă pauză pentru a putea fi, apoi, mai atenți la ceea ce spune. Această persoană nu va extrage niciun înțeles negativ din căscatul cu pricina și, prin urmare, nu-și va forma credința conform căreia calitățile sale de orator sunt nule.

Experiențe identice, concluzii complet diferite. Atunci când nu cunoașteți realitatea, orice interpretare poate părea validă.

Limbajul abstract

În final, fiți foarte atent la limbajul abstract. Substantivele abstracte sunt cele precum „stres", „relații", „eșec" sau „depresie". Ele sunt sărace în detalii și dau impresia imobilității – nu implică nicio acțiune. Abstracțiile pot submina procesul de coaching, întrucât acesta este bazat, în primul rând, pe acțiune.

Faceți acest experiment.

- Repetați de câteva ori următoarea frază: „Comunicarea este importantă." Analizați, apoi, gândurile care vă vin în minte. Cel mai probabil, imaginile prelucrate de intelect vor fi abstracte și inerte.
- Acum, înlocuiți afirmația de mai sus cu: „Vreau să comunic." Observați senzația de activitate pe care o provoacă acest enunț. De data aceasta, faceți ceva; nu vă mai rezumați la contemplare.

Substantivele abstracte sunt utile și, uneori, chiar necesare, dar coach-ul trebuie să se asigure că subiectul procesului de coaching nu le folosește în mod constant, întrucât acest lucru ar indica lipsa schimbărilor în experiența sa.

„În relația mea actuală, comunicarea îmi provoacă teamă și mult stres" este un enunț ce conține patru abstracții („comunicare", „relație", stres" și „teamă). Un coach nu trebuie să ignore o asemenea frază. Mai mult, el va trebui să cerceteze atât felul în care clientul comunică și întreține relația, cât și cauzele stresului și ale fricii. Plasați actorul în mijlocul abstracției și aduceți-o la viață.

Abstracțiile – „comunicare", de pildă – sunt substantive, însă ceea ce descriu ele sunt procese. Atunci când un client spune că se află sub mult stres, sună ca și cum stresul ar fi o entitate distinctă, ceea ce nu este adevărat. Stresul este ceva ce i se întâmplă clientului, motiv pentru care coach-ul trebuie să vină cu întrebări, precum următoarele:

„Cum simțiți acest stres?“
„Mai exact, cum anume sunteți stresat?“
„Ce anume vă stresează?“

Atunci când clientul dezvăluie că îi este frică, coach-ul trebuie să-l întrebe care sunt lucrurile de care se teme. În cazul în care clientul se arată nemulțumit de comunicarea cu ceilalți, coach-ul trebuie să-l întrebe *cine* sunt acele persoane, *care* este subiectul comunicării și *ce* anume nu funcționează în acest proces?

În fața întrebărilor temeinice, clientului îi va veni greu să răspundă folosind un limbaj abstract. Atunci când convertește abstracțiile inerte în verbe, coach-ul îl distribuie pe client în rolul principal al poveștii, cel de agent care are puterea de a alege și de a acționa.

Multe dintre aceste șabloane de limbaj trădează anumite credințe restrictive. Credințele limitative sunt, deseori, cele mai mari obstacole în calea progresului personal. Credințele motivante pot deveni cele mai importante resurse ale noastre. Capitolul ce urmează este dedicat în întregime credințelor.

SUMAR

Coaching-ul are o structură bine definită.

Procesul începe cu crearea raportului, după care explorează obiectivele, valorile şi credinţele clientului.

Coach-ul îi prezintă clientului anumite sarcini, iar apoi îl ajută să le ducă la bun sfârşit, astfel încât clientul să-şi poată reevalua obiceiurile.

Întrebările reprezintă principala modalitate prin care coach-ul îl poate ajuta pe client.

Întrebările de coaching:

- Sunt invitaţii irezistibile la cugetare.
- Au un scop.
- Se concentrează, precum lumina unui reflector, pe experienţele clientului.
- Luminează anumite zone ale experienţei clientului şi le lasă pe celelalte în umbră.
- Conţin presupoziţii.
- Implică o intenţie sinceră şi solicită răspunsuri sincere.
- Necesită o bună sincronizare.
- Colectează informaţii utile.
- Construiesc şi menţin raportul.
- Îi provoacă diverse stări emoţionale clientului.

Întrebările temeinice au următoarele caracteristici:

- Încep, de obicei, cu „ce".
- Îndeamnă la acţiune.
- Sunt orientate spre obiective, nu asupra problemelor.
- Se axează pe prezent şi viitor, nu pe trecut.
- Conţin presupoziţii incitante.
- Au un scop bine definit.

Structura de bază a unei întrebări eficiente de coaching este:

Ce... dumneavoastră... verb... viitor pozitiv.

- Întrebările care încep cu „ce“ se axează pe obiective și valori.
- Întrebările deschise de tip „cum“ se concentrează pe modalitățile prin care clientul își poate atinge scopul.
- Întrebările de tip „când“ se axează pe timp, pe momentul ales pentru o anumită acțiune.

Coach-ul îl provoacă pe client cu întrebări ce ies din tipar atunci când observă că limbajul folosit de acesta indică o gândire restrictivă. Îndrumătorii contestă acest limbaj pentru a se opune credințelor limitative ce-l generează, astfel încât să-l elibereze pe client de ele și să-i ofere șansa de a acționa și de a alege.

Împotriviți-vă clientului atunci când acesta enunță:

- opinii neconforme cu realitatea

face:

- comparații nepotrivite
- suprageneralizări
- presupoziții neîntemeiate
- interpretări eronate

întocmește:

- abstracțiuni

și încearcă:

- citirea gândurilor

Cereți-i clientului să înlocuiască „dar“ cu „și“.

Convertiți cuvintele de presiune, cum ar fi „trebuie“ sau „ar trebui“, în scopuri, înlocuindu-le cu „pot să“ sau „vreau să“.

PAŞI DE ACŢIUNE

Dacă doriţi să înţelegeţi, acţionaţi. Iată aici câteva modalităţi de explorare a ideilor prezentate în acest capitol. Le puteţi folosi ca sarcini atât pentru client, cât şi pentru dumneavoastră, în cazul în care doriţi acest lucru.

1. Examinaţi întrebările pe care le adresaţi în timpul şedinţelor de coaching.
   Experimentaţi. Reformulaţi-vă întrebările, astfel încât acestea să înceapă cu „ce".
   Observaţi vreo schimbare în calitatea răspunsurilor pe care le primiţi?
2. Rezervaţi 10 minute dintr-o şedinţă întrebărilor. În acest interval de timp doar puneţi întrebări. Este important să faceţi întocmai (doar dacă nu cumva contextul este complet nepotrivit). Ce efect are această abordare asupra programului de coaching? Cât de bine vă descurcaţi?
3. Depistaţi, în decursul unei zile, generalizările din afirmaţiile celor din jur, cum ar fi „niciodată", „întotdeauna", „toată lumea" sau „nimeni". Nu adoptaţi nicio poziţie faţă de ele. Verificaţi doar câte dintre aceste exemple sunt conforme cu realitatea. Există excepţii care să le infirme?
4. În altă zi, încercaţi să descoperiţi cuvintele de presiune din propriul discurs, precum „ar trebui să" sau „se cuvine să". Atunci când vă auziţi rostind aceste cuvinte, repetaţi propoziţia în minte, înlocuind însă cuvintele de presiune cu verbe de genul „pot să" sau „vreau să". Ce efecte are această schimbare?
5. La ce întrebări v-aţi dori cu adevărat să răspundeţi? Formulaţi-le. Ele ar putea suna astfel:
   - „Cum îmi pot ajuta copiii să fie fericiţi şi să aibă succes în viaţă?"
   - „Cum pot avea o sănătate de fier?"
   - „Ce înseamnă moartea?"
   - „Îmi pot atinge potenţialul maxim?"

Ce relevă răspunsurile date despre dumneavoastră, ca persoană?

CAPITOLUL 7
Credințele: regulile vieții dumneavoastră

> Credințele sunt regulile vieții dumneavoastră, normele după care trăiți. Aceste reguli pot fi eliberatoare și stimulative, oferindu-vă șansa de a vă atinge obiectivele și de a trăi conform propriilor valori. În același timp, ele pot fi obstacole în calea atingerii obiectivelor fixate sau vă pot aduce în situația de a crede că nu sunteți suficient de capabil pentru a obține ceea ce doriți.

Credințele sunt principii în acțiune, nu pure teorii. Prin urmare, atunci când vă doriți să aflați care sunt credințele unei anumite persoane, examinați *comportamentul* acesteia, și nu ce spune ea despre propriile principii. Credem în gravitație și acționăm ca și cum e de la sine înțeles că există. Nu încercăm să o testăm sărind pe geam sau străduindu-ne să mergem în aer. La rândul ei, gravitația nu pare să fie influențată în vreun fel sau altul de faptul că noi credem în ea. În schimb, relațiile, aptitudinile și posibilitățile noastre sunt influențate decisiv de credințele care le privesc.

Ne formăm credințele în urma experiențelor trăite. Apoi, acționăm ca și cum ele ar fi adevărate. Într-un fel, credințele sunt profeții care se împlinesc prin propria forță. Atunci când aveţi convingerea că sunteţi o persoană agreabilă, vă veţi comporta conform acestei credinţe: vă veţi apropia de oameni mult mai deschis, veţi fi mult mai sociabil şi vă veţi simţi bine printre ei. La rândul lor, aceştia vă vor trata cu simpatie, confirmându-vă astfel credinţa. Convingerea noastră este aceea conform căreia credinţele sunt formate de experienţă şi, în aceeaşi măsură, experienţele sunt rezultatul credinţelor.

Ce înseamnă acest lucru? *Înseamnă că vă puteţi alege credinţele.* Dacă rezultatele pe care le oferă vă sunt pe plac, atunci păstraţi-le şi continuaţi să acţionaţi în aceeaşi manieră. Dacă rezultatele sunt neplăcute, schimbaţi-vă credinţele şi acţionaţi diferit.

Credinţele pot facilita schimbarea dorită şi chiar o produc. Dar convingerea conform căreia credinţele pot fi schimbate este, în sine, o provocare pentru mulţi oameni, întrucât ei tind să se gândească la credinţe ca la posesiuni. Oamenii vorbesc despre „a avea" şi „a păstra" sau despre „a pierde" şi „a câştiga" credinţe. Nimeni nu îşi doreşte „să piardă" ceva. Prin urmare, e recomandabil să discutaţi cu clienţii dumneavoastră despre „depăşirea" sau „abandonarea" credinţelor, nu despre „pierderea" lor.

Nu vrem să ne pierdem credinţele, întrucât am investit în ele. Atunci când sunt confirmate de evenimentele din jur, încep să capete un sens. Lumea devine previzibilă, iar ele ne oferă un sentiment de siguranţă şi certitudine. Sunt momente în care simţim o satisfacţie chiar şi în faţa unui dezastru, acesta oferindu-ne o plăcere vinovată ca urmare a faptului că l-am prezis. „Ţi-am spus că aşa se va întâmpla" este un enunţ ce exprimă satisfacţie, nu pentru că ne-am fi dorit ca acea nenorocire să aibă loc, ci pentru că aceasta a fost prezisă de credinţele noastre.

Coaching-ul și credințele

Nu este obligatoriu ca toate programele de coaching să abordeze problema credințelor. Atunci când clientul apelează la un coach pentru a dobândi o nouă aptitudine sau pentru a-și îmbunătăți una existentă, este foarte posibil ca el să fie deja convins că îi stă în puteri să facă acest lucru. Un alt client ar putea solicita asistență pentru o problemă profesională sau una personală, iar coach-ului i-ar fi posibil să îl ajute fără a-i lua în vizor credințele. Programele de coaching care nu necesită cercetarea credințelor se numesc „procese de coaching cu ciclu singular“ – îndrumătorul îl ajută pe client să obțină ceea ce dorește clarificând obiectivul și îndemnându-l să acționeze, în timp ce învață și obține feedback util.

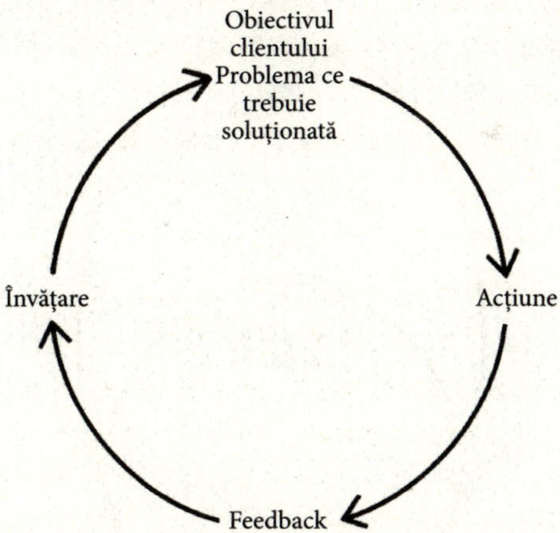

Proces de coaching cu ciclu singular

Atunci când clientul are totuși îndoieli în ceea ce privește capacitatea sa de a atinge obiectivul propus, coach-ul este nevoit să-i exploreze credințele.

Programele de coaching care abordează problema credințelor sunt mai puternice, întrucât nu numai că rezolvă problema în cauză, dar și modifică tipul de gândire care a condus la apariția ei. Aceste procese se numesc „coaching cu ciclu dublu“, întrucât integrează credințele clientului în cercul feedbackului. Prin urmare, în contextul în care credințele operează ca reguli universale privind ceea ce este și nu este posibil, clientul va deveni mai creativ și în celelalte domenii ale vieții sale.

În acest caz, clientul învață că înseși credințele sale sunt parte a problemei cu care se confruntă. Prin schimbarea credințelor, el ajunge să adopte noi acțiuni, care nu numai că soluționează situația, dar și conduc către noi experiențe în afara contextului problemei.

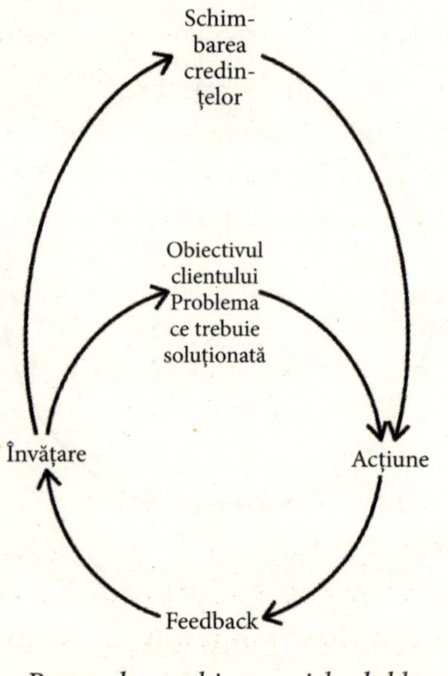

Proces de coaching cu ciclu dublu

Una dintre modalitățile prin care puteți începe să abordați problema credințelor clientului este aceea de a le cere să completeze tabelul „Credințe în timp“ (*vezi* pagina 333). Tabelul explorează credințele în funcție de diverse aspecte, de la vârstă, frumusețe și fericire până la dragoste, locuință, carieră și posibilități. Spre exemplu, ce părere aveați despre vârstă atunci când erați copil? Cel mai probabil, ați împărțit lumea în două categorii: copiii, cei de vârsta dumneavoastră, și adulții, oamenii mai în vârstă. În perioada adolescenței, existau copiii, tinerii din generația dumneavoastră și persoanele mai în vârstă (probabil, cei aflați la vârsta a treia). După ce depășiți pragul de douăzeci de ani, categoria „bătrânilor“ începe să se restrângă, fiind formată din oameni cu vârste tot mai înaintate. Care era părerea dumneavoastră despre dragoste în perioada în care erați doar un copil? Dar în vremurile adolescenței? Dar după vârsta de douăzeci de ani? Tabelul este foarte revelator, demonstrând că oamenii își schimbă credințele pe măsură ce înaintează în viață. Ele se pot modifica în urma unor experiențe marcante sau pot evolua în timp, în mod natural.

În cursul ședințelor de coaching, atunci când abordați problema credințelor pozitive, verificați în ce măsură clientul se identifică cu ele. De pildă, un client ar putea afirma ceva de genul „Vreau să am fericire“, iar altul ar putea spune „Vreau să fiu fericit“. Cu toate că enunțurile sună asemănător, înțelesul lor profund este diferit. Lucrurile pe care le *vreți* nu vă reprezintă, ele nu sunt parte din dumneavoastră. Acest lucru presupune că puteți „avea“ un lucru astăzi, dar este posibil să-l pierdeți mâine. Este mult mai bine să trăiți ceea ce vă doriți, ca parte a ceea ce sunteți.

În anumite limbi, în portugheză, de pildă, există două verbe echivalente lui „a fi". Unul implică permanența și este folosit atunci când se face referire la un lucru care face parte din existența unei persoane. În portugheză, verbul este *ser*. Celălalt verb descrie ceva ce este temporar și care are legătură mai mult cu o anumită stare de spirit sau cu o senzație trupească. În limba portugheză, el este *estar*. Prin urmare, atunci când afirm „Sunt obosită", mă refer la o senzație trupească (și chiar mentală) temporară. Așadar, enunțul corect este „*Eu estou cansada*", prin folosirea verbului *estar*. Dar dacă spun „Eu sunt Andrea", mă refer la ceva permanent, motiv pentru care folosesc verbul *ser*: „*Eu sou Andrea.*" Obosită nu pot fi decât uneori, însă Andrea sunt tot timpul. Atunci când sunt obosită, nu-mi pierd identitatea, căci este vorba despre o stare temporară; nu sunt o persoană obosită. Dar pot să spun: „Sunt fericită!" Nu contează că uneori mai sunt și tristă, important e că, în general, sunt o persoană fericită.

Alte limbi nu fac această distincție asupra verbului „a fi", însă un coach este obligat să o facă. Uneori, clienții generalizează pornind de la stări de spirit și credințe temporare, pe care le atașează identității lor; ei sunt induși în eroare de propriul limbaj. Credințele negative temporare sunt mai ușor de abordat. Iată aici o regulă utilă, pe care îndrumătorii ar trebui să o urmeze:

Transformați credințele negative într-unele temporare, iar pe cele pozitive într-unele permanente.

Explicați-le clienților distincția dintre cele două stări, chiar dacă limbajul pe care îl folosesc nu admite diferența.

Credințele pozitive

Coaching-ul funcționează pe baza credințelor pozitive. Iată câteva dintre presupozițiile coaching-ului. Acționați ca și cum acestea sunt adevărate și veți deveni un coach de calibru.

- *Dacă vreți să înțelegeți, acționați.*
  Primul principiu al coaching-ului este acela conform căruia învățarea se află în acțiune. Schimbările vin din întreprinderea unei acțiuni, nu din înțelegerea rațională. Acțiunea produce feedback și învățare. În coaching, a acționa înseamnă a te apropia de obiectivele fixate, a-ți trăi valorile și a-ți testa credințele despre tine și ceilalți.
- *Nu există eșec, există doar feedback.*
  Eșecul este doar o apreciere subiectivă a rezultatelor pe termen scurt. Dacă nu ați obținut ceea ce vă doreați, înseamnă doar că *încă* nu v-ați atins obiectivul. Eșecul nu este un termen verificabil, întrucât înțelesul său negativ nu poate fi dovedit. Nu puteți spune că ați eșuat decât atunci când renunțați să vă mai urmăriți scopul, iar în acest caz vorbim despre o alegere voluntară.
- *Deținem, deja, toate resursele de care avem nevoie sau ni le putem crea oricând.*
  Nu există oameni lipsiți de resurse, ci doar stări de spirit fără resurse. Rolul coach-ului este acela de a readuce la viață resursele latente ale clientului. Comorile noastre cele mai profunde așteaptă să fie descoperite.
- *În spatele oricărui comportament există o intenție.*
  Acțiunile noastre nu se desfășoară la întâmplare; întotdeauna încercăm să realizăm ceva prin ele. Ne îndreptăm neîncetat spre atingerea anumitor obiective, chiar dacă uneori se întâmplă să nu fim conștienți de ele. Nu-i lăsați pe ceilalți să vă conducă viața. Stabiliți-vă propriile obiective. Dacă nu o faceți, vor exista destui

care le vor fixa cu cea mai mare plăcere în locul dumneavoastră.

- *A avea o singură opțiune e mai bine decât a nu avea niciuna.*
  Dacă îi oferiți clientului opțiuni conforme valorilor și credințelor sale, acesta le va accepta și le va pune în practică.
- *Faceți tot ce puteți mai bine în acest moment și probabil că, pe viitor, veți avea rezultate și mai bune.*
- *Sunteți creatorul propriei realități.*
  Avem experiențe, interese, dispoziții, angajamente, simpatii, antipatii și preocupări diferite. Drept urmare, prin prisma experiențelor trăite, începem să ne formăm credințe diferite, să ne dorim lucruri diferite și să ne construim valori diferite. Aceste obiective, credințe și valori formează hărțile noastre mentale, cele care ilustrează lumea așa cum o percepem. Acționăm ca și cum aceste hărți mentale ar fi reale. Ele pot fi pozitive, permițându-ne să explorăm liber lumea de afară, sau restrictive, încorsetându-ne și limitându-ne acțiunile în interiorul unor granițe bine definite. Coach-ul are propria hartă mentală, dar respectă perspectiva clientului asupra lumii și încearcă să-l ajute în funcție de aceasta. Scopul coaching-ului nu este acela de a-l aduce pe client în stadiul în care să aibă o hartă mentală precum cea a coach-ului, ci acela de a-i oferi cât mai multe opțiuni în propria sa lume.
- *Coaching-ul este un parteneriat sinergic, pe picior de egalitate.*
- *Relațiile înseamnă mai mult decât suma părților lor.*
  Dacă vă gândiți că unu și cu unu fac doar doi, o faceți doar pentru că ați uitat de puterea lui „și" – puterea conexiunii.
- *Clientul deține răspunsurile.*
  Coach-ul are întrebările.

Aceste presupoziţii pot deveni resurse valoroase de coaching. Să ne închipuim că un client se confruntă cu dificultăţi în relaţia sa cu partenerul de viaţă. Dacă persoana respectivă ar înceta să se mai comporte într-un anumit fel, clientul ar fi mulţumit. El crede că partenerul de viaţă este vinovat pentru neajunsurile relaţiei. Ce poate face un coach în acest caz?

Mai întâi, îl poate examina pe client cu multă atenţie, ascultându-i tonul vocii şi urmărindu-i gesturile – pe scurt, îl poate calibra. Apoi, ar putea ori să-i ceară să aleagă una dintre presupoziţiile puternice de mai sus, ori să-l îndemne să se gândească el însuşi la o idee pozitivă în contextul situaţiei descrise şi să-şi imagineze că e reală. Să ne închipuim că presupoziţia aleasă de client este „Faceţi tot ce puteţi mai bine în acest moment şi probabil că, pe viitor, veţi avea rezultate şi mai bune". Coach-ul i-ar cere să-şi imagineze pentru o clipă că această afirmaţie se aplică perfect în situaţia dată. Cum este? Cum se simte? În ce fel va gândi diferit?

În acest exemplu, probabil că persoana în cauză nu s-ar mai învinovăţi pentru faptul că relaţia sa merge prost – ar realiza că face tot ce poate. Apoi, ar înţelege că şi partenerul de viaţă face acelaşi lucru, în conformitate însă cu harta sa mentală. Prin urmare, dacă i s-ar oferi o opţiune mai bună, ar accepta-o.

Aşadar, clientul renunţă să-şi mai dorească să schimbe felul de a fi al partenerului şi începe să gândească diferit în privinţa situaţiei – el vede lucrurile atât din punctul său de vedere, cât şi din cel al partenerului de viaţă.

Între timp, îndrumătorul trebuie să calibreze clientul. Este de aşteptat ca acesta să vorbească şi să se comporte diferit față de cum o făcea înainte. Clientul nu trebuie să creadă că acea credință care a produs schimbarea este universal valabilă; ea se aplică doar situației respective.

În final, coach-ul îl va însărcina pe client cu o temă pentru acasă: pe viitor, când va sesiza toate premisele unei discuții aprinse cu partenerul de viață, să-și amintească presupoziția aleasă și să acționeze ca și cum aceasta ar fi adevărată. Apoi, să observe rezultatele. Vor fi diferite față de cele de până acum? Mai mult ca sigur, da.

În următoarea ședință, coach-ul și clientul vor putea discuta pe seama efectelor pozitive pe care noua atitudine le-a avut asupra relației, cât și despre lucrurile învățate de client din această experiență.

Iată un sumar al procesului:

Utilizarea credințelor pozitive

- Calibrați clientul atunci când vorbește despre situație. Cum sunt gesturile și mimica lui? Cum sună vocea sa?
- Ce cuvinte folosește? Cereți-i clientului să aleagă una dintre presupozițiile coaching-ului sau o credință pozitivă proprie, pe care o respectă. Ce fel de credință va intui el că va ajuta la soluționarea situației?
- Îndemnați-l pe client să-și imagineze că acea credință este adevărată. El poate ori să-și închipuie ce s-ar întâmpla dacă aceasta ar fi reală, ori să se gândească la o perioadă din viață în care credința respectivă era aplicabilă. Calibrați clientul.
- Cereți-i clientului să-și imagineze din nou dificultatea cu care se confruntă, așa cum era ea în stare

originală, dar de data aceasta prin prisma noii credințe. În ce fel va acționa el diferit? Va privi cealaltă persoană cu alți ochi? Calibrați din nou clientul. Asigurați-vă că fizionomia sa se schimbă conform credinței pozitive.

- Atunci când clientul va raporta o diferență pozitivă ca rezultat al presupoziției, iar dumneavoastră veți putea confirma acest lucru prin calibrare, îndemnați-l să utilizeze presupoziția respectivă cu prima ocazie în care situația problematică se repetă.
- În cadrul următoarei ședințe, veți discuta pe marginea rezultatelor pe care noua abordare le-a avut asupra situației.

Credințele limitative

Credințele limitative sunt obstacole majore în demersul nostru de a ne atinge obiectivele și de a ne trăi valorile. Ele acționează ca niște reguli, care ne împiedică să obținem ceea ce e posibil: lucrurile pe care le putem dobândi prin forțe proprii și pe care le merităm. Atunci când un coach întreabă „Ce vă oprește să vă atingeți obiectivele?", răspunsul implică deseori credințe restrictive.

Ele își pot avea sursa în copilărie, perioadă a vieții în care ne-am imitat părinții – dar aceștia n-au fost niciodată perfecți. Aceste credințe dobândite la vârste fragede rămân în stare latentă, iar ca adulți nu ajungem niciodată să fim conștienți de ele și să le examinăm. Alte credințe limitative provin din mass-media. Serialele melodramatice, de pildă, zugrăvesc circumstanțe în care actorii trebuie să întruchipeze personaje anxioase și încorsetate, altfel, povestea n-ar mai fi una tragică.

Iată câteva credințe limitative tipice:

> „Trebuie să trudesc din greu ca să-mi pot asigura un trai decent."
> „Fără durere, nu există câștig."
> „Trebuie să fiu bogat, ca să pot fi fericit."
> „Succesul necesită eforturi îndelungate."
> „Nimeni nu poate fi de încredere."
> „Nu e om mai ghinionist decât mine."
> „Sărac te naști, sărac mori."
> „Nu știu să folosesc un computer."
> „Nu aș putea supraviețui fără acest loc de muncă."
> „Nu pot să câștig decât atunci când ceilalți pierd ceva."
> „Nu obțin niciodată ceea ce-mi doresc."
> „Ceilalți sunt mult mai pricepuți decât mine."
> „Coaching-ul este dificil."
> „Nu sunt o persoană flexibilă."
> „Nu merit să am succes."
> „Nu sunt capabil să-mi ating scopurile."
> „Mi-am atins limitele."

Aceste credințe și altele asemănătoare nu devin adevărate decât dacă vă comportați ca și cum ar fi. Să ne închipuim că sunt eronate: Ce schimbări ar aduce acest lucru în viața dumneavoastră? Sunt aceste schimbări valoroase?

Identificarea credințelor limitative

Uneori, în coaching, a fi capabil să articulezi credințele limitative și să sesizezi efectele acestora este suficient pentru a-ți schimba credințele și, prin urmare, realitatea.

De obicei, oamenii nu sunt conștienți de credințele restrictive care le obstrucționează acțiunile. De aceea, *primul pas pe care trebuie să-l faceți este acela de a le introduce în limbaj*. În acest fel, ele vor ieși la iveală și vor putea fi examinate.

Sunt două căi simple prin care puteți realiza acest lucru. În prima, se utilizează „metoda credințelor limitative".

Metoda de identificare a credințelor limitative:

- Cereți-i clientului să se gândească la un obiectiv important.
- Cereți-i să păstreze în minte lucrul dorit și să rostească cu voce tare fiecare dintre propozițiile care vor urma. În fiecare caz, cereți-i să-și numească scopul în partea propoziției unde „obiectivul" se află în paranteze. Prin urmare, dacă obiectivul este acela de a avea relații mai bune cu cei din jur, prima propoziție ar trebui să arate cam așa: „Merit să am relații mai bune cu ceilalți."
- Pe parcurs, atât dumneavoastră, cât și clientul trebuie să încercuiți una dintre cifrele ce apar sub fiecare propoziție. Ele reprezintă calificative acordate în funcție de cât de real pare enunțul. Alegerea primei cifre (1) semnifică faptul că enunțul nu este considerat conform cu realitatea, în timp ce ultima (10) simbolizează o concordanță perfectă dintre afirmație și realitate.

1. „Merit să am [obiectivul].
   1 2 3 4 5 6 7 8 9 10
   Eronat Complet adevărat
2. „Dispun de aptitudinile necesare pentru a avea [obiectivul].
   1 2 3 4 5 6 7 8 9 10
   Eronat Complet adevărat
3. [Obiectivul] este realizabil.
   1 2 3 4 5 6 7 8 9 10
   Eronat Complet adevărat

4. [Obiectivul] este clar.
   1 2 3 4 5 6 7 8 9 10
   Eronat Complet adevărat
5. [Obiectivul] este dezirabil.
   1 2 3 4 5 6 7 8 9 10
   Eronat Complet adevărat
6. [Obiectivul] este ecologic.
   1 2 3 4 5 6 7 8 9 10
   Eronat Complet adevărat
7. [Obiectivul] este valoros.
   1 2 3 4 5 6 7 8 9 10
   Eronat Complet adevărat

Metoda poate fi extrem de revelatoare. Calificativele mici (sub șapte) pot semnala existența unei credințe limitative sau faptul că persoana în cauză nu a meditat suficient asupra obiectivului. Coach-ul trebuie să verifice aceste lucruri: „De ce sunteți nesigur?", „Ce anume v-ar putea procura incertitudini în privința acestui obiectiv?"

Ca îndrumător, ați acordat enunțului aceleași calificative ca și clientul? Spre exemplu, acesta spune „Merit să-mi ating obiectivul", iar dumneavoastră încercuiți cifra șapte, ca urmare a sesizării unei șovăieli în tonul vocii și în limbajul trupului. Clientul însă a ales cifra zece. Provocați-l: „Sunteți convins?"

Amintiți-vă că faceți acest lucru spre binele său. Uneori, clientul alege calificativele în funcție de ceea ce ar dori să creadă, și nu de ceea ce crede cu adevărat. Încredințați-vă că persoana în cauză este în concordanță cu sine și sinceră în afirmațiile sale.

A doua cale de identificare a credințelor restrictive este aceea prin care îi cereți clientului să vă spună de ce crede că nu-și poate atinge obiectivul propus. Ce crede el că îl împiedică să obțină ceea ce-și dorește? Răspunsul va indica lucrurile pe care clientul le percepe ca pe niște limite. În cea mai mare parte a cazurilor, aceste limite se referă mai mult la client, și mai puțin la lume.

Două principii bune ce pot fi extrase din această metodă sunt:

Oricare ar fi lucrurile pe care clientul le consideră obstacole în demersul său de a-și atinge obiectivul, acestea sunt credințe și provin din percepția clientului, nu din realitate.

Obstrucțiile sunt create în lumea exterioară de credințele limitative prezente în mintea clientului.

Procesul PAM

Pentru a-și atinge obiectivul, clientul trebuie să creadă în trei lucruri:

Posibilitate	Obiectivul poate fi atins.
Aptitudine	Clientul are capacitatea de a-l atinge.
Merite	Merită să obțină ceea ce își dorește.

Posibilitatea, Aptitudinea și Meritele sunt cele trei chei pentru poarta succesului – Procesul PAM.

Posibilitate

Mai întâi, clientul trebuie să creadă că obiectivele sale sunt posibile și că îi stă în puteri să le realizeze. Altfel, nici măcar nu se va osteni să obțină ceea ce și-a propus.

Cu toții avem limite fizice, căci până la urmă suntem oameni, nu supereroi. Totuși:

Nu ştim care sunt aceste limite.
Nu putem şti care sunt, până când nu le vom atinge.

Deseori, confundăm posibilitatea cu competenţa. Credem că ceva nu este posibil, când, de fapt, nu ştim *cum* putem realiza acel lucru.

Aptitudine

Atunci când clientul crede că obiectivul său este posibil, se află în cărţi pentru îndeplinirea acestuia. Nu puteţi şti dacă scopul fixat poate fi atins decât dacă încercaţi. Prin urmare, e mai bine să credeţi că puteţi. A avea convingerea că veţi reuşi e o atitudine la fel de realistă ca şi cea în care vă îndoiţi de succes. Nu veţi putea demonstra că nu sunteţi capabil să atingeţi un anumit obiectiv, întrucât ipotezele negative nu pot fi niciodată dovedite. Singurul lucru pe care îl puteţi afirma e acela că *încă* nu v-aţi atins scopul.

Cândva, se credea că e imposibil ca un om să alerge o milă (1609 metri) în mai puţin de patru minute. Roger Bannister a dovedit contrariul la Oxford, pe 6 mai 1954. După acest episod, uimitor pentru toată lumea, din ce în ce mai mulţi atleţi au început să parcurgă mila într-un interval mai scurt de patru minute. Acum, realizarea care cândva era considerată „imposibilă" a devenit una banală. Reuşita lui Bannister a schimbat o credinţă universală, convertind imposibilul în posibil.

Aşadar, cereţi-i clientului să gândească pozitiv în privinţa aptitudinilor sale.

Uneori, clienţii declară foarte senin că nu deţin aptitudinea de a face un anume lucru. Sunt cazuri în care chiar se fălesc cu propriile limitări, confundându-le cu modestia. Ascultaţi-i cu atenţie pe cei din jurul dumneavoastră şi nu va trece mult până când îi veți auzi cum descriu lucrurile la care nu se pricep:

„Nu mă pricep la finanțe."
„Nu-mi pot controla dieta."
„Nu pot fi niciodată punctual."

Când constatați că persoana pe care o îndrumați face astfel de afirmații, îndemnați-o să-și schimbe limbajul după cum urmează:

„*În acest moment*, nu mă pricep la finanțe."
„*Nu prea cred* că mă pricep la finanțe."
„*În acest moment,* nu-mi pot controla apetitul."
„Până acum, *n-am dat* niciodată dovadă de punctualitate."

Modificarea limbajului este primul pas în transformarea modului de gândire și, prin urmare, a credințelor.

O sarcină utilă pentru un client care își declară în exces incompetența este aceea de a renunța să mai facă astfel de afirmații. A nu se înțelege că trebuie să susțină că se pricepe la activitățile menționate sau că excelează în toate. Pur și simplu este spre binele său să nu-și mai proclame neputința. Poate că la început se va simți stânjenit, dar este primul pas către o atitudine realistă în ceea ce privește aptitudinile de care dispune.

Necazul cu mărturisirile publice legate de propria incompetență este acela că cei din jur vor ajunge să le creadă. Ei nu se vor aștepta să reușiți și, din această cauză, nu vă vor încuraja și nici motiva în vreun demers, consolidându-vă astfel credințele limitative.

Un alt clișeu pe care veți avea ocazia să-l descoperiți la clienți este acela în care găsesc pretexte în avans pentru incompetența declarată. Ei vă vor explica motivele eșecului lor sau vă vor prezenta circumstanțe total nefavorabile înainte de a vă mărturisi îndoiala privind propriile aptitudini. De obicei, atunci când un client avansează pretexte, o face pentru că simte că acestea vor fi necesare. Astfel, se pregătește pentru insucces. Suntem oameni, iar nereușita este într-adevăr una dintre variante. Este posibil, de pildă, ca o persoană să contracteze o răceală chiar înainte de o prezentare crucială, astfel că nu va putea gândi (sau vorbi) la fel de clar pe cât ar fi făcut-o în mod normal. Totuși, chiar și în astfel de cazuri, e de dorit să nu căutați scuze înaintea evenimentului cu pricina. Justificările premergătoare nu fac altceva decât să atragă după ele nereușita.

Merite

Nu în ultimul rând, clientul trebuie să creadă că merită să obțină ceea ce-și dorește. Foarte mulți oameni rămân, chiar și la maturitate, sub influența unei credințe ce-și are sursa în copilărie – aceea conform căreia nu merită lucrurile pentru care n-au trudit din greu. Alții cred că obțin, uneori, anumite beneficii doar prin prisma generozității altora, și nu datorită meritelor personale. Apoi, există persoane convinse că pentru a reuși e nevoie să eșueze cei din jur, motiv pentru care devin neconcordante în privința succesului.

O sarcină pentru clienții aflați în astfel de situații este aceea de a-și reevalua copilăria pornind de la ideea că merită toate lucrurile pe care și le doresc, doar că ceilalți nu sunt de aceeași părere – credința este de proveniență străină. În unele cazuri, o discuție client–părinți se va dovedi necesară.

Una dintre cele mai importante misiuni ale coaching-ului este aceea de a-i face pe clienți să simtă că merită să aibă ceea ce-și doresc - merită să aibă sentimentele pe care le au, merită să-și împlinească visurile.

Se poate ajunge, astfel, la conversații profunde, în urma cărora clienții simt nevoia să-și reevalueze viața. Credințele culturale au și ele efecte nocive asupra oamenilor. În Europa de Nord, de pildă, ideea conform căreia nu meriți un lucru atât timp cât nu ai trudit din greu pentru el este o credință comună. Este o versiune mai sofisticată a credinței de origine americană „no pain, no gain" (fără durere, nu există câștig). Această convingere este pur și simplu eronată. În alte culturi, în special în cele latine, ideea contrară este predominantă: dacă un anume obiectiv necesită un efort asiduu, atunci nu merită să-l urmărești. Puteți pune sub semnul îndoielii acest tip de credințe adresând întrebări de genul celor care urmează:

> „Ce ar trebui să se întâmple, astfel încât să meritați atingerea obiectivului?"
> „În ce circumstanțe ați merita acest lucru?"
> „Cunoașteți pe cineva despre care credeți că ar merita?"

Exercițiu PAM

Următorul exercițiu este foarte eficient și poate fi utilizat pentru contracararea credințelor limitative ale clienților.

- Cereți-i clientului să exploreze unul dintre obiectivele sale importante, prin intermediul metodei de identificare a credințelor limitative (*vezi* pagina 191). Astfel, el va putea descoperi eventualele credințe restrictive din sferele posibilității, capacității și meritelor.

- Asigurați-vă că își dorește cu adevărat atingerea obiectivului, după care verificați ecologia.
- Obiectivul fixat îi va aduce beneficii? Este conform valorilor sale? Îndeplinirea scopului va afecta în mod negativ persoanele din anturajul său?
- Întrebați-l ce îl împiedică să-și atingă scopul. Tratați obstacolele pe care le descrie ca pe credințe, nu ca pe lucruri reale.

  În general, aceste obstacole se regăsesc în cinci categorii:

  Nu are resursele necesare – persoane, echipament, timp.

  Dispune de resursele necesare, dar nu știe ce are de făcut.

  Știe cum ar trebui să acționeze, dar nu crede că are aptitudinile necesare.

  Are aptitudinile necesare, dar nu crede că obiectivul merită îndeplinit.

  Obiectivul este valoros, dar simte că nu merită sau că nu e corect din punct de vedere moral să-l atingă.

- Îndemnați-l să mediteze asupra credințelor limitative pe care le-a descoperit.

  În privința cărora este foarte sigur?

  În privința cărora nu este sigur?

  Care sunt credințele necesare pentru atingerea obiectivului?

  Care sunt, în viziunea sa, cele mai importante obstacole?

  Care sunt cele ușor de depășit?

Clienții pot completa răspunsurile în Axa Credințelor (*vezi* Resurse, pagina 332). Credințele în privința cărora sunt siguri și care sunt necesare în vederea atingerii obiectivului vor fi plasate în partea din stânga sus. Credințele în privința cărora nu sunt siguri, dar sunt importante, merg în colțul din stânga jos. Credințele în privința cărora sunt siguri, dar nu sunt necesare, sunt enumerate în dreapta sus. În fine, credințele în privința cărora nu sunt siguri și nici nu sunt importante trebuie plasate în dreapta jos.

- Cereți-i clientului să aleagă una dintre credințele pe care le consideră importante – din grupul celor din partea stângă a schemei. Gândiți-vă împreună la o sarcină care ar testa această credință. Important nu este să demonstrați că aceasta este eronată, ci să primiți feedback. Credințele limitative cresc și proliferează în obscuritate, atunci când nu primesc lumina feedbackului din lumea exterioară. Procesul nu are drept scop schimbarea credințelor, ci scoaterea lor la lumina feedbackului. Clientul demonstrează existența credinței în timpul executării sarcinii. Cu ajutorul feedbackului, aceasta este estompată, iar la un moment dat, clientul va renunța la ea în mod spontan.

Schimbarea credințelor

Credințele se modifică în mod natural, de-a lungul vieții, așa cum demonstrează și tabelul „Credințe în timp“ (*vezi* Resurse, pagina 333). Ciclul se desfășoară astfel:

- nemulțumire față de evenimentele actuale
- îndoială față de credința actuală
- aspirație către o credință nouă
- adoptarea unei credințe noi

- vechea credinţă se alătură grupului credinţelor ieşite din uz

În cazul în care intenţionaţi să schimbaţi o anumită credinţă a clientului, iată o metodă eficientă, care utilizează mecanismele naturale ale procesului.

Metoda schimbării credinţelor

- Identificaţi credinţa limitativă la care clientul doreşte să renunţe.

  Cereţi-i clientului să o descrie, în scris, prin cuvinte exacte. Odată ce este identificată prin cuvinte, o credinţă îşi pierde jumătate din putere, devenind vulnerabilă. Descoperiţi intenţia pozitivă din această credinţă. Ce lucru pozitiv obţine clientul din această credinţă, chiar dacă îl limitează în numeroase feluri?
- Întrebaţi-l pe client cu ce ar dori să schimbe această credinţă.

  Noua credinţă ar trebui să aibă următoarele caracteristici:

  Să fie enunţată în termeni pozitivi (nu trebuie să conţină niciun cuvânt negativ, precum „nu", „deloc", „niciodată" sau „nimic").

  Să poată obţine feedback, pentru a fi testată prin intermediul experienţei.

  Să fie ecologică (clientul trebuie să se simtă mulţumit cu ea şi să fie convins că aceasta nu va dăuna relaţiilor sale cu alte persoane).

  Să îndeplinească aceeaşi intenţie pozitivă precum cea pe care o va înlocui.
- Cereţi-i clientului să noteze noua credinţă. E important ca aceasta să fie atent concepută – va trebui să

se refere la progresul personal și să fie descrisă la timpul prezent, ca și cum ar avea loc exact în acel moment. Spre exemplu, dacă obiectivul va fi acela de întărire a încrederii în sine, credința ar trebui să sune cam așa:

„*Cred, din ce în ce mai mult, în mine și în aptitudinile mele.*"

Credința devine, astfel, una relevantă pentru situația prezentă, beneficiind de direcție și energie. Nu enunțați niciodată o convingere pozitivă ca și cum deja s-a produs.

- Ce se întâmplă când vă îndoiți de o anume convingere?
  Cereți-i clientului să-și amintească o perioadă în care a pus sub semnul întrebării o convingere mai veche. Completarea tabelului „Credințe în timp" (*vezi* pagina 333) este un exercițiu perfect înaintea acestei sarcini. Îndemnați-l, apoi, să se gândească la vechea convingere limitativă, așa cum se prezenta ea la momentul îndoielii.
  Între timp, începeți să subminați credința, întrebându-l:
    „Care sunt neajunsurile acestei foste credințe?"
    „Este ea conformă cu ceea ce este important pentru dumneavoastră?" (Aici se face apel la valorile clientului.)
    „A existat vreo întâmplare care a negat această credință?" (Prin această întrebare, clientul este îndemnat să găsească un contraexemplu.)
    „Cum era când acțiunile dumneavoastră se ghidau după această credință?" (Întrebarea îl determină pe client să se gândească la evoluția convingerii în timp, nu doar la forma ei prezentă.)

După primirea răspunsurilor, scoateți-l pe client din starea prielnică îndoielii. Acest procedeu este cunoscut sub numele de „spargerea stării". Atunci când clientul e adâncit într-o anume stare, iar dumneavoastră doriți să îl readuceți la cea inițială, distrageți-l cumva spunând o glumă sau invitându-l să se ridice și să se plimbe prin cameră.

- Ce se întâmplă atunci când sunteți receptiv la o nouă convingere?

  Rugați-l pe client să se gândească la o perioadă în care era receptiv în raport cu o nouă credință.

  Ca și mai înainte, completarea tabelului „Credințe în timp" se poate dovedi foarte utilă.

  Îndemnați-l pe client să se gândească la noua sa convingere, în timp ce se află în această stare.

  „Care este senzația?"

  „Prin ce caracteristici pozitive se diferențiază de vechea convingere?"

  „Cât de mult respectă intenția pozitivă a fostei convingeri?"

  „Cum ar fi dacă ați avea această convingere?"

  „Ce schimbări ar aduce ea vieții dumneavoastră?"

  „Ce acțiuni imposibile în prezent ar deveni posibile cu ajutorul ei?"

  „Ce anume ați înceta să mai faceți dacă ați avea această convingere?"

- Cereți-i clientului să evalueze atât vechea credință, cât și pe cea nouă.

  Simte nevoia de a aduce unele retușuri noii convingeri?

  Există vreun „da, dar"?

În ce fel este noua credință mai utilă decât cea veche?

- Sfătuiți clientul să plaseze vechea credință într-un „muzeu al fostelor credințe" (unde va fi oricând disponibilă, în cazul în care va avea vreodată nevoie de ea).
- Nu uitați acțiunea! Ce anume va face diferit ca urmare a acestei noi convingeri? Prezentați-i o sarcină imediat ce noua credință devine parte a ființei sale.

În coaching, modificarea convingerilor este o intervenție extrem de puternică. Ea deschide calea către schimbări majore în experiența clientului și micșorează distanța pe care acesta o mai are de parcurs până la atingerea obiectivului. Următorul capitol se concentrează pe intervențiile NLP în procesul de coaching.

SUMAR

Credințele sunt reguli de viață. Ele pot fi ori pozitive, ori limitative.

Credințele sunt principii de acțiune, iar noi acționăm ca și cum ele ar fi adevărate.

Putem avea orice credință dorim.

Credințele ne influențează experiențele. Ele pot face posibile sau imposibile anumite experiențe. Realitatea fiecărui om este creată și susținută de credințele sale. În acest sens, oamenii acționează conform acelei realități.

Credințele se schimbă ca rezultat al experienței, uneori gradual, alteori brusc.

Putem aprecia care sunt credințele unei persoane examinând felul în care acționează, nu ceea ce spune.

Coaching-ul cu ciclu singular este acela în care clientul nu-şi schimbă niciuna dintre credinţe, întrucât acest lucru nu este necesar.

Coaching-ul cu ciclu dublu îl determină pe client să se îndoiască de credinţele sale, iar apoi să le schimbe.

Credinţele proprii coaching-ului sunt:

- Dacă vrei să înţelegi, acţionează.
- Nu există eşec, ci doar feedback.
- Deţinem, deja, toate resursele de care avem nevoie sau ni le putem crea oricând.
- În spatele oricărui comportament există o intenţie.
- A avea o opţiune e mai bine decât a nu avea niciuna.
- Faceţi tot ce puteţi mai bine în acest moment şi probabil că, pe viitor, veţi avea rezultate şi mai bune.
- Sunteţi creatorul propriei realităţi.
- Coaching-ul este un parteneriat sinergic, pe picior de egalitate.
- Relaţiile înseamnă mai mult decât suma părţilor lor.
- Clientul deţine răspunsurile.

Primul pas în abordarea credinţelor limitative constă în transpunerea acestora în cuvinte.

De obicei, credinţele limitative se regăsesc în trei categorii:

Posibilitate: Credem că obiectivul este imposibil.

Aptitudine: Credem că nu suntem capabili să-l îndeplinim.

Merite: Credem că nu merităm să obţinem ceea ce ne dorim.

A crede în posibilitate, aptitudine şi merite reprezintă cheia succesului.

Nu ne putem cunoaşte limitele atât timp cât nu le vom atinge.

Este imposibil să demonstrezi că nu poţi face un lucru sau că ceva este irealizabil.

Nu faceți afirmații publice în privința limitelor pe care considerați că le aveți.

Nu căutați explicații în avans pentru un posibil eșec.

Credințele se schimbă în mod natural, de-a lungul vieții. Procesul decurge astfel:

- nemulțumire față de evenimentele curente
- îndoială față de credința actuală
- aspirație către o credință nouă
- adoptarea unei credințe noi
- vechea credință se alătură grupului convingerilor ieșite din uz

Coaching-ul se folosește de acest proces natural pentru a schimba convingerile care îl obstrucționează pe client.

PAȘI DE ACȚIUNE

Dacă vă doriți să înțelegeți, acționați. Iată aici câteva modalități de explorare a ideilor prezentate în acest capitol. Le puteți folosi ca sarcini atât pentru client, cât și pentru dumneavoastră, în cazul în care doriți acest lucru.

1. Pe ce se fundamentează deciziile pe care le luați? Pe fapte? Pe experiența de viață? Pe opiniile altora? Deseori, se întâmplă să luăm decizii în funcție de ceea ce spun cei din jurul nostru, de ceea ce citim pe internet și în ziare sau de ceea ce vedem la televizor. Acestea pot fi surse bune de fundamentare a unei decizii, dar rămân experiențe de mâna a doua. Ce au făcut aceste surse pentru a vă câștiga încrederea? Atunci când luați o decizie, sunteți convins că vă aparține cu adevărat?
   Data viitoare când va trebui să adoptați o hotărâre, luați două coli de hârtie. Pe una dintre ele scrieți toate experiențele personale privind problema în cauză. Pe cealaltă notați opiniile celorlalți și tot ceea ce ați citit sau auzit despre subiect.

Apoi, luaţi cea de-a doua coală şi aruncaţi-o la coş. Citiţi ceea ce aţi scris pe prima foaie.
Ce decizie veţi lua pe baza propriei experienţe?

2. Care sunt primele trei obiective pe care aţi încerca să le atingeţi dacă aţi şti că nu veţi eşua?
Notaţi-le pe o foaie de hârtie.
Care sunt motivele pentru care nu încercaţi dobândirea lor chiar acum?
Enumeraţi motivele pe o altă coală.
Priviţi cea de-a doua foaie. Cât de sigur sunteţi că lucrurile înşiruite sunt obstacole reale în calea îndeplinirii acelor scopuri?
3. Acordaţi atenţie lucrurilor pe care le spuneţi într-o zi şi momentelor în care sunteţi pe cale să mărturisiţi cu voce tare că nu sunteţi în stare să faceţi un anume lucru sau că aptitudinile dumneavoastră într-un domeniu sunt mediocre. Înăbuşiţi aceste impulsuri. Cum vă simţiţi acţionând astfel?
Amintiţi-vă că nu trebuie să spuneţi că *vă pricepeţi* la un anume lucru, ci doar să vă abţineţi de la declaraţii referitoare la incapacitatea sau nepriceperea dumneavoastră.
4. Completaţi tabelul „Credinţe în timp“ gândindu-vă la un subiect care vă stârneşte interesul. Amintiţi-vă ce părere aveau părinţii dumneavoastră în legătură cu acel lucru. Dacă nu şi-au făcut cunoscută opinia, încercaţi să intuiţi care ar fi putut fi aceasta prin prisma comportamentului lor. Cum sunt credinţele dumneavoastră în legătură cu acest subiect în comparaţie cu cele ale părinţilor?
5. Alegeţi unul dintre obiectivele dumneavoastră importante şi analizaţi-l prin intermediul metodei de identificare a credinţelor limitative. Care sunt credinţele care v-ar putea împiedica să vă atingeţi scopul?

CAPITOLUL 8
Tranziția

Să plec din Anglia pentru a trăi alături de Andrea în Brazilia a însemnat o șansă uriașă pentru mine. Anglia fusese timp de mulți ani țara mea, locul pe care îl numeam acasă. Mi-am dat seama că vreau să trăiesc în Brazilia, împreună cu Andrea și, prin urmare, a trebuit să mă acomodez cu o nouă țară, o nouă limbă și o nouă cultură. Lăsasem în urmă un mediu pe care îl cunoșteam și o viață stabilă. La început, nimic din ceea ce vedeam nu-mi era familiar, iar noul mediu nu mă făcea deloc să mă simt în siguranță. În cea mai mare parte a timpului, eram speriat de tot ceea ce mă înconjura. Au existat clipe în care priveam cerul purpuriu din São Paulo și mă simțeam rătăcit. Vechile mele obiceiuri nu mai funcționau; de asemenea, abia dacă mă puteam face înțeles. Apoi, m-am confruntat cu aspectele practice ale transportării lucrurilor mele din Anglia în Brazilia. Am petrecut ore în șir la telefon, încercând să aflu care sunt costurile transportului și în ce constau taxele vamale pentru intrarea lor în țară. Aproape că devenisem un expert în problema transportului internațional de bunuri. Mutarea definitivă într-un alt stat presupune mai mult decât cumpărarea unui bilet de avion și îndesarea unor haine în geamantan. Îmi dorisem din tot sufletul schimbarea, dar acomodarea la clima din Brazilia mă pusese pe gânduri. Dacă nu ar fi fost Andrea, nu aş fi luat niciodată decizia de a părăsi Anglia; ea a fost cea care m-a ajutat şi m-a sprijinit, crezând în capacitatea mea de a mă adapta schimbării. Ea a fost cea care a făcut această tranziție posibilă.

Tranziția este cea mai dificilă etapă în coaching. Clientul nu se mai află în situația de altădată, dar nici nu s-a mutat complet în cea nouă. A pierdut sentimentul de siguranță din fostul context, fără a simți, încă, efectele pozitive ale celui nou. Se află într-o situație vagă, iar acest lucru îl poate face să se simtă stingher. În acest stadiu, clientul trebuie să aibă încredere în coach și în propriile sale resurse. Va beneficia întotdeauna de sprijin dacă va dovedi că își poate schimba felul de a gândi.

Tranziția e precum acea fracțiune de secundă în care faceți un pas înainte – nu vă mai aflați în punctul de plecare, dar nici în cel spre care ați pornit. Trebuie să faceți un salt la adăpostul credinței că veți reuși, chiar dacă nu aveți nicio certitudine a succesului. Există o scenă în filmul *Indiana Jones și ultima cruciadă* care ilustrează perfect punctul de tranziție. Îndrăznețul erou, Indiana Jones (interpretat de Harrison Ford), se află în fața încercării finale, înainte de a intra în sanctuarul unde se află Sfântul Graal – cel mai mare trofeu al vieții sale. El are nevoie disperată de acesta pentru a-și putea vindeca tatăl, împușcat de naziști. Aceștia se află și ei în căutarea Graalului, cu care speră să-și ducă la bun sfârșit intențiile diabolice. La un moment dat, Indiana Jones ajunge la marginea a ceea ce pare a fi o prăpastie uriașă. Cumva, trebuie să treacă de ea. Cealaltă margine e mult prea departe pentru a sări, iar în preajmă nu pare a exista nicio punte. El trebuie să creadă că traversarea prăpastiei este posibilă, cu toate că nu ştie cum. Până la urmă, păşeşte în spaţiul din faţa sa, fără a şti dacă există sau nu ceva care să îi menţină greutatea. Este clipa în care putem vedea că piciorul său se sprijină pe o pasarelă subţire din piatră. Ea existase dintotdeauna acolo, dar lui îi fusese imposibil să o vadă din cauza unghiului din care privea. Piatra din care era construită puntea era colorată astfel încât să se confunde perfect cu fundalul. Ca privitori, nici noi n-am observat-o decât după ce camera de filmat şi-a schimbat unghiul - moment în care eroul nostru răsuflă uşurat, ştiind că poate traversa în siguranţă hăul de sub el.

Modelul tranziţiei

Iată modelul nostru de tranziţie, care prezintă ciclul complet al procesului de coaching. Clientul începe din partea de sus, cu o nemulţumire sau o provocare. El îşi doreşte o schimbare. Îşi doreşte să fie fericit, chiar dacă nu ştie exact în ce direcţie intenţionează să meargă.

În etapa următoare, trebuie să facă faţă fricii de schimbare. Teama îl poate reţine în situaţia dificilă de care doreşte să se îndepărteze - frica îl poate îngheţa, aducându-l în imposibilitatea de a mai reacţiona. El devine frustrat, iar frustrarea cauzează o şi mai mare nemulţumire faţă de viaţa pe care o are. „Coaching-ul praştie" se aplică în cazul clienţilor care se învârt constant în primul cerc, crezând că nu există nicio cale de ieşire. Situaţia lor ajunge să fie atât de dificilă, iar ei devin atât de frustraţi, încât se propulsează singuri în afara cercului, precum o piatră pornită dintr-o praştie. „Coaching-ul praştie" este dureros, dar până la urmă util.

Odată eliberat din cercul fricii şi al frustrării, clientul are nevoie de susţinerea îndrumătorului. Relaţia de coaching furnizează o structură care îl poate sprijini și orienta pe client pe drumul său spre atingerea obiectivului. În clipa în care se hotărăște să acționeze, el atinge punctul crucial – tranziția.

Modelul tranziției implică un proces de coaching cu ciclu dublu, întrucât clientul poate avea credințe limitative care se adaugă elementelor ce-i obstrucționează progresul. Imediat ce va depăși punctul de tranziție, el își va schimba atât credințele despre posibilitățile sale, cât și aprecierea de sine și felul în care îi vede pe ceilalți.

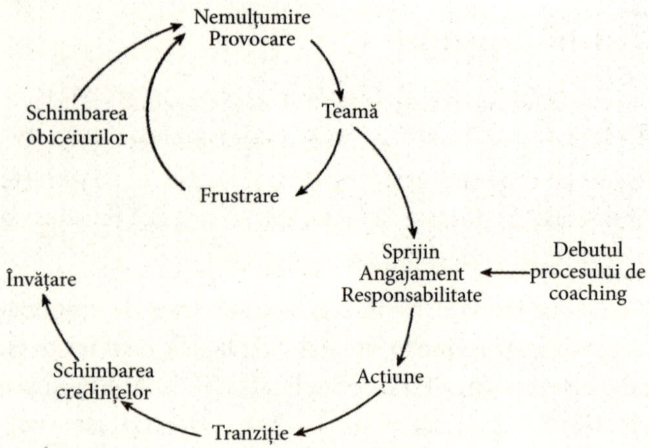

Roata perspectivelor

În acest proces, o atenție specială trebuie dedicată subiectului pierderii. Pierderea poate părea o moarte mai mică; clientul trebuie să-și ia rămas-bun de la o parte din el. Îmi aduc aminte de clipele în care am părăsit Anglia pentru a trăi împreună cu Andrea în Brazilia. A părăsi țara în care îmi trăisem toată viața de până atunci nu a fost o decizie ușor de luat. Renunțând la Anglia, renunțam la lucruri pe care le iubeam și încă le iubesc – culorile copacilor toamna, răcoarea aerului de septembrie, gustul ciocolatei Cadbury și al pastei Marmite, plus multe alte plăceri ale vieții. Andrea m-a ajutat să-mi schimb viziunea față de această mutare într-un mod simplu. Mi-a propus să modific un singur cuvânt în toată ecuația. În loc să mă gândesc la *pierderea* unor lucruri, am început să am în minte ideea *părăsirii* lor. A ști că ai pierdut ceva nu e un gând plăcut; el implică faptul că acel lucru a ieșit din sfera controlului tău. *A părăsi* ceva reprezintă o alegere. Atunci când lăsăm un lucru în urmă, o facem pentru că așa am dorit. Atunci când m-am gândit că părăsesc Anglia (și nu că pierd lucrurile pe care le iubeam), mi-a fost mult mai ușor să duc la bun sfârșit procesul de tranziție. A fost momentul în care Andrea a schițat pentru prima oară modelul tranziției.

Odată ce punctul de tranziție este depășit, o nouă lume abia așteaptă să fie luată în primire. Am descoperit acest lucru imediat ce am început să trăiesc în Brazilia: învățarea limbii și vorbirea ei (stâlcind-o, cel puțin la început), contemplarea cerului din São Paulo la amurg, delectarea gustului cu mâncăruri noi în locuri noi, plătirea bunurilor și a serviciilor cu o altă monedă, petrecerea Crăciunului pe plajă, sub razele soarelui, și savurarea fiecărei clipe petrecute în această țară. Mi-am făcut, apoi, prieteni minunați, cu care am comunicat în cinci limbi – limbajul semnelor, limbajul trupului, limbajul muzicii, portugheza și engleza. O apreciere deosebită am avut, de asemenea, pentru prietenii rămași în Anglia, pe care am început să-i văd într-o lumină nouă – au fost uimitori în ajutorul pe care mi l-au oferit, încurajându-mă să fac această schimbare. Am descoperit, astfel, ce înseamnă adevărata prietenie.

Sunt multe lucruri de învățat odată ce reușești să treci de cealaltă parte a unui proces de tranziție. Unul dintre acestea este cel referitor la schimbarea deprinderilor. Nu numai că încetezi să mai faci ceea ce făceai în mod obișnuit (cum ar fi să lucrezi singur, până spre orele dimineții), dar ești nevoit să-ți formezi altele noi (de exemplu, să lucrezi alături de o altă persoană, cu care împărtășești experiențele avute).

În fine, odată cu acest proces de tranziție apar noi și inevitabile provocări. Prin urmare, modelul tranziției este într-adevăr tridimensional. Priviți-l ca și cum ar fi o spirală ce se desprinde de pagină, înălțându-se spre visurile din spatele celor pe care deja le transpuneți în realitate.

Deprinderile

Deprinderile reprezintă lucrurile pe care le facem fără să ne gândim la ele. Ele ne sunt foarte utile. Nu vrem să fim conștienți de orice gest sau activitate, ci doar de cele care ni se par interesante. Obiceiurile care ni se potrivesc sunt extrem de benefice. Ele oferă vieții noastre stabilitate. Partea proastă e că atunci când dorim să aducem o schimbare semnificativă, obiceiurile devin refractare, opunându-se. Pentru a vă schimba viața și pentru a reuși să depășiți cu bine procesul de tranziție, va trebui să vă schimbați deprinderile și să vă formați altele noi.

Atunci când vă hotărâți asupra unei schimbări, obiceiurile pot fi o problemă reală. Sunteți un uriaș, înzestrat cu o forță supraomenească, dar micile și numeroasele deprinderi formate de-a lungul timpului vă pot ține pe loc așa cum frânghiile liliputanilor îl împiedicau pe Gulliver să se miște. El s-a trezit pe plajă, legat cu sute de frânghii mici și subţiri. Chiar dacă era suficient de puternic pentru a rupe una, numărul mare al acestora l-a împiedicat să se elibereze. S-a simţit neajutorat, aşa cum ne putem simţi şi noi în strânsoarea propriilor obiceiuri.

Multe dintre deprinderi se formează la vârste fragede, iar la maturitate nu stăm niciodată să le analizăm şi să le cercetăm efectele. Cu ceva timp în urmă, un amic mi-a explicat cum se domesticesc elefanţii în India. Atunci când sunt tineri şi nu foarte puternici, sunt legaţi de un picior cu un lanţ pironit în pământ. Puiul de elefant încearcă să se elibereze, dar, după ce constată că îi este imposibil, renunţă. Apoi, chiar şi la maturitate, când devine o forţă a naturii, elefantul rămâne legat de acel lanţ; nu mai încearcă să se elibereze, cu toate că acest lucru îi este la îndemână. El a decis, încă de când era pui, că lanţul este mult prea solid, renunţând pentru totdeauna la ideea de a deveni liber.

Ce anume sprijină şi menţine deprinderile? NLP foloseşte termenul *ancorare*. Prin ancorare se înţelege felul în care un stimul se transformă într-un mecanism de declanşare, ce ne determină să reacţionăm într-o manieră anume. O ancoră poate sălăşlui în orice declanşator vizual, auditiv sau chinestezic asociat cu o reacţie sau o stare emoţională precisă.

Ancorele ne imobilizează, aşa cum ancorele marine împiedică vapoarele să se deplaseze de la locul de amarare. Vieţile noastre rămân stabile deoarece ne înconjurăm cu ancore care ne susţin felul de a fi. Examinaţi-vă cu atenţie camera. Ce vedeţi? Poate o fotografie de familie, care vă face să zâmbiţi şi să vă simţiţi bine. Ea este o ancoră pentru sentimente plăcute.

Atunci când citiți ziarul sau vă uitați la televizor, reclamele încearcă să ancoreze sentimente plăcute de produsele pe care le promovează prezentându-vă oameni care se simt bine. Drept urmare, atunci când veți merge la supermarket, pe raft nu veți mai vedea doar un simplu detergent, ci un produs pe care îl asociați cu plăcerea de a spăla, ceea ce vă va determina să îl cumpărați. De asemenea, există posibilitatea să treceți pe lângă un magazin și să vă gândiți, imediat, la o calitate bună a produselor și la prețuri mici. Poate că în minte vă va veni și un pasaj muzical din spotul publicitar care promovează magazinul și, fără să vă dați seama, vă veți afla deja înăuntru.

Ancorele pot fi vizuale, în această categorie intrând oamenii, hainele sau mașinile. Ele pot fi auditive, precum o melodie anume, un pasaj dintr-o reclamă sau vocea unui bun prieten. Totodată, pot fi tactile (senzațiile produse de atingerea hainelor preferate, de așezarea pe un fotoliu sau de o baie fierbinte) sau pot fi olfactive și gustative, precum mirosul unui spital (de ce miros toate la fel?) sau gustul unei cafele sau al ciocolatei preferate (Lindt!). Cuvintele pot fi și ele ancore, întrucât au capacitatea de a descrie idei; numele dumneavoastră este o ancoră puternică a propriei identități. Ancorele evocă stări emoționale, dar, în cea mai mare parte a cazurilor, nu observăm ancorele, ci doar stările. Unele ancore sunt neutre, în timp ce altele ne pot furniza stări plăcute sau neplăcute. Din perspectiva coaching-ului, nu contează dacă sentimentele pe care ancorele le evocă sunt bune sau rele. Ceea ce este important e că ele sunt deprinderi.

Primul pas către schimbare este acela de a fi conștient de situația prezentă. Una dintre misiunile importante ale coaching-ului este aceea de a-l face pe client să-și conștientizeze ancorele cotidiene. Există un tabel în acest sens (*vezi* Resurse, pagina 334). Odată ce devine conștient de influența acestora în viața sa, clientul va constata cum anumite ancore declanșează anumite deprinderi. Prin urmare, dacă își dorește o schimbare, trebuie mai întâi să-și schimbe anumite obiceiuri. Acest lucru presupune:

1. conștientizarea ancorelor care susțin obiceiul
2. formarea unui nou obicei, care să susțină schimbarea
3. crearea unor noi ancore, care să susțină noul obicei

Iată o exemplificare a acestui proces. Când (eu, Joseph) trăiam la Londra, cea mai mare parte a timpului mi-o petreceam lucrând la computer. Eram foarte obișnuit cu acesta și, pentru a-mi ușura munca, îmi formasem multe obiceiuri în funcție de el. Spațiul de pe birou era organizat în jurul monitorului – știam cu ochii închiși unde se află fiecare document important. Ancora era, astfel, una extrem de utilă pentru momentele în care mă așezam în fața tastaturii și începeam să lucrez – o ancoră pentru o stare de concentrare plină de resurse.

Când am decis să mă mut în Brazilia, am fost nevoit să las acel computer în Anglia. Odată cu el, am renunțat la toate obiceiurile mele de lucru, obiceiuri pe care mi le formasem în mod migălos de-a lungul anilor, într-un regim care funcționa așa cum îmi doream. Nu erau deprinderi rele, dar toate trebuiau să dispară, pentru a-mi putea construi un nou set de ancore, amplasate în jurul noului meu laptop. N-a fost ușor, întrucât laptopul avea dimensiuni mai mici, iar spațiul din noul birou era complet diferit față de cel de acasă. O perioadă, m-am simțit complet rătăcit și dezorientat, dar, treptat, am reușit să-mi formez ancorele necesare. Acum, mă simt chiar mai inspirat și mai creativ decât înainte. Nu numai că pot scrie la laptop într-un nou birou, dar am posibilitatea de a face acest lucru în orice loc din lume. Mă bucur, așadar, de o ancoră care nu numai că mă ajută să mă concentrez la birou, dar îmi permite să lucrez la parametrii optimi și într-o cameră de hotel sau într-un avion. Nu mi-a fost ușor să ajung aici, dar valorile și obiectivele mele m-au ajutat să-mi păstrez motivația și dorința de a merge mai departe.

Una dintre credințele pozitive care mi-au fost foarte utile în acea perioadă a fost aceea care-mi spunea că sunt mai puternic decât deprinderile mele. Ele fuseseră construite de mine, ceea ce însemna că tot eu puteam să le dărâm. Viitorul avea să fie mai bun decât trecutul. Eram convins de asta. Schimbarea ancorelor era o misiune obligatorie pentru ca viitorul să arate așa cum îmi doream. Acum, aflându-mă în viitorul la care am aspirat, pot spune că sunt fericit.

Conștientizarea

Atunci când reacționăm la ancore, acționând în funcție de ele, ne este imposibil să conștientizăm momentul prezent. Intrăm pe pilot automat și uităm, pentru câteva clipe, de noi înșine. Coaching-ul înseamnă explorarea prezentului și proiectarea viitorului. Ambele etape necesită conștientizarea momentului prezent, context în care coach-ul va trebui să folosească tehnici specifice pentru a-l trezi pe client și pentru a-l ajuta să aibă o imagine clară a situației. Dacă n-ar fi adus în ipostaza de a conștientiza prezentul, clientului i-ar fi imposibil să constate căile prin care își alimentează singur problemele. Călătoria lui este o succesiune de „acum"-uri, motiv pentru care trebuie să fie mereu atent la ceea ce se întâmplă. „Acum" reprezintă punctul de legătură între prezent și viitor.

Obiceiurile se aseamănă transelor: încetăm să mai gândim. Ele sunt precum râurile – ne antrenează într-o anumită direcție, dar nu suntem conștienți de faptul că ne mișcăm decât atunci când încercăm să ne opunem curentului. Unul dintre cele mai însemnate lucruri pe care îndrumătorul le poate face pentru client este acela de a-i oferi oportunitatea de a ieși din râu și de a examina aspectele vieții sale, dintr-o poziție detașată, dar bogată în resurse. Acesta este și scopul exercițiilor de autoobservare. Într-un fel, ele sunt practici spirituale, întrucât vă determină să fiți martorul propriei vieți. Veți învăța să reflectați asupra propriilor acțiuni și să evitați să acționați tot timpul din instinct. Prin intermediul autoobservării veți fi mai lucid și veți beneficia de mai multă claritate în gândire, urmând a vă decide mult mai ușor asupra schimbărilor pe care trebuie să le faceți.

Vă sfătuim să le prezentați tuturor clienților dumneavoastră câteva exerciții de autoobservare. Le puteți personaliza în funcție de client și de problemele cu care acesta se confruntă. Intenția acestor exerciții este simplă: aceea de a-l determina pe client să fie conștient de propriile acțiuni, fără a-i da sentimentul că acestea sunt rele sau că trebuie schimbate. *Scopul autoobservării nu este acela de a schimba.* Ea nu implică judecăți de valoare, ci doar observare. Schimbările vor veni și ele, dar la timpul potrivit.

Elaborarea unui exercițiu de autoobservare

1. Clarificați problema cu care se confruntă clientul. Ce își dorește să exploreze? Ce îl nemulțumește în viață?

2. Apoi, declarați scopul exercițiului în următoarea formă: „Eu [clientul] doresc să devin mai conștient față de [problema]."
3. Oferiți-i clientului câteva întrebări și cereți-i să răspundă la ele într-un moment de solitudine, când starea sa va fi una relaxată și bogată în resurse. Va trebui, apoi, să-și analizeze acțiunile dintr-o poziție detașată, ca și cum s-ar uita la un film – să se observe așa cum ar observa un personaj din film, fără a critica sau a judeca.

Iată două exemple de exerciții de autoobservare.

Problema clientului: Se simte prizonierul prea multor deprinderi și nu mai poate fi creativ.

Obiectivul exercițiului: Să conștientizeze mai bine aceste deprinderi.

Pași de acțiune

1. Faceți o listă cu activitățile pe care le repetați zilnic.
2. În fiecare zi, timp de o săptămână, selectați un obicei de pe acea listă.
3. La sfârșitul fiecărei zile, găsiți un moment și un loc în care puteți fi singur și relaxat. Relaxați-vă, respirați adânc, gândiți-vă la obiceiul selectat și adresați-vă următoarele întrebări:
   „Ce anume declanșează acest obicei?"
   „Cum mă simt atunci când acționez în inerția acestui obicei?"
   „Cum reacționează cei din jurul meu atunci când acționez astfel?"
4. Notați răspunsurile într-un jurnal, pentru a fi dezbătute în următoare ședință de coaching.

Problema clientului: Se simte incomodat atunci când discută cu superiorul său de la locul de muncă și, în general, atunci când se află în fața unor persoane cu autoritate.

Obiectivul exercițiului: Să devină conștient de felul în care se comportă în preajma unor persoane cu autoritate.

Pași de acțiune

1. În săptămâna care urmează, luați două pauze zilnice; una la prânz și alta la sfârșitul zilei. Găsiți un loc unde puteți fi singur și relaxat pentru câteva minute. Relaxați-vă și respirați adânc. Faceți un rezumat al lucrurilor întâmplate de-a lungul zilei și puneți-vă următoarele întrebări:
   „Care au fost reacțiile mele de astăzi în fața persoanelor cu autoritate?"
   „Cum m-am simțit în acele momente?"
   „Ce am încercat să realizez în timpul acestor întrevederi?"
   „Care a fost reacția celeilalte persoane?"
   „Ce anume m-a împiedicat să mă simt în largul meu?" (Dacă este cazul.)
2. Notați răspunsurile într-un jurnal, pentru a fi dezbătute în următoarea ședință de coaching.

Jurnalul îi poate fi de mare ajutor unui client care dorește să învețe, din trei motive:

1. Îl încurajează să noteze ceea ce a învățat.
2. Îl ajută să păstreze în minte subiectul pe care urmează să-l discute cu îndrumătorul.
3. Îi permite să-și examineze progresul, prin recitirea însemnărilor importante. (Clienților le este foarte

ușor să uite de unde au plecat și ce au învățat de-a lungul procesului de coaching.)

Relațiile interumane în timpul tranziției

A-l ajuta pe client în privința relațiilor sale cu ceilalți este o parte importantă a coaching-ului. Relațiile au un rol însemnat în procesul de tranziție, putând ori să-l obstrucționeze, ori să-l faciliteze. Cei din jur ne confirmă identitatea prin felul în care ne tratează, iar atunci când ne schimbăm, se schimbă și relațiile. În timpul tranziției, relațiile unui client trec la rândul lor printr-un proces de transformare, întrucât ceilalți nu vor mai putea să-l trateze în același fel ca și înainte (chiar dacă vor încerca acest lucru).

Pozițiile perceptuale sunt resurse minunate atunci când vorbim de ajutarea clientului în fiecare aspect al relațiilor sale. Dacă aveți în față un client care dorește să exploreze sau să-și clarifice relațiile cu partenerul de viață, cu șeful, cu copilul sau cu unul dintre colegii de la serviciu, utilizați următorul proces:

Șablonul relații–coaching

1. Cereți-i clientului să-și descrie relațiile prin prisma primei poziții – punctul său de vedere. Îndemnați-l să se întoarcă în timp și să se imagineze alături de cealaltă persoană într-o situație tipică. Clientul trebuie să-și imagineze acea situație ca și cum tocmai s-ar întâmpla: cum arată camera în care se află, în ce culori e zugrăvită, în ce perioadă a zilei are loc întâlnirea? Asigurați-vă că s-a transpus cu adevărat în situația respectivă.
2. Cereți-i clientului să-și clarifice poziția în acea situație, prin intermediul următoarelor întrebări:

„Care sunt obiectivele dumneavoastră în situația dată?"
„Ce încercați să realizați prin intermediul ei?"
„Ce este important pentru dumneavoastră în această situație?"
„Cărui aspect îi acordați o atenție mai specială?"
„Ce faceți pentru a vă atinge obiectivul?"
„Ce părere aveți despre cealaltă persoană și cum ați descrie-o (furioasă, plângăcioasă, lăudăroasă, necinstită etc.)?"
Există vreun conflict între credințele, valorile, aptitudinile sau comportamentul persoanelor implicate în relație?

3. Odată ce ați obținut aceste informații, distrageți-i atenția și determinați-l să se gândească la cu totul altceva, pentru a „sparge starea".
4. Când îl simțiți pregătit, îndemnați-l să se transpună în cea de-a doua ipostază (în locul celeilalte persoane). În cazul în care ezită să facă acest lucru, precizați-i că nu este obligat să fie de acord sau să simpatizeze acea persoană. Este doar un exercițiu prin care se urmărește înțelegerea punctului de vedere opus, în scopul dezamorsării conflictului. Multe dintre dezacordurile pe care le avem cu ceilalți sunt cauzate de neînțelegerea acestora.

   Poftiți-l pe client să se așeze pe un alt scaun și să încerce să intre cât mai mult în pielea celuilalt – trebuie să-și asume fizionomia și felul de a vorbi al persoanei respective. Atunci când va spune „eu", clientul se va referi la cealaltă persoană ca la sine însuși. Dacă va fi întrebat cine este și cum se numește, trebuie să rostească numele persoanei în

cauză. Adresați-i aceleași întrebări, pentru a răspunde la ele din noua ipostază:
„Care sunt obiectivele dumneavoastră în situația dată?“
„Ce încercați să realizați prin intermediul ei?“
„Ce este important pentru dumneavoastră în această situație?“
„Cărui aspect îi acordați o atenție mai specială?“
„Ce faceți pentru a vă atinge obiectivul?“
„Ce părere aveți despre cealaltă persoană (adică dumneavoastră) și cum v-ați descrie din această nouă poziție (persecutoare, egocentrică, sâcâitoare, neînțelegătoare etc.)?“
Înțelegerea celorlalți vine din faptul că suntem toți oameni. Chiar dacă cealaltă persoană este total diferită, exercițiul prezentat poate fi extrem de revelator pentru client. A pătrunde în lumea altei persoane și a o înțelege poate fi o experiență nu numai utilă, dar și interesantă.
În cazul în care clientul uită de regulile exercițiului și începe să se refere la sine cu pronumele „eu“, amintiți-i că trebuie să rămână în cea de-a doua ipostază. Numai în acest fel va putea afla lucruri noi despre persoana cu care se află în conflict.

5. Spargeți starea și cereți-i clientului să fie din nou el însuși.
6. Acum, rugați-l să se situeze undeva la mijloc, între cele două poziții, astfel încât să vadă ambele persoane implicate în relație. Din această a treia poziție, îndemnați-l să devină propriul său coach. Ce anume observă la această relație?

Asupra căror aspecte cad de acord cele două persoane?
Unde există conflictul?
Ce sfat și-ar oferi din această poziție?

7. Spargeți starea.
8. Readuceți-l pe client în prima poziție și rugați-l să-și reia locul în fotoliul inițial. Ce sfaturi va urma dintre cele pe care și le-a oferit singur din cea de-a treia poziție?
   Ce aspecte ale relației au fost clarificate de exercițiu și ce anume a învățat din acesta?
   Ce anume va face diferit atunci când se va întâlni cu respectiva persoană?
   Găsiți o sarcină clară pe care clientul s-o pună în aplicare la proxima întrevedere cu acea persoană, în vederea testării învățămintelor trase din acest exercițiu.
9. În ce a constat experiența clientului atunci când și-a asumat cele trei poziții?
   Pe care dintre acestea i-a fost mai ușor s-o adopte?
   După ce își va exprima preferința, o posibilă sarcină ar fi aceea de a enumera pe o foaie de hârtie neajunsurile pe care le implică acea poziție. (De pildă, o persoană cu o primă poziție puternică ar putea fi considerată încăpățânată, pe când cei care preferă cea de-a doua poziție sunt supuși riscului de a-și neglija propriile interese.) În final, cereți-i clientului să facă o listă cu beneficiile pe care le-ar obține din dezvoltarea celorlalte două poziții.

Acest exercițiu îl va ajuta pe client să-și îmbunătățească relația respectivă și să aibă capacitatea de a adopta cu ușurință fiecare dintre cele patru poziții. În același timp, cunoaşterea poziţiei preferate îi va aduce foloase în toate celelalte relaţii.

Pentru a exemplifica această tehnică, vă vom prezenta o şedinţă de coaching pe care am condus-o cu puţin timp în urmă. James a fost coach-ul, iar pe client îl chema Michael. Acesta apelase la noi deoarece dorea să-şi îmbunătăţească relaţia cu fiica sa, Audrey, care avea 12 ani şi lua lecţii de pian.

Michael avea obiceiul de a o bate la cap pe Audrey în fiecare dimineaţă cerându-i să exerseze la pian înainte de a pleca la şcoală. Problema era că nu-i plăcea să facă acest lucru, dorinţa sa fiind aceea ca Audrey să cânte la pian din proprie iniţiativă. Bineînţeles, fata găsea mereu pretexte şi modalităţi de a evita să exerseze atunci când tatăl său i-o cerea – ca din senin, apăreau mereu lucruri mai importante de făcut, iar pianul rămânea undeva, pe plan secund. Situaţia îl nemulţumea pe Michael, întrucât Audrey nu-şi ţinea niciodată promisiunile.

Un alt aspect al problemei era acela că soţia lui îşi asumase responsabilitatea de a se asigura că Audrey va face exact aşa cum promisese, dar acest lucru nu se întâmpla. Prin urmare, Michael fusese nevoit să preia controlul asupra acestei situaţii, chiar dacă ura să se scoale în fiecare dimineaţă cu gândul că va trebui să-şi oblige fiica să cânte la pian.

Nemulţumirea lui Michael nu era aceea că banii plătiţi pentru lecţiile de pian erau astfel irosiţi. Îşi dorea sincer ca Audrey să înveţe să cânte la pian, pentru binele ei. El însuşi luase lecţii de pian atunci când fusese copil, dar cu un profesor de o calitate îndoielnică. Până la urmă, acest lucru îl determinase să renunţe, chiar dacă îşi dorise nespus să învețe să cânte. (Aici, mulți îndrumători ar putea fi tentați să practice puțină terapie, pentru a afla dacă nu cumva Michael își cicălește fiica pentru ca aceasta să realizeze ceea ce și-a dorit el, dar n-a reușit, în copilărie. James a rezistat acestei tentații.) Michael încă mai știa câteva piese și, ori de câte ori avea ocazia, le cânta împreună cu Audrey. Ambii adorau aceste momente.

După ce l-a ascultat cu atenție, James i-a adresat lui Michael o întrebare de efect: „Ce vă doriți cel mai mult să se întâmple?"

Observați că această întrebare respectă modelul *ce... dumneavoastră... verb... viitor pozitiv.*

Michael a răspuns că și-ar dori ca exersatul la pian să fie pentru fiica sa o activitate distractivă. Nu voia să fie un părinte cicălitor, ci unul cu care Audrey să se simtă bine. Își dorea ca pianul să fie o sursă de distracție pentru ea. Distracția, așadar, era o valoare – iar situația descrisă de Michael avea mari probleme în această privință.

„Ce se află în spatele dorinței de a fi un bun părinte? Ce este important?" Aici, James urmărise să depisteze valorile care generaseră obiectivul.

Michael și-a exprimat dorința ca Audrey să se bucure de faptul că învață să cânte la pian, după care a accentuat faptul că aspiră la o relație *cât mai bună și mai plăcută* cu fiica sa.

În acest moment, James a precizat că, fără îndoială, intențiile ambelor părți sunt unele binevoitoare și pozitive, dar că încă nu au găsit o cale de mijloc pentru a le aduce la un numitor comun. Apoi, a întrebat: „Ce anume faceți pentru a o determina să exerseze?"

Michael a menționat că a încercat toate variantele posibile. A fost întotdeauna dispus să o ajute și să cânte în duet cu ea.

James a remarcat că momentele menționate de Michael au loc atunci când Audrey *deja exersează*, motiv pentru care i-a repetat întrebarea.

„O bat la cap", a răspuns, în final, Michael.

Apoi, a povestit cum se supără pe Audrey pentru că nu exersează la pian atunci când trebuie, pe soție pentru că nu-și face partea de treabă și pe sine însuși pentru starea de nervozitate pe care i-o procură această situație.

Atenția lui Michael era, așadar, îndreptată spre *propriile* sentimente de frustrare și pe *propriile* nevoi de a o convinge pe Audrey să exerseze.

James a decis să treacă la următoarea etapă, în care Michael urma să adopte cea de-a doua poziție. L-a invitat să se așeze pe fotoliul din partea opusă și să „devină" Audrey. Apoi, l-a îndemnat să se imagineze tocmai în situația pe care o descrisese – dimineața, în propria casă: ce vedea, ce auzea și ce simțea din ipostaza fiicei sale.

Rezultatele s-au dovedit a fi spectaculoase. Din această poziție, Michael a afirmat câteva lucruri extrem de revelatoare:

> „Urăsc să mi se spună ce trebuie să fac."
> „De ce nu mă lasă tata în pace?"
> „De ce e mereu atât de ocupat dimineața?"
> „Aș vrea să vină să cânte la pian alături de mine."

Folosind metode specifice coaching-ului, James l-a întrebat pe Michael (din ipostaza fiicei) ce-și dorește și ce este important pentru el (ea). În urma răspunsurilor, a reieșit că Audrey se înţelege bine cu profesorul de pian şi că, pentru ea, este important să cânte la pian, întrucât toate prietenele ei fac acelaşi lucru.

Apoi, James l-a îndemnat pe Michael să adopte cea de-a treia ipostază, rugându-l să stea la o anumită distanţă de cele două scaune, pe linia verticală care le desparte.

„Ce credeţi că se întâmplă între cei doi?" a fost întrebarea sa.

Din cea de-a treia ipostază, Michael a observat că Audrey îşi dorea să exerseze, dar cu condiţia să nu mai fie cicălită. Faptul că era presată să facă acest lucru îi răpea plăcerea de a cânta la pian. Din această poziţie, Michael a reuşit să fie propriul său coach. A constatat că trebuie să clarifice împreună cu soţia cine va trebui să o ajute pe Audrey cu lecţiile de pian. De asemenea, a realizat că termenul „exersare" dobândise un sens peiorativ pentru fiica sa. Prin urmare, nu o va mai bate la cap să exerseze, ci o va invita, în fiecare dimineaţă, *să cânte împreună*. După ce vor petrece clipe frumoase în faţa pianului, Audrey va avea dispoziţia necesară pentru a continua să cânte singură. Cu cât mai plăcută şi mai valoroasă va fi această activitate pentru ea, cu atât mai bine se va simţi el.

Michael s-a întors, apoi, în fotoliul ce semnifica prima poziţie.

Întrebarea lui James a venit prompt: „Ce veţi face în dimineaţa zilei de mâine?" Era o invitaţie la stabilirea unei sarcini.

Michael a răspuns că, în primul rând, va discuta cu soţia pentru a stabili cine va fi cel care îi va reaminti lui Audrey că trebuie să exerseze la pian dimineaţa. Apoi, pe parcursul următoarei săptămâni, va exersa zilnic la pian alături de fiica sa, pentru a vedea dacă această nouă abordare va da rezultate.

După o săptămână, Michael ne-a sunat, bucuros, pentru a ne înștiința că situația se schimbase complet, într-un sens pozitiv. Își îmbunătățise enorm relația cu Audrey. Rezultatul îl depășise, astfel, pe cel vizat inițial – acela de a-și convinge fiica să exerseze la pian. Procesul de coaching scosese la iveală valoarea ce generase obiectivul – o relație mai bună –, iar Michael obținuse două lucruri în același timp: nu numai că fiica sa începuse să exerseze constant la pian, dar și relația dintre ei se îmbunătățise.

În acest exemplu, James nu i-a cerut lui Michael să adopte și cea de-a patra ipostază. Aceasta este cea a sistemului, care în cazul de față ar fi fost familia clientului. El a putut constata și din cea de-a treia poziție că felul în care abordează problema îi afectează familia în două domenii importante: relația cu fiica și cea cu soția.

În procesele de coaching axate pe relațiile clientului, roata perspectivelor se poate dovedi un instrument util. Puteți utiliza toate cele patru spații alocate pozițiilor perceptuale sau doar unele dintre ele în funcție de contextul pe care îl explorați împreună cu clientul. În coaching-ul de afaceri, de pildă, puteți cerceta domeniul profesional folosind următoarele perspective: a managerului, a cumpărătorului, a directorului executiv și a companiei. Îndemnați-l pe client să adopte toate cele patru perspective, pentru a beneficia de o înțelegere cât mai bună a situației. Notați concluziile sale în spațiile alocate.

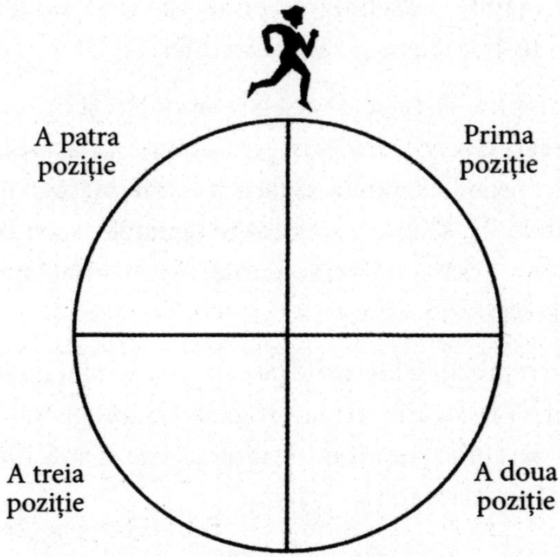

Roata perspectivelor

Sarcinile

Mulți dintre clienți dovedesc o bună înțelegere a situației lor și, totuși, nimic nu se schimbă. Ei se află la nivelul *cunoașterii*, iar acesta nu e suficient pentru a declanșa schimbarea.

Următoarea etapă este aceea a *voinței*. Clientul vrea să se schimbe, însă nici acest lucru nu este suficient. El trebuie să știe *cum* să producă schimbarea. Aici, coach-ul poate face un pas decisiv, ajutându-l pe client să se elibereze de deprinderile și credințele care îl stăvilesc și să îl susțină în găsirea celor mai bune strategii pentru realizarea schimbării.

Toate acestea conduc la pasul următor – acela în care *a face* e cuvântul de ordine. Este etapa care completează ciclul. Fără acest pas, tot ceea ce s-a realizat înainte rămâne la stadiul de potențialitate, fără a provoca vreo schimbare.

De aici înainte, coaching-ul pune accentul pe acțiune, motivându-l pe client să facă ceva diferit.

Coaching-ul se distinge de celelalte abordări și prin importanța pe care o acordă învățării prin acțiune. Coach-ul îi cere în mod constant clientului să facă ceva diferit, să-și înfrunte deprinderile, să-și conștientizeze acțiunile, să-și conteste credințele și să-și trăiască valorile. Aceste imbolduri sunt incluse în sarcini.

Sarcinile reprezintă lucrurile pe care coach-ul îl îndeamnă pe client să le facă în urma progresului înregistrat într-o ședință. Sarcinile sunt întotdeauna exacte și specifice. Ele trebuie să fie clare în trei privințe:

1. „Ce va face clientul?“ (Sarcina în sine.)
2. „Când va face?“ (Scara temporală.)
3. „Cine mai este implicat?“ (Celelalte persoane.)
4. Când se vor discuta rezultatele noii abordări?“ (Coach-ul are nevoie de feedback pentru a evalua efectele acțiunii.)

Sarcinile sunt întotdeauna orientate spre fapte – ele implică mereu executarea unei anumite acțiuni. Abia apoi survine înțelegerea. Prin urmare, sarcinile reprezintă un salt în încredere, context în care raportul este deosebit de important. Sarcinile nu sunt întotdeauna confortabile pentru client, iar acesta nu le va accepta decât dacă va fi făcut să le perceapă ca pe niște experiențe în urma cărora va învăța ceva. Sarcinile *nu* trebuie prezentate precum niște misiuni în care reușita este obligatorie.

Cel mai important rol al unei sarcini este acela de a-l face pe client să afle lucruri noi despre resursele sale, indiferent dacă „reușește“ sau „eșuează“.

Învățarea se află în feedback, nu în reușită.

Sarcinile pot îmbrăca două forme: provocările și cererile.

Provocările

Provocările îl împing pe client dincolo de limitele sale autoimpuse. Atunci când îl provocați pe client cu o sarcină, îi demonstrați că vă puneți toată încrederea în el și în capacitatea sa de a fi mai bun decât înainte. Faceți astfel încât provocarea să fie una realistă, nu imposibilă; în același timp, însă, ea trebuie să fie suficient de dificilă pentru ca persoana în cauză să-și testeze credințele despre sine însăși. În astfel de momente, acționați precum un suporter înfocat al clientului, susținându-l și demonstrându-i că sunteți încrezător în șansele sale de reușită, chiar dacă el încă are îndoieli în această privință.

Uneori, se întâmplă ca persoana îndrumată să întâmpine provocarea dumneavoastră cu scepticism, caz în care veți fi nevoit să îi reduceți din dificultate sau să negociați alta. Chiar dacă nu va duce la bun sfârșit sarcina primită, clientul va învăța lucruri noi din experiența trăită. Realizările înregistrate cu această ocazie vor fi oricum mai însemnate decât cele la care s-a așteptat.

Nimeni nu reușește imposibilul, decât dacă nu cumva încearcă doar ceea ce pare a fi imposibil.

Cererile

Cererile sunt mai simple decât provocările și mai ușor de pus în practică. Prin intermediul lor, coach-ul îl îndeamnă pe client să se apropie de obiectivul propus adoptând acțiuni precise. Spre deosebire de provocări, cererile nu încearcă să-l ducă pe client dincolo de limitele sale; dar, chiar şi aşa, unii dintre clienţi vor ezita sau vor încerca să evite punerea lor în practică.

Cererile trebuie să fie cât mai clare. Clientul trebuie să ştie exact ce are de făcut şi care vor fi rezultatele acţiunilor sale.

În general, este bine să prefaţaţi cererile sau provocările cu următoarele cuvinte: „Aş dori să vă cer ceva." Clientul vă va acorda permisiunea de a continua și va fi mult mai receptiv, întrucât a fost avertizat că urmează să i se solicite ceva.

Este foarte important ca cererile să implice un termen-limită. Ele trebuie să sune cam aşa: „Aş dori să vă cer ceva. Veţi discuta cu fiul dumneavoastră pe marginea acestei probleme în cel mult o săptămână, până la următoarea noastră întrevedere?"

A-l învăța pe client cum să enunțe el însuși o cerere precisă poate fi un lucru extrem de eficient într-o relație de coaching. Mulţi dintre clienţi nu ştiu să se impună în relațiile cu ceilalți sau rămân cu resentimente față de cei care le cer anumite lucruri. S-ar putea simţi vinovaţi dacă ar spune „Nu". În acelaşi timp, sunt nemulțumiți că nu primesc ceea ce-și doresc de la viață, întrucât nu-și fac cerințele suficient de clare. Învățându-l pe client cum să adreseze cereri precise, coach-ul îl ajută și să-și exprime în mod clar revendicările de la viață.

Sarcini simple și complexe

Cererile și provocările pot fi destul de simple, precum:

Citiți o carte.
Urmăriți un film.
Duceți-vă la discotecă.
Învățați să cântați sau cântați în public.
Discutați cu copiii dumneavoastră.
Spuneți-le povești înainte să adoarmă.
Purtați dialoguri în fața oglinzii.
Alăturați-vă unui grup de actori amatori și jucați într-o piesă.
Purtați altfel de haine.
Purtați ceasul pe cealaltă mână.
Cumpărați un ziar pe care nu l-ați mai citit niciodată.
Rearanjați mobila din casa dumneavoastră.

Sarcinile pot implica și acțiuni mai complexe:

- *Puneți-vă la încercare.* Dacă, de pildă, unui client îi este teamă de șeful de la serviciu și se pierde în fața persoanelor aflate în poziții de autoritate, îi puteți prezenta o sarcină care să constea într-o experiență nouă și plină de resurse. De exemplu, l-ați putea îndemna să escaladeze o stâncă. Dacă acceptă, va avea șansa să extindă curajul de care a dat dovadă în alte sfere ale vieții sale. Până la urmă, dacă s-a putut cățăra pe o stâncă, de ce s-ar mai teme să-i ceară șefului o mărire de salariu?
- *Tratați simptomul.* Acesta se află sub controlul direct al clientului, întrucât tot ceea ce face se întâmplă în mod deliberat. Spre exemplu, dacă cineva suferă de emoții și anxietate înaintea și în timpul unui discurs, cereți-i să declare acest lucru în fața audienței și să „încerce" să se simtă și mai emoționat. Clientul va descoperi că recunoașterea acestei slăbiciuni îi reduce din neliniște și îl calmează. Problemele de genul anxietății și al tra-

cului își iau puterea în special din rezistența pe care le-o opunem.

- *Luați exemplu de la alte persoane.* Pentru a găsi răspunsul la o întrebare sau pentru a soluționa o problemă, îi puteți cere clientului să ia drept model o altă persoană, care dispune de resursele de care el are nevoie.

Răspunsurile

Clientul are trei posibile răspunsuri atunci când se află în fața unei cereri sau a unei provocări:

- „*Da.*" Clientul o acceptă și promite că o va pune în practică, devenind responsabil pentru rezultatele pe care urmează să le aibă.
- „*Nu.*" Clientul refuză. Pot exista mai multe cauze: ori nu este de acord cu sarcina respectivă, ori încă nu ați clădit raportul necesar pentru a i-o prezenta. Sau poate că persoana în cauză nu este pregătită pentru acea sarcină.
- *Negocierea.* Clientul nu refuză sarcina, dar dorește să negocieze detaliile acesteia sau are o altă propunere, despre care crede că i s-ar potrivi mai bine și care nu ar modifica sensul de bază al acțiunii.

Atenție la clienții care susțin că vor „încerca" să ducă la bun sfârșit sarcina. De obicei, înțelesul ascuns al acestui tip de exprimare este acela că nu vor încerca deloc sau că sarcina este mult prea dificilă pentru ei. Cuvântul „a încerca" implică dificultate, uneori chiar imposibilitate. Dacă răspunsul primit de la un client este acela că „va încerca", cereți-i să renunțe la acest termen și să răspundă cu „da", „nu" sau „depinde". Apoi, dacă este necesar, puteți negocia o altă sarcină. De asemenea, acordați-le o atenție specială clienților care spun „aș putea face acest lucru". Îndemnați-i să spună: „Voi face acest lucru!"

Rezultatele

Atunci când îi prezentați o sarcină, clientul o poate accepta și trage din ea învățăminte utile. Acesta este rezultatul ideal, însă nu întotdeauna se întâmplă astfel. Clientul poate uita să pună în practică sarcina primită. Dacă și-a asumat un angajament în privința ei, faptul că a pierdut-o din memorie semnifică ceva. Cum de a putut uita așa ceva? În astfel de momente, este indicat să-i verificați angajamentul față de procesul de coaching și să-l ajutați prin inventarea unei ancore care să-i reamintească ce are de făcut. Veți discuta pe marginea rezultatelor în ședința următoare. Dacă uită o sarcină sau nu reușește să-și facă timp pentru ea două ședințe la rând, înseamnă că nu este în concordanță în raport cu cererea dumneavoastră. Acesta este adevărul, chiar dacă el va găsi justificări și vă va spune cu totul altceva. În această situație, trebuie să purtați o discuție serioasă și aprofundată. Atenție! Clientul nu trebuie mustrat niciodată. Este sarcina sa, responsabilitatea sa, viața sa. Există întotdeauna ceva de învățat, chiar și din uitare.

O altă variantă ar fi aceea ca el să ducă la bun sfârșit sarcina, dar rezultatul să nu-l mulțumească. Coach-ul și clientul trebuie să discute pe marginea acestui aspect. La ce anume se aștepta clientul? Ce a învățat din rezultatul obținut? S-ar putea să fie nevoie să-i prezentați o nouă sarcină, care să aibă același scop.

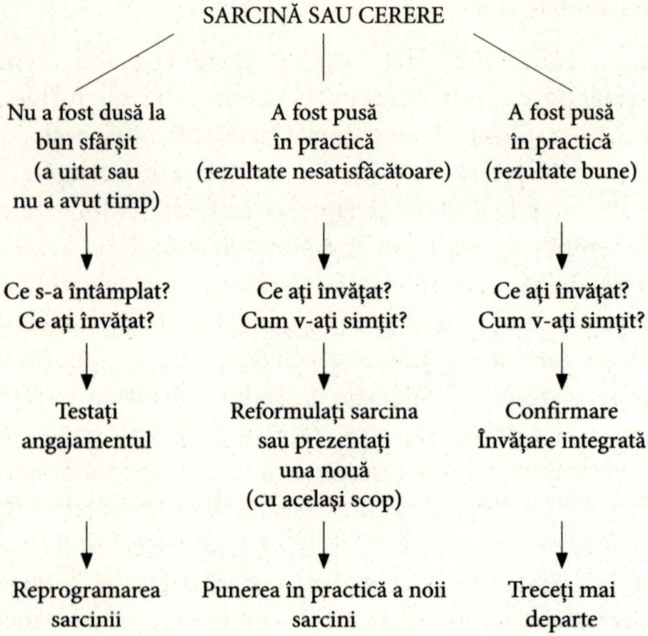

Sarcini și variante

Responsabilitatea

Pe parcursul procesului de coaching, clientul este cel care determină *rezultatele*, fiind singurul responsabil pentru felul în care se prezintă acestea. Coach-ul și clientul împărtășesc răspunderea doar pentru *procesul de coaching*. Ei se află într-o relație de parteneriat. Prin ideea potrivit căreia clientul este stăpânul propriilor rezultate nu se presupune că îndrumătorul nu are nicio responsabilitate; în timpul procesului, el are datoria de a-și utiliza la maximum aptitudinile. Clientul și coach-ul colaborează pe fondul unui parteneriat în care, atunci când acționează sinergic, unu plus unu fac mai mult decât doi. Relația este asemănătoare celei dintre un sportiv și antrenorul său. Nu uitați că atunci când câștigă un trofeu, atletul este cel care urcă pe podium și primește aplauzele publicului. Antrenorul nu i se alătură pe platforma învingătorilor, chiar dacă au muncit împreună pentru a obține acel rezultat. Atletul poate recunoaște rolul jucat de antrenor în succesul său, dar numai el este cel care obține rezultatul și gloria.

Clientul trebuie, așadar, responsabilizat. El este responsabil pentru acțiunile sale și, prin urmare, pentru propria sa viață.

Termenul „responsabilitate" poate suna precum o povară copleșitoare. Pentru multe persoane, ea este ancorată în teama de a nu fi învinovățit pentru un insucces. În coaching, însă, termenul se pronunță „respons-abilitate", adică abilitatea de a răspunde. Clienții au capacitatea de a răspunde în fața sarcinilor, cererilor sau provocărilor fixate de coach.

Un client poate fi responsabilizat în raport cu acțiunile sale sau sarcinile primite prin intermediul a trei întrebări de bază:

1. „Ce aveți de gând să faceți?"
   Care sunt acțiunile pe care clientul urmează să le întreprindă? Ele trebuie să fie precise și bine planificate în timp, în funcție de obiectivele și valorile sale. Pot fi sarcini, cereri sau provocări venite din partea îndrumătorului sau clientul poate decide singur ce trebuie să facă, pe baza lucrurilor învățate în ședințele de coaching. Observați că întrebarea urmează modelul *ce... dumneavoastră... verb... viitor pozitiv*.

2. „Când veți face acest lucru?"
   Acțiunile trebuie să fie bine fixate în timp, altfel este foarte probabil ca ele să devină simple promisiuni. Negociați un termen-limită care să fie clar și realist. Sunt mulți cei care își spun că ar fi o „idee bună" să facă un anume lucru și care uită apoi acea intenție într-un ungher din lumea posibilităților. Prin întrebarea de față, coach-ul se asigură că planurile clientului vor fi transpuse în acțiune.
3. „Cum veți ști că ați realizat ceea ce vă doreați?"
   Acțiunea trebuie să aibă rezultate clare, iar coach-ul trebuie să știe că ea a avut loc. Clientul îi poate telefona, ori îi poate trimite un fax sau un e-mail pentru a-l înștiința în această privință. O altă posibilitate ar fi aceea ca subiectul să fie dezbătut în cadrul ședinței următoare.

Susținerea

Înainte, în timpul și după perioada de tranziție, clientul are nevoie de susținere. Coach-ul își poate asuma acest rol prin două modalități – ajutându-l să repete mental ceea ce dorește să facă sau să-i faciliteze procesul de fixare a unor ancore de sprijin în viață.

Repetiția mentală

Ceea ce se întâmplă în lumea din afară trebuie, mai întâi, să aibă loc în cea de dinăuntru. Prin urmare, învățați-vă clienții să-și repete în gând obiectivele și sarcinile. Prin intermediul acestui procedeu, ele vor deveni reale în mintea clienților și abia apoi se vor putea manifesta în lumea exterioară.

Repetiția mentală funcționează fără îndoială; dar, ca în cazul oricărui alt procedeu, trebuie să respectați anumite reguli. Îi puteți învăța pe clienți cum să folosească tehnica ce urmează, chiar în cursul primei ședințe de coaching. Astfel, vor putea apela la ea oricând vor simți nevoia.

Tehnica repetării mentale

1. Stabiliți obiectivul. Faceți acest lucru cât mai detaliat, astfel încât să știți cu multă precizie ce aveți de făcut pentru a-l atinge.
2. Relaxați-vă. Vizualizați cum puneți în practică sarcina, exact așa cum ați plănuit. Este important să vă vizualizați pe dumneavoastră înșivă într-o imagine mentală disociată. Nu vă gândiți că tocmai faceți acel lucru. Trebuie să vă imaginați totul ca și cum ați fi regizorul unui film în care jucați rolul principal.
3. Faceți din acest film unul demn de Oscar. Imaginați-vă cât mai multe detalii – locul în care vă aflați, ce haine purtați, cine se află acolo, lângă dumneavoastră. Utilizați-vă toate sistemele reprezentaționale. Vizualizați imaginile cât mai limpede posibil. Auziți sunetele din jur, simțiți mișcările corpului, apelați inclusiv la senzația de echilibru. Cu cât imaginile sunt mai bogate în detalii, cu atât mai puternic va fi procesul.
4. Odată ce veți fi mulțumit, puteți intra pe platoul de filmare, începând să vă imaginați că totul are loc în realitate. Vizualizați ca și cum ați pune în practică sarcina respectivă. Auziți ceea ce știți că veți auzi. Examinați persoanele din jurul dumneavoastră și observați cum reacționează.
5. Dacă senzația nu e tocmai cea dorită, întoarceți-vă la etapa în care sunteți regizorul propriului film și faceți ajustări.

6. După ce veți fi mulțumit pe deplin de ceea ce vedeți, păstrați în memorie imaginile așa cum ați păstra o casetă video în colecția de filme bune. Le veți putea viziona oricând veți dori.

Structurile

Structurile sunt ancorele pe care clientul, ajutat de coach, le creează pentru a-și reaminti viziunea, obiectivele, valorile sau acțiunile preconizate.

Exemplu: Clientul întoarce cu fața spre perete un tablou din camera sa de lucru. Ori de câte ori vede acel tablou (intră zilnic în cameră respectivă), își amintește că întotdeauna există căi creative de a privi o situație. În cazul său, structura este una care îl ajută să adopte noi perspective și să fie mai creativ în viață. Un alt client și-a mutat ceasul la cealaltă mână pentru a-și aminti să seteze alarma și, astfel, să se trezească în fiecare dimineață pentru a medita. Intențiile clienților sunt întotdeauna unele pozitive, dar există situații în care trebuie ajutați să nu le uite. Din cauza obiceiurilor formate de-a lungul timpului, este foarte probabil ca ei să nu-și mai amintească ce și-au propus. Coach-ul se aliază împotriva deprinderilor cu cea mai bună parte din ființa clientului – cu aceea care dorește schimbarea și o viață mai plină.

Structurile, ca și ancorele, pot fi vizuale, auditive sau chinestezice. Fiți creativ atunci când inventați structuri pentru clienții dumneavoastră.

Iată câteva exemple de structuri:

- marcarea calendarului
- trimiterea unor mesaje vocale pe e-mailul sau telefonul personal
- setarea unei alarme la ceas sau la telefonul mobil

- lipirea unor hârtiuțe cu mementouri prin casă
- ascultarea unor materiale audio de relaxare
- găsirea unui partener de exerciții
- introducerea unei noi melodii în lista cu mp3-uri
- așezarea unei noi fotografii pe birou

Până la urmă, ne obișnuim însă și cu structurile, motiv pentru care acestea încep să nu mai dea rezultatele scontate. De obicei, termenul lor de garanție este de cel mult două luni. În momentul expirării lor, va trebui să găsiți, prin brainstorming, noi structuri care să-i reamintească clientului lucrurile importante.

Îl puteți ajuta pe client să-și construiască structurile adresându-i întrebări de genul:

„Ce anume ați putea face, astfel încât să vă reamintiți acest lucru?"

„Cum vom putea măsura progresul dumneavoastră în îndeplinirea acestei sarcini?"

„Cum vă veți aminti să faceți acest lucru?"

„Ce anume ați putea face, astfel încât să întreprindeți această acțiune în mod regulat?"

Completarea procesului

În fine, va exista un moment în care coach-ul și clientul vor decide împreună că programul de coaching a fost completat. Firește, procesul de atingere a obiectivelor și de trăire a valorilor asociate nu se încheie niciodată. Sfârșitul unei relații de coaching reprezintă doar o etapă a acestui proces. Ca și în cazul unui profesor iscusit, misiunea coach-ului se încheie atunci când prezența lui devine inutilă.

Criteriul în funcție de care se va stabili când anume se va pune capăt relației de coaching ar trebui stabilit de la început. Relația se va sfârși atunci când îndrumătorul și clientul vor conchide că cel din urmă a obținut ceea ce și-a dorit atunci când a apelat la coaching; excepțiile se produc atunci când are loc o întâmplare gravă și neprevăzută.

La final, coach-ul și clientul trebuie să observe:

- Performanțe susținute pe termen lung în sfera de interes a clientului. Ele vor fi măsurate atât prin intermediul standardelor coach-ului și ale clientului, cât și prin standarde obiective, independente de cei doi.
- Automotivare și creativitate. Clientul va fi capabil să găsească modalități proprii de progres. El va începe să se bizuie mai mult pe propriile forțe.

Atât îndrumătorul, cât și clientul trăiesc un sentiment deosebit atunci când finalizează o relație de coaching. Ultima ședință poate fi un debrief (raport) al programului de coaching. Îi puteți adresa clientului următoarele întrebări:

„Ce a funcționat cel mai bine pentru dumneavoastră în această relație de coaching?“
„Ce ați simțit că nu a avut efect?“
„Care este realizarea de care sunteți cel mai mândru?“
„Când v-ați temut cel mai mult?“
„Ce v-a surprins cel mai mult?“
„Când ați simțit că puteți face absolut orice?“
„Ce anume s-a schimbat cel mai mult la dumneavoastră?“
„Care sunt schimbările produse în relațiile cu ceilalți?“
„Care sunt așteptările dumneavoastră, acum?“

SUMAR

TRANZIȚIA

Modelul tranziției prezintă ciclul complet al procesului de coaching.

Procesul începe cu clientul care are o problemă sau cu o situație pe care dorește s-o schimbe.

El trebuie să-și confrunte teama de schimbare și ar putea deveni frustrat de lipsa progresului.

Odată ce transcende ciclul fricii și al frustrării, se află în plină tranziție. În această perioadă, are nevoie de sprijinul coach-ului. Clientul își asumă responsabilitatea procesului și adoptă un angajament față de schimbare. Relația de coaching furnizează o structură, în scopul susținerii clientului și avansării spre atingerea obiectivului fixat.

Tranziția este perioada cea mai delicată a programului de coaching. Clientul nu se mai află în situația de altădată, dar nici nu s-a transferat complet în cea nouă.

Este foarte benefic pentru client să se gândească mai degrabă la părăsirea unor lucruri, și nu la pierderea lor.

DEPRINDERILE

Deprinderile oferă vieților noastre stabilitate.

Atunci când ne dorim schimbarea, obiceiurile se împotrivesc.

Pentru a vă schimba viața, va trebui să modificați anumite deprinderi și să vă formați altele noi.

Obiceiurile sunt menținute prin intermediul ancorelor.

Ancorele pot sălășlui în orice declanșator vizual, auditiv sau chinestezic care este asociat cu o reacție sau o stare emoțională precisă.

De cele mai multe ori, nu suntem conştienţi de existenţa ancorelor, ci observăm doar stările produse de acestea.

Unele ancore sunt neutre, în timp altele ne pot furniza stări plăcute sau neplăcute.

Cu ajutorul îndrumătorului, clientul va:

Deveni conştient de ancorele care îi susţin obiceiurile.
Începe să-şi formeze noi obiceiuri care să susţină schimbarea dorită.
Crea noi ancore care să susţină noile obiceiuri.

Clientul trebuie să fie conştient de momentul prezent pentru a putea explora prezentul şi proiecta viitorul.

Exerciţiile de autoobservare sunt unele dintre cele mai puternice metode prin care clientul poate evalua situaţia în care se află şi felul în care deprinderile îl ţin pe loc.

Prin intermediul autoobservării, nu se doreşte producerea unei schimbări directe, ci doar analizarea situaţiei, fără emiterea unor judecăţi de valoare.

Clientului îi poate fi foarte util un jurnal, cu ajutorul căruia să-şi urmărească progresul înregistrat pe parcursul procesului de coaching.

Utilizaţi prima, a doua şi a treia poziţie pentru a-l ajuta pe client să-şi îmbunătăţească relaţiile.

CERERILE, PROVOCĂRILE ŞI SARCINILE

Coach-ul îl determină pe client să acţioneze prin intermediul sarcinilor, provocărilor şi cererilor.

Provocările îl împing pe client dincolo de limitele sale autoimpuse.

Cu ajutorul cererilor, coach-ul îl îndeamnă pe client să se apropie de obiectivul propus adoptând acţiuni precise.

Sarcinile sunt mai complexe decât cererile şi provocările.

Clientul învaţă din feedback, nu neapărat dintr-un rezultat pozitiv.

Clientul devine răspunzător pentru rezultatele procesului de coaching atunci când îşi asumă responsabilitatea acţiunilor sale şi, prin urmare, a propriei vieţi.

Clientul poate fi responsabilizat în raport cu propriile acţiuni sau sarcinile primite prin intermediul a trei întrebări de bază:

„Ce aveţi de gând să faceţi?"
„Când veţi face acest lucru?"
„Cum veţi şti că aţi realizat ceea ce vă doreaţi?"

Clientul are nevoie de susţinerea coach-ului. Îndrumătorul îşi poate asuma acest rol prin două modalităţi:

- învăţându-l pe client să-şi repete mental obiectivele
- ajutându-l pe client să-şi fixeze ancore de sprijin în viaţă

Relaţia se va sfârşi atunci când îndrumătorul şi clientul vor conchide că cel din urmă a obţinut ceea ce şi-a dorit atunci când a apelat la coaching; excepţiile se produc atunci când are loc o întâmplare gravă şi neprevăzută.

PAŞI DE ACŢIUNE

Dacă vă doriţi să înţelegeţi, acţionaţi. Iată aici câteva modalităţi de explorare a ideilor prezentate în acest capitol. Le puteţi folosi ca sarcini atât pentru client, cât şi pentru dumneavoastră, în cazul în care doriţi acest lucru.

1. Gândiţi-vă la o schimbare din viaţa dumneavoastră. Vă amintiţi care a fost punctul de tranziţie? Ce anume ar fi putut uşura depăşirea acestei perioade? Care au fost deprinderile schimbate?

2. Gândiţi-vă la un obicei actual pe care doriţi să-l schimbaţi, cum ar fi, de pildă, cel de a vă roade unghiile.
   Care sunt beneficiile aduse de acest obicei?
   Când l-aţi dobândit?
   Ce părere aveţi despre el?
   Cum se integrează el în viaţa dumneavoastră?
   Ori de câte ori vă veţi da seama că vă roadeţi unghiile, opriţi-vă şi spuneţi în gând: „Eu am ales să fac acest lucru." Observaţi în ce fel se modifică această deprindere, ca urmare a faptului că o conştientizaţi.
3. Începeţi să vă dezvoltaţi intuiţia faţă de oameni. Fiţi interesat şi urmăriţi cu atenţie persoanele din restaurante sau alte locuri publice. Observaţi cum se mişcă şi cum sunt îmbrăcate. Încercaţi să ghiciţi ce salarii au şi care le este ocupaţia. De asemenea, estimaţi-le vârsta. Apoi, elaboraţi o mică poveste despre viaţa acestor oameni – unde s-au născut şi ce fel de viaţă au avut până acum.
   Experienţa este una distractivă şi vă va ascuţi puterea de observaţie şi intuiţia.
4. Inventaţi un exerciţiu de autoobservare al cărui scop să fie acela de a deveni mai conştient de propriile gânduri şi păreri referitoare la obiectivele fixate.
   Relaxaţi-vă la sfârşitul fiecărei zile.
   Aşezaţi-vă într-un fotoliu comod şi încercaţi să fiţi cât mai calm.
   Adresaţi-vă următoarele întrebări şi notaţi răspunsurile în jurnal:
   „Ce îmi ocupă gândurile în acest moment?"
   „De cine mă simt cel mai apropiat acum?"
   „De cine mă simt cel mai puţin apropiat?"
   „Pentru realizarea căror obiective am depus, astăzi, eforturi utile?"
   „Ce voi face diferit mâine?"

5. Completaţi tabelul „Ancorele cotidiene" (*vezi* pagina 334).
Ce vă spune el despre obiceiurile şi viaţa dumneavoastră cotidiană?
Cum puteţi spori numărul ancorelor care vă procură o stare plăcută?
Cum puteţi reduce numărul ancorelor care vă cauzează stări neplăcute?
6. Alegeţi o relaţie importantă din viaţa dumneavoastră şi aplicaţi roata perspectivelor (*vezi* pagina 335).
Ce părere aveţi despre relaţie, din prima poziţie? Notaţi gândurile apărute în urma adoptării acestei ipostaze.

Treceţi la cea de-a doua poziţie. Fiţi cealaltă persoană. Ce părere aveţi despre relaţie, din perspectiva acelei persoane? Notaţi lucrurile semnificative aflate în urma acestei abordări. Citiţi concluziile inserate în spaţiile dedicate celor două poziţii. Cum vi se pare această relaţie? Scrieţi-vă părerea în spaţiul consacrat celei de-a treia poziţii.
Care este sistemul din care dumneavoastră şi acea persoană faceţi parte? Cum se integrează relaţia în acel sistem? În ce fel este afectată relaţia de faptul că sunteţi părţi ale acelui sistem?
În fine, ce fel de acţiuni veţi întreprinde ca urmare a concluziilor derivate din acest proces?

Visul continuă

Subit, ne trezim în catedrală, care este mult mai spațioasă decât am fi crezut. Pereții săi sunt foarte solizi, fiind construiți din bucăți mari și întunecate de piatră. Îi atingem... Sunt reci și umezi...

Strigăm după ajutor, dar nimeni de afară nu ne poate auzi. Orice cuvânt rostit pare să trimită ecouri în fiecare colț al clădirii. Catedrala ne ascultă cu atenție și repetă ceea ce spunem, cu vocea sa glacială și puternică.

Auzim vântul șuierând prin firide.

Privim în sus și observăm vitraliile, care aruncă asupra locului puțină lumină; ea este totuși insuficientă pentru a ne putea mișca în siguranță. Sunt prea multe cotituri bruște, iar suprafața pe care mergem este neuniformă. Rămânem pe loc, în tăcere...

Femeia care ne-a ajutat mai devreme apare la ușa de la intrare. Lumina lămpii ei creează umbre lungi pe podea și pereți. Pășește înainte cu ușurință, după care aprinde câteva lumânări, ajutându-ne astfel să vedem unde suntem și să putem decide în ce direcție să mergem.

Vedem lucruri care, până acum, stătuseră ascunse în întuneric; unele dintre ele rămân totuşi în beznă şi ne bucurăm că se întâmplă astfel.

Femeia zâmbeşte.

Înaintăm şi începem să explorăm împrejurimile.

Într-unul dintre colţuri, descoperim câteva obiecte impresionante de artă, uitate acolo de mulţi ani; praful s-a aşternut dens şi tăcut pe ele...

Ne întoarcem şi constatăm că femeia încearcă să deschidă o uşă pe care noi nu o observasem până atunci. Reuşeşte, iar aceasta scârţâie puternic, înştiinţându-ne pe limba sa că nu a mai fost deschisă de ani de zile.

Lumina din spatele uşii ne orbeşte pentru o clipă. Ochii noştri se obişnuiseră cu obscuritatea încăperii în care ne aflam...

Ne recăpătăm vederea şi, în spaţiul din spatele uşii, observăm o scară de metal, în spirală.

Alergăm curioşi spre ea, dar ne oprim brusc. În faţa uşii se află un indicator pe care scrie: „STOP! PERICOL! OPRIŢI-VĂ AICI!"

Privim în spate, dar femeia a dispărut... De ce a plecat tocmai acum, când aveam cea mai mare nevoie de ea? *Trebuie* să ne spună ce avem de făcut!

Scările par să ducă spre vârful catedralei... Încercăm să distingem ce se află la capătul lor, dar nu reuşim să vedem nimic mai sus de primele trepte.

Ce poate fi atât de periculos la nişte simple scări?

Cine a pus acest indicator aici?

STOP!
Pericol

PARTEA A III-A

COACHING-UL ÎN PRACTICĂ

CAPITOLUL 9
Coaching-ul în acțiune

> În capitolele precedente v-am prezentat numeroase instrumente și principii de coaching. Acum, este momentul să trecem de la teorie la practică și să vedem cum funcționează ele, într-o ședință reală. Cum putem folosi eficient toate aceste idei?

Vă vom prezenta în continuare o ședință de coaching în cadrul căreia ne-am ocupat de un client care nu se putea decide asupra profesiei. Fusese terapeut timp de mai mulți ani, dar unul dintre obiectivele sale era acela de a se specializa în coaching pentru afaceri. Numele său era Robin.

Multe dintre transcrieri nu conțin decât cuvintele clientului și ale coach-ului. Noi credem însă că există la fel de multă informație în limbajul trupului clientului pe cât se află în cuvintele sale, motiv pentru care am descris orice amănunt care ni s-a părut important.

Robin începe ședința sprijinindu-se cu mâinile de scaun, cu picioarele încrucișate. Poziția adoptată poate fi interpretată ca semn de apropiere, dar, dat fiind că încă nu am calibrat semnificația ei pentru client, preferăm să nu tragem nicio concluzie.

Coach: „Ce obiectiv urmăriți în prezent?“

Robin: „Îmi doresc să-mi schimb direcția carierei. Am lucrat mulți ani ca terapeut. În general, mă ocup de persoane cu probleme – multe dintre ele fac parte din păturile sociale defavorizate, lipsite de privilegii –, dar de când mă știu am fost interesat de lumea afacerilor. Încă activez ca terapeut, dar simt că sunt împărțit în două."

Între timp, coach-ul reproduce limbajul corporal al clientului stând aplecat în față, cu picioarele încrucișate.

Robin: „Până la urmă, indiferent dacă ajut acele persoane ca terapeut (*aici gesticulează cu ambele mâini, spre stânga*) sau lucrez în sfera afacerilor (*gesticulează spre dreapta*), totul se reduce la bani. Pot câștiga mai mulți bani în lumea afacerilor, iar eu îmi doresc o situație financiară mai bună."

Până acum, îndrumătorul a adunat deja o mulțime de informații. Primul lucru ieșit la iveală a fost dualitatea prezentă în client. Pe de o parte (stânga), Robin dorește să-și continue activitatea ca terapeut, iar pe de altă parte (dreapta) ar vrea să activeze în lumea afacerilor și, astfel, să câștige mai mulți bani. Un alt lucru interesant este mișcarea ochilor. Atunci când vizualizează, persoanele dreptace (precum Robin) privesc în sus spre stânga, pentru experiențele reamintite, și sus spre dreapta, pentru experiențele construite mental. Imaginile reamintite vin de obicei din trecut, pe când cele construite mental pot veni din viitor. Prin urmare, din felul în care gândește Robin în privința situației sale, reiese că terapia aparține trecutului, iar lumea afacerilor, viitorului. Robin a mai afirmat că banii au un cuvânt important de spus în luarea deciziei. Banii în sine nu reprezintă o valoare, însă prin intermediul lor Robin își poate cumpăra multe lucruri pe care el le consideră valoroase.

Coach-ul trebuie să afle valorile din spatele ambelor părți. Abia apoi, Robin va putea lua o decizie sau se va gândi la un compromis.

În această etapă, îndrumătorul apelează la *backtracking.*

Coach: „Așadar, pe de o parte (*gesticulează spre dreapta lui Robin*), vă doriți să lucrați în mediul de afaceri, iar pe de altă parte (*gesticulează spre stânga lui Robin*), încă țineți la activitatea dumneavoastră ca terapeut, în care ajutați persoane cu probleme. Spuneți că banii sunt foarte importanți în luarea unei decizii."

Robin dă din cap în semn de aprobare.

Coach: „Așa arată, deci, situația privită din afară (*gesticulează iarăși spre dreapta și spre stânga, ancorând cele două situații în poziții opuse*). Cum interacționează aceste două situații cu celelalte aspecte ale vieții dumneavoastră?"

Robin nu răspunde imediat, se oprește câteva clipe pentru a se gândi.

Robin: „Partea stângă este familiară, confortabilă și se bizuie pe dorința mea de a ajuta oameni. Sunt foarte mulți cu probleme pe care nu le merită. Mă afectează enorm situațiile în care sunt implicați și copiii."

Coach: „A-i ajuta pe oameni?" (*Backtracking* – accentuarea valorii.)

Robin, dând aprobator din cap: „Da. În celălalt caz, este vorba de nevoia mea de afirmare și de libertate."

Coach: „În regulă! Așadar, am descris foarte pe scurt cele două părți din dumneavoastră... Partea referitoare la terapie are legătură cu ajutarea altor oameni, da?"

Robin face semn că așa este.

Coach: „Iar partea referitoare la afaceri este despre afirmare și libertate?"

Robin confirmă, iarăși, nonverbal.

În acest punct, coach-ul dispune de raport și are cele două aspecte ancorate ferm – afacerile în partea dreaptă și terapia în stânga. Primul nivel al valorilor pentru fiecare cele două părți este limpede: afirmarea / ajutarea altor oameni. Obiectivul este acela de a armoniza cele două părți, dar cum poate fi realizat acest lucru rămâne încă neclar.

Coach: „Ne putem imagina cum ar arăta ele dacă le-am putea vedea? Mai exact, ce ați simți și cum ați fi dumneavoastră în fiecare dintre cele două cazuri?

Robin privește în jos și, cu o voce scăzută, spune: „Am o imagine și un sentiment foarte clare în privința terapiei. Este o situație foarte confortabilă, uniformă și liniștită."

În acest moment, coach-ul începe în mod deliberat să gesticuleze altfel decât clientul, recurgând la mișcări mai circulare, astfel încât să dea senzația că acele două părți nu sunt bine definite.

Îndrumătorul adresează următoarea întrebare pe un ton mai domol, pentru a se armoniza cu vocea clientului.

Coach: „Avem deci o imagine (*după cum a afirmat Robin*) și un timbru vocal (*liniștit*). (*Gesticulează spre dreapta.*) Mai e ceva de spus?"

Robin: „Da. (*Râde.*) Port haine destul de ponosite!"

Coach: „Am înțeles. Ce putem spune despre cealaltă situație?"

Robin gesticulează și începe să zâmbească, devenind subit foarte vioi.

Robin: „Totul este minunat! Atmosfera este una strălucitoare și totul arată bine! Mă văd participând la întâlniri de afaceri, cu oameni foarte importanți. Port haine complet diferite: niște costume foarte arătoase."

În acest punct, coach-ul observă că partea dedicată terapiei este reprezentată în special prin două sisteme reprezentaționale: auditiv și chinestezic. Partea referitoare la afaceri este descrisă predominant prin intermediul sistemului vizual.

Coach-ul, animat, își accelerează tempoul vocii pentru a se armoniza cu Robin: „Imaginile construite sunt destul de clare, iar în acest moment cele două părți din dumneavoastră arată ca și cum ar fi complet distincte."

Coach-ul a conștientizat aspectul vizual al părții legate de lumea afacerilor, motiv pentru care a ținut să menționeze că cele două laturi *arată* ca și cum ar fi complet distincte.

Robin, vorbind într-un ritm alert: „Aș putea să renunț pur și simplu la vechea mea ocupație și să-mi încerc șansele în lumea afacerilor, doar că... (*Se oprește, după care începe să vorbească într-un tempo mai lent.*) Problema e că partea legată de terapie îmi spune altceva, și anume: «Ceea ce vrei să faci nu merită osteneala. Nu schimbă cu nimic în bine viețile oamenilor. E o activitate egoistă.»"

Cuvintele „doar că" semnalează neconcordanța dintre cele două aspecte: valorile sunt diferite, sistemele reprezentaționale sunt diferite, tonul vocii este diferit.

Robin: „Oamenii pe care îi ajut sunt acum afară, într-o lume ostilă!“ (*Gesturile sale sunt și mai mult direcționate spre stânga și spre dreapta.*)

Coach: „Așadar, am tranșat și mai mult cele două ipostaze, clarificându-le.“ (*Apelează la gesturi largi.*)

Robin: „Da, așa e.“

Coach: „Partea legată de terapie crede că cealaltă nu merită osteneala. Dar ea ce beneficii vă aduce?“

Coach-ul încearcă să depisteze valoarea din spatele obiectivului.

Robin, privind în jos, spre dreapta, răspunde cu o voce scăzută: „Totul! Este un lucru minunat, un privilegiu. Pot aduce ceva bun în viețile oamenilor.“

Coach: „Iar faptul că îmbunătățiți viețile oamenilor ce beneficiu vă aduce? Ce anume este atât de important în ajutarea altor oameni?“ (*Încă în căutarea valorii de bază.*)

Robin, privind în jos spre dreapta, răspunde: „Mă simt împlinit sufletește. Este un lucru foarte important. Cred că toate eforturile mele în acest sens au o utilitate, afectând în mod pozitiv viețile altor persoane. Acest lucru îmi aduce multe satisfacții. Mă simt privilegiat. E vorba despre acest sentiment – a simți nevoia ca alții să aibă nevoie de tine. Nu vreau să intru în mai multe detalii...“

Coach: „Poate fi un aspect important, dar nu e obligatoriu să-l aprofundăm. (*Refuzarea invitației de a oferi terapie.*) Evident, sentimentele joacă un rol important în acest context. Ați spus însă ceva și despre faptul că vă simțiți privilegiat... (*Îndrumătorul accentuează cuvântul, așa cum a făcut-o și Robin.*)

Este interesant cum Robin a început discuția declarând că se ocupă de persoane lipsite de privilegii, iar acum susține că aceștia *îl fac* să se simtă privilegiat.

Robin: „Da, privilegiat."

Coach-ul se folosește de *backtracking*: „Privilegiat, a-i ajuta pe oameni, a le îmbunătăți viețile..."

Robin: „Hm..." (*Confirmă cuvintele îndrumătorului, dar rămâne cu privirea în jos, pierdut în gânduri.*)

Coach: „Există valori și emoții puternice în spatele acestei profesii și trebuie să ținem cont de ele".

Robin: „Da."

Coach-ul a calibrat tonul vocii lui Robin, care este diferit față de cel de la început. Aceste valori par să fie unele de bază în obiectivul său – acela de a lucra cu oameni defavorizați.

Schimbându-și tonul vocii și începând să vorbească mai repede, coach-ul întreabă: „Cât despre partea de aici (*gesticulează*), legată de afaceri, ce este important în cazul ei?"

Coach-ul urmează să afle valoarea de bază din spatele părții dedicate lumii afacerilor.

Robin: „Cred că este vorba despre validarea exterioară și despre confirmarea faptului că ceea ce fac are totuși o utilitate."

Coach: „Dar ce anume este atât de important în confirmarea exterioară?"

Robin închide ochii, se încruntă, ca și cum ar încerca să deslușească o imagine care apare neclar pe ecranul său mental.

Robin: „Am participat la multe ședințe de training în domeniul afacerilor, iar această investiție trebuie să se dovedească utilă. Cei din jur mi-ar spune că a meritat tot efortul. (*Își strânge pumnul în fața corpului.*) Într-un fel, eu nu am acest sentiment și nu știu de ce. (*Continuă să gesticuleze spre înainte.*) Vreau să știu că investiția de timp și bani a meritat."

Coach: „Să spunem că această investiție de timp și bani se dovedește a fi utilă. Ce este important în legătură cu ea? De ce ar fi utilă?"

Coach-ul încă încearcă să afle valoarea de bază.

Robin: „Nu știu... Recunoașterea... Trebuie să fie recunoscută, confirmată de ceilalți". (*Își împreunează mâinile în poală.*)

Coach: „Acum, vreau să comparăm acest lucru cu cealaltă parte. Corectați-mă dacă greșesc. Din câte am observat, în celălalt caz există o anume recunoaștere proprie. Lui Robin, cel care activează ca terapeut, nu-i pasă de ce cred ceilalți oameni."

Robin: „Așa e. În cazul terapiei, a-mi recunoaște singur meritele e suficient. Nu am nevoie de confirmarea celorlalți." (*Robin privește în jos și trage aer adânc în piept.*)

Coach: „Totuși, am senzația (*folosirea sistemului reprezentațional la care apelează Robin pentru a gândi*) că există o oarecare recunoaștere în ambele părți. Ea provine însă din surse diferite (*gesticulează spre stânga și spre dreapta*)."

Robin, zâmbind: „Da, așa e."

Este un moment-cheie în ședința de coaching. Cele două părți, complet distincte până acum, au totuși ceva în comun: recunoașterea. Ea este valoarea de bază în ambele cazuri.

Coach: „Așadar, ambele părți își doresc recunoaștere, dar pentru lucruri diferite?"

Robin stă drept, într-o poziție echilibrată, dar un pic înclinată spre dreapta.

Robin: „Cred că da."

Coach: „Cum pot coexista pașnic aceste două părți, astfel încât fiecare să primească recunoașterea pe care și-o dorește?"

Întrebarea este una esențială. Ambele părți trebuie să respecte valoarea care le-a generat. Intrăm, astfel, în cea de-a doua parte a ședinței de coaching – cum pot fi apreciate ambele părți, în așa fel încât Robin să le poată folosi pe amândouă. Robin privește în depărtare, vizualizând.

Coach: „Cum îl poate ajuta *Robin terapeutul* pe *Robin omul de afaceri* pentru ca acesta din urmă să primească recunoașterea exterioară pe care și-o dorește?"

Aici, coach-ul îi cere părții dedicate terapiei să ajute partea legată de afaceri să obțină un lucru extrem de important pentru Robin terapeutul (recunoașterea). Cum ar putea refuza o asemenea invitație?

Robin, clipind rapid: „La nivel practic, acest lucru deja se întâmplă. Hm... dar înăuntrul meu lucrurile stau complet altfel. Înăuntru, sunt împărțit în două părți distincte. Îmi place partea referitoare la afaceri. Chiar îmi doresc să fiu văzut de ceilalți oameni acolo, în lumea afacerilor. Am nevoie de recunoaștere. Am nevoie de bani mai mulți.

Nu pot însă să acționez într-un anume fel aici (*indică spre stânga*) și apoi să mă comport ca un adevărat om de afaceri, dincolo (*indică spre dreapta*)."

Coach: „Cine este adevăratul Robin?"

Robin: „S-ar putea să nu fie niciunul dintre cei doi."

Coach: „Dar poate că e cel care primește recunoașterea celorlalți... Cum ați putea să beneficiați de acea recunoaștere interioară, legată de ajutorul dat altor oameni atunci când activați în sfera afacerilor?"

Întrebarea are scopul de a-l determina pe Robin să se gândească la recunoaștere în două moduri diferite: autorecunoașterea și recunoașterea publică.

Robin privește în dreapta, jos. Apoi, închide ochii și răspunde: „Doar dacă aș avea cum să măsor acest lucru."

Coach: „Există recunoașterea interioară – cea a cărei sursă sunteți chiar dumneavoastră. Apoi, există recunoașterea exterioară – recunoașterea venită din partea celorlalți."

Coach-ul subliniază valoarea recunoașterii.

Coach: „Pentru dumneavoastră este important să îi ajutați pe oameni și să le îmbunătățiți viețile."

Coach-ul îl confirmă pe acel Robin care dorește să activeze în continuare ca terapeut.

Robin: „Da, așa este."

Coach: „În partea legată de afaceri nu îi ajutați pe oameni? Cum altfel v-ar putea recunoaște meritele?"

Robin: „Și mie îmi sună ciudat... Afacerile nu prea au de-a face în mod direct cu oamenii. Totul se petrece de la distanță..." (*Pare căzut pe gânduri și confuz.*)

Coach: „Afacerile îi ajută pe oameni să câștige mai mulți bani. Îi ajută să trăiască mai bine. Hainele și toate obiectele produse de afaceri sunt destinate oamenilor. Sunt afaceri care donează bani în scopuri caritabile. E drept, oare, să spunem că afacerile n-au de-a face în mod direct cu oamenii?"

Îndrumătorul contestă credința lui Robin conform căreia afacerile nu au în vedere scopuri umanitare.

Robin: „Așa e... Cum de nu m-am gândit la aceste aspecte?"

Coach: „Prin urmare, cum credeți că ar fi posibilă o coexistență pașnică între cele două?"

Coach-ul folosește aici un limbaj destul de vag, evitând în mod deliberat să specifice ce anume sunt „cele două". Ele pot fi cele două tipuri de recunoaștere, cele două părți din Robin sau se pot referi la recunoaștere și la Robin cel dedicat afacerilor.

Coach: „În mediul de afaceri îi ajutați pe oameni conformându-vă acelui sistem. Același lucru îl faceți și în cealaltă parte. Așadar, primiți recunoaștere din partea ambelor..."

Robin, mângâindu-și bărbia, cu ochii închiși: „Hm..."

Coach: „Încercați să vă imaginați..."

Robin închide din nou ochii.

Coach: „Nu faceți bine, încă vă gândiți..."

Robin: „Încerc să vizualizez cum ating cele două părți un punct central comun."

Coach-ul, utilizând ideea punctului central: „Central în viziunea proprie, pentru că dumneavoastră sunteți cel care l-ați plasat acolo. Ce anume este central în privința părții legate de afaceri, în care i-ați ajuta pe oameni și v-ați bucura de recunoașterea lor?“

Robin încearcă să se gândească, acoperindu-și fața cu ambele mâini.

Robin: „Recunoașterea pe care o primesc aici (*gesticulează spre dreapta, partea alocată lumii afacerilor*) ar fi aceeași ca și aici (*gesticulează spre stânga, partea terapiei*). Este vorba de munca pe care o depun și de o parte și de alta.“ (*Gesticulează expansiv de la stânga spre dreapta.*)

Coach: „Așadar, distincția dintre mediul de afaceri și celălalt mediu este una pronunțată. Totuși, *munca* pe care o depuneți... are aceleași coordonate pentru dumneavoastră. Prin intermediul ei, veți beneficia atât de recunoaștere proprie, cât și de recunoașterea venită din partea celorlalți. Munca dumneavoastră este una de calitate și îmbunătățește viețile oamenilor... Ce părere aveți despre acest lucru – despre faptul că munca și recunoașterea ocupă un loc central în viziunea dumneavoastră? Ce senzație aveți?“

Coach-ul pune accentul pe valorile comune ambelor părți.

În sfârșit, gesturile lui Robin sunt unele echilibrate – stă drept, cu mâinile pe lângă corp.

Robin: „Totul îmi este mult mai clar acum... Senzația este una centrală.“ (*Gesticulează circular.*)

Coach: „Fiți mai detaliat.“ (*Apelează la aceleași gesturi.*)

Robin: „E ca un fel de vârtej. La marginile sale, e multă agitație și mult zgomot, dar în centru totul e liniștit..." (*Râde.*)

Coach: „Sunteți aceeași persoană în ambele domenii, unde munca dumneavoastră va aduce lucruri bune în viețile altor oameni. Uneori, veți primi recunoaștere mai mult din interior, în timp ce alteori meritele dumneavoastră vor fi recunoscute de către ceilalți. Autorecunoașterea are loc în plan interior, în timp ce recunoașterea publică are loc în plan exterior. Vă puteți vedea în această ipostază? Cum vi se pare?"

Robin, dând din cap aprobator și privind în depărtare: „În loc să încerc să împac cele două părți (*gesturi circulare în față*), mai bine mă împart între ele, axându-mă în ambele cazuri pe ajutarea oamenilor. Mă simt foarte bine, acum."

Coach: „Ce are de spus Robin terapeutul în această privință? Cum vă simțiți în legătură cu acest lucru?"

Coach-ul verifică dacă soluția este acceptată de partea legată de terapie folosind sistemul auditiv și pe cel chinestezic în contextul în care clientul le utilizase ori de câte ori vorbise despre terapie.

Robin râde: „Îmi voi cumpăra ceva haine noi! Acum, îmi voi putea permite!"

Coach: „Robin omul de afaceri cum vede această schimbare?"

Robin: „În bine! Sentimentele în această privință sunt la fel de pozitive ca și mai înainte... (*Râde și zâmbește.*) Senzația este una de libertate de mișcare."

Coach: „Altceva?"

Robin: „Partea legată de afacere a primit permisiunea de a activa în voie și se simte eliberată. Până acum, ea fusese mereu ținută în frâu."

La finalul ședinței, Robin a primit de la coach trei sarcini. Una dintre ele a fost aceea de a reevalua tarifele serviciilor pe care le oferă ca terapeut, întrucât le fixase la un nivel mult prea scăzut. Alta a fost aceea de a-și cumpăra haine noi, iar ultima îl îndemna să discute cu un prieten care ocupă funcția de senior manager într-o companie pentru a afla mai multe detalii despre felul în care operează o afacere.

Ședința s-a axat în principal pe luarea unei decizii. La început, găsirea unei soluții părea imposibilă, întrucât în Robin existau două părți care îmbrățișau valori diferite și care se aflau în conflict. Ceea ce a făcut coach-ul – prin ascultare, construirea raportului, armonizarea limbajului și descoperirea valorilor – a fost să găsească valoarea de bază comună celor două, astfel încât ambele să se simtă împlinite. Robin avea două obiective ce păreau ireconciliabile. În cazul ambelor părți, valorile de bază, adică autorecunoașterea și recunoașterea venită din partea celorlalți, au produs schimbarea. Până la urmă, tot ele au fost cele care au reconciliat cele două părți, făcând posibilă coexistența lor.

Ședințele de acest gen sunt mult mai complicate decât cele în care există un singur obiectiv și o singură valoare asociată. Cele mai dificile decizii sunt acelea care trebuie luate atunci când obiectivele par incompatibile, iar valorile intră în contradicție. Pentru găsirea soluției optime, este esențial să descoperiți valorile profunde.

CAPITOLUL 10
Autoîndrumarea

Până acum, cea mai mare parte a cărţii noastre a fost dedicată aptitudinilor şi cunoştinţelor necesare îndrumării clienţilor. Dar cum rămâne cu dumneavoastră? Cine este coach-ul atunci când simţiţi nevoia de îndrumare?

Într-o astfel de situaţie, o decizie foarte înţeleaptă este aceea de a apela la un alt coach. În acest fel, demonstraţi importanţa coaching-ului. Luaţi această disciplină în serios şi deveniţi, astfel, un model pentru clienţi. Puteţi fi, de asemenea, propriul dumneavoastră coach, acordându-vă aceeaşi grijă şi aceeaşi atenţie ca şi atunci când vă ocupaţi de un client. Este una dintre modalităţile prin care vă puteţi asigura că daţi tot ce e mai bun din dumneavoastră atunci când îi ajutaţi pe cei care vă solicită serviciile.

Un coach este în acelaşi timp un lider. Un lider are trei caracteristici principale:

- aptitudini
- cunoştinţe
- devine model pentru ceilalţi

Această carte vă oferă toate aptitudinile şi cunoştinţele necesare, ajutându-vă astfel să deveniţi un model pentru clienţii dumneavoastră. Veţi fi exemplul viu al eficienţei și utilității coaching-ului. Dacă vor exista diferențe între ceea ce spuneți și ceea ce faceți, clienții vor acorda mai multă atenție faptelor dumneavoastră.

Un coach se exprimă în trei dimensiuni:

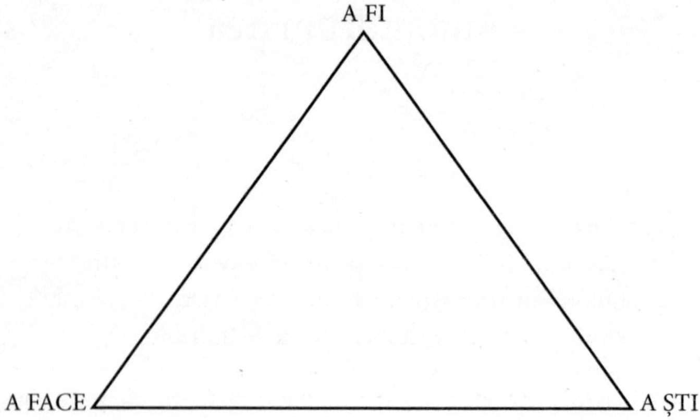

- Mai întâi, aveți aptitudinile; le puteți pune în funcțiune, pentru a face o schimbare. Vă dezvoltați în partea stângă, în funcție de ceea ce puteți *face*.
- Apoi, învățați lucruri noi și vă măriți bagajul de cunoștințe; creșteți în partea dreaptă, în funcție de ceea ce *știți*.
- În al treilea punct, care este și cel mai important, vă dezvoltați în funcție de felul în care deveniți un model pentru clienții dumneavoastră prin ceea ce puteți *fi*. Începeți să deveniți acea persoană care v-o doreați; sunteți din ce în ce mai mulțumit de dumneavoastră; aveți visuri, aveți obiective și valori, cu care știți să lucrați eficient. Coaching-ul pe care îl oferiți este parte a felului în care știți să vă trăiți valorile. Acest lucru îi adaugă vieții dumneavoastră un aspect estetic. Orice viață poate fi o

operă de artă. Unele dintre ele sunt picturi, altele piese muzicale, iar altele sculpturi. Atunci când este echilibrată viața dumneavoastră, dobândește o nuanță artistică. Ea devine o fuziune între instinct și conștiință; devine prețioasă...

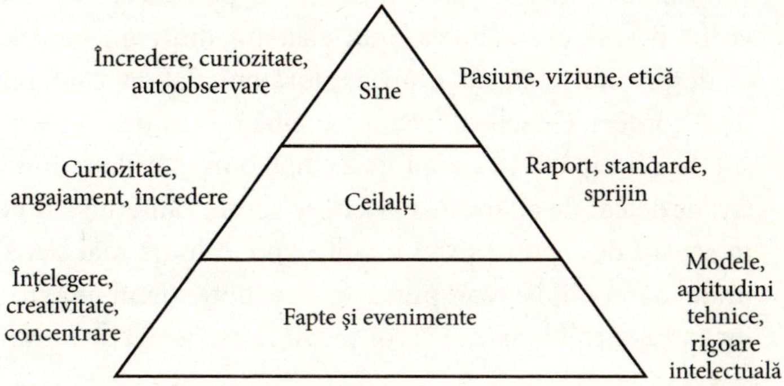

Bazându-se pe aceste distincții, un coach trebuie să se dezvolte în trei domenii diferite:

- În partea stângă a diagramei există caracteristicile introspecției – ce atitudine are îndrumătorul față de sine însuși.
- Primul domeniu, cel din vârf, este cel al identității. El se referă la autoconducere. Din ipostaza de îndrumător, trebuie să aveți încredere în dumneavoastră. Acest lucru presupune să știți că vă trăiți propriile standarde morale și că dispuneți de capacitatea de a vă respecta promisiunile.
- În partea dreaptă se află calitățile destinate relațiilor cu ceilalți. Un coach competent este curios, captivat de oameni și de felul în care aceștia acționează. Comportamentul uman este fascinant – chiar și

atunci când oamenii fac greșeli grave. Cum este posibil ca unii dintre ei să comită greșeli flagrante astăzi, iar mâine să se descurce ireproșabil în tot ceea ce fac? Cum ar fi dacă limitele maxime actuale ar deveni aptitudini medii, de zi cu zi?

Curiozitatea merge mână-n mână cu pasiunea. Nu este vorba despre curiozitatea unui vizitator dintr-un muzeu, ci despre curiozitatea unui explorator aflat în căutarea unei comori. Coach-ul trebuie să aibă o viziune – în sensul de a fi capabil să vadă tot ce e mai bun în ceilalți, indiferent de cât de adânc ar fi ascunse aceste calități; viziune în sensul de a putea privi înainte, spre o lume mai bună, unde oamenii își vor putea atinge potențialul maxim, jucându-și rolul pe care îl vor primi într-o astfel de lume.

Cel de-al doilea domeniu, marcat în mijlocul triunghiului, este cel al relațiilor. Un adevărat coach cultivă un raport cu sine. El trebuie să se simtă bine cu sine însuși și să-și cunoască obiectivele, valorile și limitele. În același timp, acționează conform normelor sale etice, știind că faptele întreprinse au impact nu numai asupra celor din jur, ci și asupra sa. Principiile morale îi sunt standarde interioare. Ele sunt reflectate și în standardele exterioare, în nivelul de atenție și capacitatea pe care le demonstrează în relațiile cu ceilalți. Coaching-ul devine o profesie recunoscută, iar standardele sale profesionale vor trebui să se ridice la nivelul așteptărilor.

Cel de-al treilea domeniu (aflat în partea de jos a triunghiului) este cel al faptelor și evenimentelor. Coach-ul își cunoaște clienții și îi înțelege. El este capabil să fie creativ în aria de acțiune a subiecților săi, construind diferite abordări pentru a crea ceva nou în funcție de circumstanțele date. Totodată, un coach își dovedește priceperea și eficiența în construirea unor modele ale propriilor tehnici, astfel încât ceilalți să le poată înțelege, în mod competent și rigoare intelectuală. Munca sa este respectată.

La toate acestea se adaugă faptul că un bun coach se cunoaște la perfecție pe sine însuși. El își va aprecia cu precizie obiectivele și valorile care le-au generat, își va proiecta planuri de acțiune și își va trăi valorile pe cât de intens va fi posibil. Îndrumătorul își are limitele sale, la fel ca oricare alt om. El nu va accepta un anume client dacă simte că nu este potrivit pentru a-i deveni coach sau că acel client are nevoie de o persoană specializată în alt domeniu. Dacă, de pildă, un coach decide după prima ședință că este mult mai important pentru client să se adreseze unui medic, îl va îndemna pe client să apeleze la un doctor și va amâna relația de coaching până când persoana respectivă își va rezolva problemele. Vor exista cazuri în care clientul va avea nevoie de un terapeut, context în care coach-ul va trebui să îi recomande unul, dacă, bineînțeles, cunoaște un specialist în acest domeniu. De fapt, este chiar de dorit ca un coach să cunoască specialiști în medicină, terapie, psihologie, consultanță, training și counselling, la care să-l poată trimită cu încredere pe client atunci când acest lucru apare ca fiind necesar.

Coach-ul respectă convingerile și valorile clienților. În același timp, el trebuie să și le cunoască foarte bine pe ale sale. Un coach va refuza persoanele care îl fac să se simtă inconfortabil. Vor exista situații în care clientul va vorbi despre o problemă emoțională, iar îndrumătorului îi va fi foarte greu să o abordeze, întrucât se confruntă la rândul său cu același tip de problemă. În astfel de cazuri, este bine să-i dezvăluiți clientului acest lucru și să-i explicați că aveți nevoie de timp pentru a trece dumneavoastră înșivă de această problemă înainte de a-l putea ajuta pe el.

Se spune că o femeie și-a luat fiul de mână și l-a dus la Gandhi, căruia i-a cerut să-l convingă pe băiat să nu mai mănânce zahăr. Tânărul era înnebunit după zahăr, iar acest lucru îi șubrezea sănătatea. Pentru băiat, Gandhi era un adevărat erou, iar mama sa știa acest lucru, motiv pentru care și-a pus toate speranțele în puterea de convingere a liderului spiritual.

„Adu-l înapoi într-o săptămână", i-a spus Gandhi femeii.

După o săptămână, femeia s-a întors împreună cu fiul său.

„Renunță la zahăr", i-a cerut Gandhi băiatului.

Băiatul a promis că va face acest lucru, după care a plecat. Mama sa l-a întrebat pe Gandhi: „De ce mi-ați cerut să revin cu el într-o săptămână?"

„Săptămâna trecută, încă mâncam zahăr", a răspuns liderul spiritual.

Autoobservarea și dezvoltarea aptitudinilor

Autoobservarea este parte integrantă a procesului de autoîndrumare. Mulți îndrumători au obiceiul de a se retrage pentru câteva minute undeva, unde pot fi singuri pentru a medita sau pentru a se relaxa și a analiza cum a decurs ziua curentă. Un adevărat coach este cel căruia ființa proprie îi stârnește curiozitatea, fiind dornic să vadă cât de mult poate progresa și care îi sunt limitele.

Iată, aici, câteva întrebări care vă pot releva multe despre dumneavoastră și despre munca pe care o depuneți:

- „De ce am ales să fiu coach?“
- „Ce învăț despre mine și despre ceilalți prin intermediul coaching-ului?“
- „Ce mă face să mă simt inconfortabil atunci când mă aflu într-o ședință de coaching?“
- „Ce îmi vine greu să înțeleg la oameni atunci când practic coaching-ul?“
- „Ce spune acest lucru despre mine?“
- „Care dintre credințele mele sunt contestate?“
- „Ce învăț din relațiile cu ceilalți oameni?“
- „Când ating maximul de eficiență în coaching?“
- „Sunt un model pentru clienți atunci când vine vorba despre calitățile pe care îi îndemn să le dezvolte?“

Trebuie reflectat intens asupra acestor întrebări, nu doar o singură dată, ci în mod constant, pentru dezvoltarea aptitudinilor dumneavoastră de îndrumător.

Capcane pentru îndrumători

Există mai multe capcane care vă pot afecta în mod negativ munca. Feriți-vă de cele care urmează:

- „*Trebuie să dau tot ce am mai bun, la fiecare ședință*“.

  Nu trebuie nimic. Acest tip de gândire aplică o presiune inutilă asupra dumneavoastră, deteriorând calitatea procesului de coaching. Veți da, fără îndoială, tot ce aveți mai bun, în fiecare ședință. Gândiți-vă că *puteți* face acest lucru, nu că *trebuie*. Totodată, nu uitați că nu dumneavoastră controlați calitatea procesului de coaching, ci clientul – singurul care poate măsura acest aspect.

- *„Clientul trebuie să mă placă."*
Nu, nu trebuie. Mulţi dintre clienţi vă vor considera agreabil, iar unii chiar v-ar putea deveni prieteni în alte circumstanţe, dar nu este deloc necesar ca ei să vă placă. Între coach şi client nu este necesară decât o relaţie profesională, bazată pe raport şi încredere.

- *„Sunt responsabil pentru ceea ce i se întâmplă clientului."*
Nu sunteţi responsabil. Nu trebuie să aveţi grijă de client. Nu sunteţi părintele său. În acelaşi fel, nici el nu trebuie să aibă grijă de dumneavoastră. Nu sunteţi copilul lui. Clienţii sunt responsabili pentru propria lor viaţă. Dacă încearcă să arunce responsabilitatea în cârca dumneavoastră, refuzaţi respectuos.

- *„Trebuie să împărtăşesc problema pentru a simţi ceea ce simte şi clientul."*
Nu, nu e nevoie de aşa ceva. Raportul şi cea de-a doua poziţie vă vor ajuta să-l înţelegeţi mai bine pe client. Există două tipuri ale acestei poziţii. Una este cognitivă. Atunci când dispuneţi de un raport bun şi de o a doua poziţie cognitivă, vă va fi uşor să înţelegeţi lumea clientului şi felul în care el gândeşte. Acest lucru este nepreţuit în coaching. Există şi o a doua poziţie emoţională. Adoptarea ei vă va permite să simţiţi ceea ce simte clientul. Ea este utilă atunci când doriţi să vă faceţi o idee asupra stării emoţionale a clientului; nu intraţi niciodată pe deplin în acea stare. Sunt sentimentele clientului, nu ale dumneavoastră. În acelaşi fel, nu trebuie să împărtăşiţi problema clientului, chiar dacă acest lucru ar avea o anume utilitate. Este problema clientului.

- *„Pentru a oferi coaching de afaceri eficient, trebuie să aflu cât mai multe detalii despre afacerea clientului."*
Nu este obligatoriu. Clientul își cunoaște îndeajuns de bine afacerea. Pentru a putea oferi un coaching de calitate, nu trebuie decât să fiți la curent cu viziunea și experiențele clientului în afacerea respectivă. Desigur, pentru client poate fi util să vă povestească despre activitatea pe care o prestează în acea afacere, iar acest lucru va trebui oricum să îl cunoașteți în mod detaliat, indiferent de cât de multe știți despre afacerea cu pricina. Poate că, în prealabil, veți dori să aflați câteva lucruri despre aceasta, vizitând site-ul companiei, citindu-i broșurile și cumpărându-i produsele. Și totuși, a nu ști nimic despre afacere se poate dovedi un avantaj, întrucât vă oferă șansa de a adresa întrebări foarte simple, fără a vă gândi că deja cunoașteți răspunsurile. Întrebările pe care le veți pune vor fi oarecum naive, dar ele vor pune la îndoială înseși bazele activității clientului și resorturile acesteia. De cele mai multe ori, informațiile pe care le aveți despre afacere sunt mai degrabă unele care vă orbesc, și mai puțin unele care vă luminează. Ele vă pot determina să credeți lucruri care nu sunt adevărate și vă reduc din curiozitatea față de experiențele clientului în cadrul afacerii.

- *„Nu trebuie să contrazic ideile clientului."*
Ba dimpotrivă, uneori e chiar necesar să le contraziceți, în special atunci când acesta evită un anume subiect. Sunt clienți care vorbesc fără să spună lucruri relevante, învârtindu-se continuu în jurul unei probleme, iar rolul dumneavoastră e acela

de a-i determina să treacă la subiect. Așadar, va fi necesar să-i întrerupeți și să spuneți ceva de genul: „Scuzați-mă, dar cred că avem aici o problemă importantă, care ar trebui scoasă la suprafață. Pot să vă spun ce cred că se ascunde în spatele afirmațiilor dumneavoastră?" Dacă raportul a fost construit, clientul va fi de acord. E bine să-l avertizați asupra acestui aspect, încă de la prima ședință, atunci când îi veți aborda așteptările. Întrebați-l dacă este de acord să fie întrerupt atunci când considerați că discursul său nu duce nicăieri. Odată ce veți obține această permisiune, veți putea interveni ori de câte ori veți dori. Coach-ul este un aliat al celei mai bune părți din client, iar interesele acesteia sunt cel mai bine servite prin onestitate și prin spunerea adevărului în mod direct. Acest lucru nu înseamnă că îndrumătorul va trebui să-l confrunte pe client în fiecare ședință. Sunt cazuri în care coach-ul poate constata că persoana respectivă evită un anumit subiect, dar nu intervine, întrucât consideră că nu este momentul potrivit.

- *„Trebuie să am un control deplin asupra procesului de coaching."*
  Nu puteți controla procesul de coaching, așa că nici măcar nu încercați. Dacă ar fi să aibă cineva control asupra sa, acela este clientul. Totuși, nu e indicat să gândim în acești termeni atunci când ne referim la procesul de coaching. Controlul se referă mai degrabă la lucruri mecanice, pe când coaching-ul are de-a face cu ființe umane care încearcă să se înțeleagă una pe alta și care au cele mai bune intenții. Prin urmare, controlul nu are ce căuta într-o astfel de relație.

În final, vă prezentăm alte capcane pe care îndrumătorii trebuie să le evite:

- *Dezavantajarea clientului.* Unii îndrumători ar putea fi tentați să încerce să-l controleze pe client dezavantajându-l. Indiferent care ar fi faptele sau realizările acelei persoane, coach-ul le surclasează expunându-i realizările sale. Dar coach-ul și clientul nu se află într-o competiție. Clientul este direct responsabil pentru rezultatele obținute. Un coach se poate diferenția de un altul și prin cantitatea de amănunte pe care le dezvăluie din propria viață. Unii optează pentru o detașare completă, în timp ce alții sunt pregătiți să ofere numeroase detalii din viața personală. Cei mai mulți dintre îndrumători aleg însă calea de mijloc, iar dacă se întâmplă să-i dezvăluie clientului amănunte din propria experiență, o fac pornind de la un motiv bine întemeiat – acela de a-l ajuta.
- *Judecarea clientului.* Coach-ul trebuie să-l respecte pe client, nu să-l judece. Atunci când începe să judece, coach-ul încetează să mai înțeleagă persoana care a apelat la serviciile sale. Totuși, îndrumătorii au propriile limite și au tot dreptul să renunțe la un client atunci când își pierd respectul pentru acesta.
- *Psihanaliza.* Nu trebuie să înțelegeți trecutul pentru a proiecta viitorul. De asemenea, nu trebuie nici să explicați comportamentul clientului punându-l pe seama unor forțe inconștiente. Nu așa îl veți ajuta să-și schimbe viața. Sunt clienți care conștientizează perfect situația dificilă în care se află, dar cu toate acestea rămân împotmoliți în ea.

Coaching-ul înseamnă a-l determina pe client să acționeze și să meargă mai departe, indiferent dacă acesta cunoaște sau nu cauzele propriului impas.

- *Comanda.* Îndrumătorii pot face anumite sugestii, uneori chiar pe un ton apăsat, dar niciodată nu trebuie să-i spună clientului ce trebuie să facă. Mulți dintre clienți vor cere sfaturi, dar acest lucru nu intră în atribuțiile coach-ului. Treaba sa este aceea de a-l conecta pe client la obiectivele și valorile sale, astfel încât acesta să-și aleagă singur direcția în care dorește să meargă.

Drumul spre perfecțiune

Învățarea poate fi împărțită în patru etape principale:

- *Incompetența inconștientă.* Nu știți și nici nu știți că nu știți. Cu ceva timp în urmă nu știați nimic despre coaching. Apoi ați aflat despre existența sa, v-ați interesat și ați trecut la etapa următoare.
- *Incompetența conștientă.* Ați început să exersați și să învățați; știți că sunteți abia în procesul de învățare și că aveți multe hibe.
- *Competența conștientă.* Ați devenit priceput la activitatea pe care o prestați. Știți ce faceți, iar aptitudinile vi s-au perfecționat.
- *Competența inconștientă.* Aptitudinile au devenit automate, reflexe. Acesta este scopul învățării. Dacă ați atins acest stagiu în coaching, atunci meritați să fiți felicitat!

Există totuși situații în care anumite aptitudini de coaching sunt, simultan, la niveluri diferite. Un coach se poate afla, de pildă, în stadiul de competență inconștientă la capitolul întrebărilor și la cel de competență conștientă în privința raportului.

- *Apoi, există perfecțiunea.* Perfecțiunea trece dincolo de competența inconștientă, beneficiind de o extra-dimensiune estetică – este eficientă și, în același timp, încântătoare. Ne dăm imediat seama când avem în față un maestru. Uneori, se întâmplă să nu-i apreciem suficient aptitudinile, întrucât face totul să pară foarte ușor. Atunci când atingeți perfecțiunea, nu mai sunteți nevoit să încercați; totul vine de la sine, ca într-un flux constant. Intrați în starea de fluiditate. Este ca și cum lucrurile se întâmplă de la sine. Pentru a ajunge aici, e nevoie de mult timp și de multe eforturi, dar rezultatele sunt magice.

Ne dorim ca această carte să aibă un impact semnificativ în demersul dumneavoastră de a atinge perfecțiunea în coaching.

SUMAR

Coach-ul este un lider. El se dezvoltă în trei dimensiuni:

1. Ce poate face
2. Ce știe
3. Cine este

În același timp, coach-ul își dezvoltă aptitudinile în:

- Cunoașterea de sine
- Relații
- Fapte și evenimente

Îndrumătorii trebuie să evite capcanele conform cărora:

Trebuie să dea totul în fiecare şedinţă.
Clientul trebuie să-i placă.
Sunt responsabili pentru ceea ce i se întâmplă clientului.
Trebuie să împărtăşească problema, pentru a simţi ceea ce simte şi clientul.
Trebuie să afle cât mai multe detalii despre afacerea clientului pentru a putea oferi coaching de afaceri.
Nu trebuie să contrazică ideile clientului.
Trebuie să aibă control deplin asupra procesului de coaching.

Îndrumătorii nu trebuie:

- să încerce să dezavantajeze clientul
- să judece clientul
- să apeleze la psihanaliză
- să-i comanda clientului

Perfecţiunea vă este accesibilă. Aşadar, fiţi un maestru!

PAŞI DE ACŢIUNE

1. Retrageţi-vă, timp de 10 minute, într-un loc în care puteţi fi singur. Relaxaţi-vă. Meditaţi. Puteţi folosi o tehnică de meditaţie tradiţională (precum meditaţia transcendentală) sau vă puteţi relaxa pur şi simplu concentrându-vă asupra ritmului respiraţiei. Ori de câte ori vă veţi pierde concentrarea, conştientizaţi acest fapt şi încercaţi să vă axaţi din nou atenţia asupra respiraţiei. Această practică vă învaţă arta concentrării, fiind în acelaşi timp foarte relaxantă.
2. Alocaţi cinci minute la finalul fiecărei zile pentru a analiza un obicei personal.

   Care pare să fie sursa acestui obicei?
   Ce se realizează prin intermediul său?
   Ce declanşează el?
   Ce părere aveţi despre el?

3. Efectuați o evaluare a propriei persoane în ipostaza de coach (*vezi* Resurse, pagina 336). Veți beneficia de o imagine comprehensivă a tuturor resurselor de care dispuneți. Puteți folosi această practică și ca sarcină pentru clienții dumneavoastră.
4. Ce sunteți atunci când oferiți coaching? Ce metaforă ați folosi pentru a vă descrie?
   Un explorator?
   Un deschizător de drumuri?
   Un dansator?
   Un muzician?
   Un sculptor?
   Argumentați-vă alegerea!
5. Revedeți întrebările privind fericirea (*vezi* pagina 34).
   De ce aveți nevoie pentru a fi fericit?
   Ce beneficiu vă aduc acele lucruri?
   Ce este important în legătură cu ele?
   Ce trebuie să faceți pentru a le obține?
   Ce vă oprește să le obțineți?

Comparați răspunsurile cu acelea pe care le-ați dat prima oară. Ce anume s-a schimbat?

Visul se sfârșește

Ne întoarcem în centrul catedralei și privim dezamăgiți în jur. Întunericul începe să pună stăpânire pe acel loc... Odată cu asfințitul soarelui, lumina care pătrunde printre uși devine din ce în ce mai slabă.

Ieșim din clădire, fără a mai privi înapoi.

Afară, totul se prezintă la fel. Oamenii fac aceleași lucruri pe care le făceau și înainte.

Deodată, de undeva din apropiere, încep să se audă zgomote puternice. Poc! Poc!

Un bătrân bate cuie în niște planșe de lemn cu un ciocan mare. Pare destul de plăpând. Ne apropiem de el și observăm că pielea feței îi este precum stânca lovită de mare – foarte fermă, dar marcată de timp, vânt și valurile sărate. Ochii săi albaștri se ascund în spatele unor pleoape obosite. Poartă un pulover foarte vechi, croșetat de o fostă iubită, în vremurile tinereții. Acum, acesta atârnă pe corpul său firav și slăbit.

„Ce faceți aici, domnule?"

Nu ne răspunde. Continuă să bată următorul cui, într-una dintre planșe. Pe ea stă scris cuvântul „Pericol!"

Ne apropiem și mai mult, șoptindu-i în ureche: „Ce faceți aici, domnule?"

Își ridică privirea și se uită fix la noi. În ochii săi se citesc îngrijorarea și neliniștea.

„Ce?"

„Ce faceți aici?"

„Fiica mea este însărcinată. Îmi este teamă că micuțul s-ar putea răni, așa că, înainte de a părăsi această lume, m-am gândit să-l avertizez... Îl voi învăța cuvântul *pericol*, astfel încât să-l aibă mereu în minte și să stea departe de necazuri!"

Zâmbește, privind spre orizont.

„Ați pus astfel de semne și în catedrală?"

„Desigur, draga mea! Mai ales în fața acelor trepte. Copiii aleargă și se joacă pe acolo. Nu vreau să i se întâmple nimic rău nepotului meu... Este un loc foarte periculos!"

„Mulțumim mult, domnule!"

Zâmbește din nou.

Ne înapoiem în catedrală, sărim peste semne și începem să urcăm cu mult avânt pe scări. Deci despre asta era vorba... Copiii care se joacă pe scări... Ne-am amuzat copios pe seama ezitărilor noastre de mai devreme – ne-a fost foarte teamă fără să știm de ce.

Ajunși în vârful scărilor, dăm la o parte o cortină grea, în spatele căreia ne întâmpină o ușă uriașă. O deschidem și rămânem fascinați de peisaj... Soarele aruncă în văzduh buchete de raze aurii, argintii, purpurii și alte nuanțe care pur și simplu nu au nume.

Privim în jos și o vedem pe femeie vorbind cu bătrânul. Acesta îi face un semn, după care amândoi se așază și încep să vorbească.

După câteva minute, bătrânul adoarme în brațele femeii, care îi pune o pernă sub cap, iar apoi se ridică. Se uită în sus și ne observă. Îi facem cu mâna...

Femeia stinge lampa, după care se îndepărtează, cu un zâmbet larg pe chip.

Nu o vom uita niciodată.

PARTEA A IV-A

RESURSE

Resurse generale de coaching

Deontologia și standardele profesionale

Vă vom prezenta în continuare deontologia coaching-ului și standardele sale profesionale, elaborate și stabilite de Comunitatea Internațională de Coaching (International Coaching Community – ICC).

Ele furnizează principiile de bază la care aderă ICC. Principiile sunt reguli de conduită care ghidează comportamentul prin prisma valorilor.

Principiile nu specifică în mod detaliat ceea ce trebuie să facă un coach, ci oferă precepte călăuzitoare în sfera cărora îndrumătorul se poate mișca liber.

Întrucât suntem interdependenți, fiecare acțiune are întotdeauna două consecințe: una pentru alții și cealaltă pentru noi. Acțiunile pe care le întreprindem ne schimbă atât pe noi, cât și pe cei din jur.

Deontologia (etica profesională) se referă la principiile la care aderați din proprie inițiativă. Prin urmare, ea nu poate fi impusă din exterior. Recompensa sau sancțiunile eticii profesionale adoptate constau tocmai în acțiunile întreprinse.

Standardele profesionale înglobează principiile ce stau la baza acțiunilor direcționate spre ceilalți. Ele sunt rezultatele vizibile ale acțiunilor dumneavoastră, așa cum apar în contextul în care îi afectează pe cei din jur. Unele principii etice au, la rândul lor, implicații în zona standardelor, întrucât, în cazul în care acționați contrar deontologiei, veți afecta în mod negativ alte persoane sau le veți submina interesele – ceea ce va fi vizibil.

Deontologia și standardele au drept fundament presupozițiile coaching-ului. Îndrumătorii acționează ca și cum acestea sunt adevăruri absolute:

- *Nu există eșec, ci doar feedback.*
  Eșecul ține doar de o concepție privind rezultatele pe termen scurt. Clientul nu eșuează niciodată.
- *Dacă vreți să înțelegeți, acționați.*
  Acțiunea este răspunsul. Învățarea se află în acțiune.
- *Deținem, deja, toate resursele de care avem nevoie sau ni le putem crea oricând.*
  Nu există clienți lipsiți de resurse, ci doar stări de spirit infertile. Înțelepciunea cea mai profundă a clientului așteaptă să fie descoperită.
- *În spatele oricărui comportament există o intenție.*
  Acțiunile nu sunt întreprinse în mod haotic; întotdeauna, clienții încearcă să obțină ceva, chiar dacă uneori nu le este clar ce anume.
- *A avea o opțiune e mai bine decât a nu avea niciuna.*
  Clientul nu va sta pe gânduri atunci când va putea face o alegere conformă valorilor și credințelor sale.
- *Faceți tot ce puteți mai bine în acest moment.*
  Probabil că, pe viitor, veți avea rezultate și mai bune.

- *Sunteți creatorul propriei realități.*
  Clienții operează ca și cum hărțile lor mentale reprezintă realitatea. Aceste hărți le pot limita potențialul mai mult decât ar face-o orice constrângere reală din lumea exterioară.
- *Coaching-ul este un parteneriat sinergic, pe picior de egalitate.*
  Dacă vă gândiți că unu și cu unu fac doar doi, o faceți doar pentru că ați uitat puterea lui „și" – puterea conexiunii.
- *Clientul deține toate răspunsurile.*
  Coach-ul este responsabil doar cu întrebările.

Principiile etice

1. Încrederea

Încrederea este nucleul fiecărei relații de coaching. Pentru ca procesul de coaching să dea cele mai bune rezultate, clientul trebuie să aibă încredere în coach. Încrederea se clădește în timp; pentru a deveni de încredere, coach-ul trebuie să fie cât mai sincer.

De asemenea, dacă dorește să câștige încrederea clientului, coach-ul trebuie să demonstreze competență și integritate.

Competența
Coach-ul își folosește capacitățile la maximum, cu fiecare dintre clienții săi.
Coach-ul își demonstrează competențele de bază (*vezi* pagina 296).
Coach-ul se interesează constant de evoluția metodologiei coaching-ului.

Coach-ul este conştient de nivelul la care se află aptitudinile sale şi depune eforturi constante pentru îmbunătăţirea acestora.

Coach-ul este conştient de propriile probleme şi se asigură că acestea nu afectează în mod negativ relaţiile profesionale dintre el şi clienţi. Dacă situaţia o cere, clienţii vor obţine ajutor profesionist în primele etape ale procesului ori de la un alt coach, ori de la un colaborator al coach-ului. În cazul în care aceste probleme provoacă dificultăţi în relaţiile cu clienţii, coach-ul va lua în considerare limitarea sau chiar încheierea activităţilor de coaching.

Integritatea

Coach-ul este consecvent, onorează acordurile şi îşi respectă promisiunile.

Coach-ul menţine sub confidenţialitate informaţiile primite de la client, cu excepţia cazurilor în care este autorizat de acesta să le divulge, ori în care legea îi solicită acest lucru.

2. Respectarea clientului

Coach-ul îşi va trata clienţii cu demnitate şi respect.

Coach-ul nu va profita niciodată de client în vederea obţinerii unor avantaje de natură personală, sexuală sau financiară.

Coach-ul le va cere clienţilor permisiunea să folosească, drept referinţe, numele acestora sau informaţiile oferite atunci când va avea nevoie de ele.

Coach-ul nu va încerca să-şi impună propriile convingeri, valori sau viziuni în faţa clientului.

3. Onestitatea

Coach-ul va fi conştient de nivelul aptitudinilor şi al calificărilor sale, promovându-le şi prezentându-le aşa cum sunt, într-o manieră sinceră.

Coach-ul nu-i va accepta decât pe acei clienţi ale căror necesităţi se potrivesc aptitudinilor sale.

4. Respectul profesional

Coach-ul nu va întreprinde nicio acţiune care să dăuneze imaginii sau acceptării generale a coaching-ului ca profesie.

Coach-ul nu va promite rezultate pe care coaching-ul nu le garantează şi nici nu le are în vedere.

Standardele ICC

Aceste principii călăuzitoare se adresează tuturor membrilor ICC. Ele prescriu standarde minime de practică, ce trebuie urmate de către îndrumători atunci când furnizează servicii profesionale ca membri ai ICC.

1. Competenţa

- Îndrumătorii îşi vor utiliza aptitudinile la un potenţial maxim şi vor folosi competenţele lor de bază în cazul fiecărui client.
- Se vor strădui să fie la curent cu ultimele noutăţi din domeniu, cu tehnologiile de ultimă oră, cu cerinţele juridice şi cu standardele profesionale.
- Vor căuta să-şi îmbunătăţească şi să-şi extindă aptitudinile atât prin citirea unor cărţi de specialitate, cât şi prin training şi întâlniri regulate cu colegii de breaslă.

- Îndrumătorii vor fi întotdeauna conştienţi de aptitudinile, punctele forte şi limitele lor. Ei nu vor accepta un client decât atunci când vor fi convinşi că îl pot ajuta cu adevărat.
- Nu vor face promisiuni pe care nu le pot respecta. De asemenea, nu vor susţine că se bucură de anumite aptitudini, recomandări sau calificări de care nu dispun şi nici nu vor permite cu bună ştiinţă altor persoane să facă acest lucru, în scris sau în declaraţii verbale.

2. Respectarea clientului

- Îndrumătorii vor respecta drepturile celorlalţi de a avea păreri şi credinţe diferite de ale lor. Totodată, ei nu vor încerca să-şi prezinte credinţele, valorile sau opiniile ca fiind cele corecte.
- La începutul programului, coach-ul se va asigura, pe cât este posibil, că persoana care a apelat la el înţelege detaliile colaborării lor.
- Coach-ul nu va face discriminări nefondate în acceptarea clienţilor.
- Nu va profita niciodată de client în vederea obţinerii unor avantaje de natură personală, sexuală sau financiară.
- Coach-ul le va cere clienţilor permisiunea să folosească, drept referinţe, numele acestora sau informaţiile oferite atunci când va avea nevoie de ele.
- Coach-ul va onora toate înţelegerile şi va respecta promisiunile făcute clientului.

3. Profesia de coach

- Îndrumătorii vor respecta drepturile celorlalţi privind copyrightul, proprietatea intelectuală, mărcile înregistrate și patentele. Vor recunoaște contribuția altor persoane atunci când va fi cazul.

- De asemenea, nu se vor implica de bunăvoie în activități care ar putea deteriora imaginea generală a coaching-ului. În cazul în care vor sesiza că profesia pe care o practică este neînțeleasă sau interpretată greșit, vor adopta măsuri rezonabile pentru a remedia situația.

4. Confidențialitatea și conflictul de interese

- Coach-ul va păstra confidențialitatea informațiilor primite de la client, cu excepția cazurilor în care este autorizat de acesta să le divulge, în care legea îi solicită acest lucru sau atunci când există motive riguroase pentru a face acest lucru, de pildă, vătămarea iminentă a unei persoane. Informațiile pot fi primite pe cale verbală, în timpul ședințelor de coaching, sau prin intermediul unor sisteme tehnologice, precum telefonul sau computerul.
- Coach-ul nu își va asuma obligații profesionale atunci când anumite relații preexistente pot crea conflicte de interese. În cazul în care, între timp, se ivește o astfel de situație, coach-ul va încerca să o soluționeze în conformitate cu etica și standardele profesionale.
- Îndrumătorii se pot folosi de informațiile oferite de către client în training și materiale scrise cu condiția ca acea persoană să nu fie sub nicio formă identificată.
- Coach-ul îi va dezvălui clientului toate beneficiile financiare primite de la o terță parte ca rezultat al sfaturilor oferite și al referințelor privind clientul în cauză.

- Atunci când este cazul, îndrumătorii pot coopera cu alți colegi de breaslă pentru a ajuta un client, dar întotdeauna numai cu permisiunea acestuia.
- Atunci când serviciile unui coach sunt solicitate de o terță parte în vederea asistării unei persoane sau a unei organizații, el va evalua cu multă atenție relația dintre cele două părți și va determina dacă există vreo problemă de confidențialitate sau vreun conflict de interese între cele două roluri pe care ar urma să le preia.
- În cazurile în care angajatorul unui coach este același cu al clientului (ca atunci când o companie solicită serviciile unui coach și îl plătește pentru îndrumarea uneia sau mai multor persoane din cadrul acelei afaceri), coach-ul va clarifica de la bun început, împreună cu clientul și angajatorul, feedbackul pe care urmează să-l ofere celui din urmă. De asemenea, cele trei părți vor ajunge la un acord privind forma în care acesta va fi furnizat și rezultatele așteptate de angajator, astfel încât confidențialitatea și încrederea clientului în coach să nu fie deteriorate. În cazul în care coach-ul, clientul și angajatorul nu se înțeleg în aceste privințe, se va renunța la semnarea contractului.

5. *Feedbackul și progresul*

- Îndrumătorii vor adopta măsuri adecvate pentru a măsura progresul clientului. În cazul în care clientul nu înregistrează niciun progres, cei doi vor discuta deschis pe marginea acestui subiect, ca parte a relației de coaching.

- Îndrumătorii vor redacta și păstra note scrise privind colaborarea lor cu clienții pentru a întruni cerințele legale și profesionale.
- Îndrumătorii îl vor îndruma pe client către profesioniști din domenii apropiate – counselling, terapie sau medicină – atunci când vor ajunge la concluzia că persoana respectivă are nevoie de un tratament corespunzător.
- Îndrumătorii vor încerca întotdeauna să evite provocarea de daune sau punerea în pericol a propriei persoane, a clienților sau a altor persoane care au de-a face cu activitatea lor.
- Atunci când apare o problemă care cauzează întreruperea procesului de coaching, coach-ul va face tot posibilul pentru a-l reprograma pe client. Dacă întreruperea se anunță a fi una de lungă durată, se recomandă îndrumarea clientului către un coach interimar.
- Relația de coaching va lua sfârșit în urma unui acord între coach și client, de obicei la termenul menționat într-un contract, plătit la începutul colaborării. În cazul în care procesul este încheiat de coach înainte de momentul fixat în contract, acesta va fi obligat să returneze banii plătiți în avans pentru serviciile care nu au fost oferite. Atunci când clientul este cel care pune capăt relației de coaching înainte de termenul stabilit în contract, el va plăti ședințele care ar fi urmat să se desfășoare, în funcție de precizările existente în contract.

6. Tarifele

- Coach-ul îl va informa, de la început, pe client în privința logisticii, a tarifelor și a programului relației de coaching.
- Un coach este liber să-și stabilească orice tarife dorește. El va menționa care sunt sumele ce trebuie plătite pentru serviciile sale la începutul relației de coaching.
- În cazul în care există o problemă cu plata acestor sume, coach-ul va adopta pași rezonabili pentru a discuta pe marginea acestui lucru cu clientul, urmând a conveni asupra unui plan de plată. Atunci când clientul nu achită sumele convenite, coach-ul va putea apela la toate măsurile legale disponibile în vederea colectării lor.

Competențele de bază ale coaching-ului

Vă vom prezenta, în continuare, competențele-cheie pe care îndrumătorii trebuie să le demonstreze pentru a fi recunoscuți de către Lambent do Brasil International Coaching Certification și pentru a putea adera la Comunitatea Internațională de Coaching. Acestea sunt aptitudini pe care ei trebuie să le demonstreze în mod consecvent în activitatea de coaching pe care o desfășoară.

Competențe generale

1. Coach-ul înțelege și urmează directivele etice și standardele Comunității Internaționale de Coaching.
2. Face o distincție clară între conținutul și evoluția problemei clientului, adică între *ceea ce este* problema și *felul* în care acesta și-o reprezintă.

3. Încearcă, întotdeauna, să-i ofere clientului opţiuni în plus faţă de cele de care acesta dispune la momentul respectiv.

Cunoştinţe

1. Backgroundul coaching-ului.
2. Caracteristicile care disting coaching-ul de counselling, terapie, training şi consultanţă.
3. Buna cunoaştere a termenilor specifici de coaching.
4. Criteriile de testare a obiectivelor intermediare şi finale.

Aptitudini

Relaţia

1. Creează o relaţie, bazată pe respect şi încredere, cu clientul.
2. Îl ajută pe client să înţeleagă că este responsabil pentru rezultatele procesului de coaching şi pentru sarcinile pe care le stabilesc împreună.
3. Creează un parteneriat sinergic, pe picior de egalitate cu clientul.

Ascultarea

1. Este mereu prezent şi atent în timpul procesului de coaching, ascultându-l pe client şi îndemnându-l să se exprime. Se axează pe agenda clientului, nu pe cea proprie.
2. Acordă atenţie detaliilor şi se încrede în intuiţia sa.

Stăpânirea de sine

1. Îşi menţine propriile perspective şi nu se lasă influenţat de emoţiile clientului.

2. Evaluează și distinge mesaje diferite venite din partea clientului.
3. Este atent la semnalele nonverbale ale clientului, pe care le calibrează cu pricepere.

Întrebările

1. Îl ajută pe client să definească în mod detaliat situația în care se află.
2. Adresează întrebări temeinice, care duc către introspecție, descoperire și acțiune.
3. Furnizează feedback clar și articulat.
4. Utilizează perspective diferite pentru a remodela și clarifica experiența clientului.
5. Îi facilitează clientului dezvoltarea conștiinței de sine.
6. Îl determină pe client să conștientizeze neconcordanța dintre gândurile, emoțiile și acțiunile sale.

Feedback

1. Îi arată clientului zonele sale forte, ajutându-l să-și exploateze la maximum resursele.
2. Îi arată clientului contextele în care obiceiurile îl țin pe loc și sprijină orice schimbare pe care acesta dorește să o efectueze.
3. Sărbătorește succesele clientului.

Obiective, valori și credințe

1. Colaborează cu clientul în demersul de a-l ajuta să-și depășească credințele limitative.
2. Explorează valorile clientului și îi facilitează acestuia conștientizarea lor.
3. Nu își impune niciodată propriile valori.

4. Îl ajută pe client să-și clarifice obiectivele, pentru a se asigura că acesta se află într-un raport de concordanță cu propriile valori.
5. Solicită în mod direct acțiuni care îl vor apropia pe client de țelurile pe care și le-a fixat.

Elaborarea planurilor de acțiune și a sarcinilor

1. Îi creează clientului oportunități pentru o învățare cât mai aprofundată.
2. Îl stimulează pe client prin sarcini adecvate, care îl apropie din ce în ce mai mult de obiectivele propuse.
3. Îl ajută pe client să-și dezvolte un plan corespunzător și măsurabil, împărțit în mai multe etape, cu termene-limită.
4. Îi prezintă clientului provocări care îl vor ajuta să-și depășească limitele autoimpuse.
5. Îl responsabilizează pe client în privința sarcinilor și acțiunilor asupra cărora au convenit în mod mutual.

Resurse pentru capitolul 2

Definirea coaching-ului

Coaching-ul împărtășește principii și abordări asemănătoare cu trainingul, învățământul, consultanța, counselling-ul, terapia și mentoring-ul. Cu toate acestea, între coaching și practicile enumerate există deosebiri cruciale:

- *Counselling-ul* se axează, în general, pe remedierea unor probleme cu care se confruntă clientul. De obicei, acesta se simte inconfortabil sau este nemulțumit de propria viață.
- *Terapia* se adresează persoanelor cu anumite simptome psihice.

  Clientul își dorește să fie vindecat pe plan emoțional. De obicei, principalul motiv pentru care o persoană apelează la counselling sau terapie este de a se îndepărta de o durere sau de un disconfort, și nu acela de a se îndrepta spre un anume obiectiv. Atât terapia, cât și counselling-ul implică, de cele mai multe ori, o atitudine a înțelegerii și abordarea experiențelor din trecut.

- *Trainingul* este procesul prin care se dobândesc cunoștințe și aptitudini noi prin studiu și experiență. Trainerul este, de obicei, un expert; el are cunoștințe mult mai bogate decât studentul și poate face ceea ce, pentru moment, acestuia îi este imposibil.
  Trainingul este, în cea mai mare parte a cazurilor, o relație între o persoană (expertul) și un grup de oameni (studenți).
- *Învățământul* este similar trainingului prin faptul că profesorul știe lucruri pe care studentul nu le știe, acestuia din urmă fiindu-i transmise cunoștințe noi în mod direct. Învățăcelul deține întrebările, în timp ce profesorul este specializat în răspunsuri.
  Trainingul și învățământul sunt similare coaching-ului prin faptul că se axează pe aptitudini. Abordarea este însă una diferită – studentul învață în mod direct de la profesor sau trainer.
- *Consultanța.* Un consultant este specializat în soluționarea problemelor de afaceri și, de obicei, se ocupă de o afacere în ansamblul ei sau de părți specifice ale acesteia, nu de indivizii care lucrează în interior.
  Un consultant poate recomanda coaching pentru angajați în vederea eficientizării întregului proces.
- *Mentoring-ul.* Mentorul este un coleg de breaslă experimentat care oferă sfaturi și devine un model pentru ceilalți. Mentoring-ul nu se concentrează la fel de mult pe obiective precum coaching-ul, iar temele abordate se pot extinde pe variate domenii. În general, mentorul deține o experiență vastă în sfera de activitate a clientului.

Coaching-ul

Abordarea problemei	
Generativă	**Curativă** terapie counselling
Impact asupra întregii afaceri	
Indirect	**Direct** consultanță
Abordarea timpului	
Prezent și viitor	**Trecut** terapie counselling
Rol	
Adresarea întrebărilor	**Oferirea răspunsurilor** training învățământ
Abordare în cadrul procesului	
Acțiune	**Înțelegere** terapie counselling
Experiența în sfera de activitate a clientului	
Nenecesară, dar utilă	**Esențială** mentoring
Relație	
Unu la unu (există totuși și coaching de echipă)	**Unu la mai mulți** training învățământ
Direcție	
Non-directiv	**Directiv** managing

Iată un exemplu al felului în care pot fi încercate diferite abordări în vederea soluționării unei probleme.

Elizabeth tocmai a fost promovată în postul de director de vânzări al companiei la care lucrează. Rezultatele remarcabile pe care le-a înregistrat ca agent de vânzări i-au determinat pe șefi să o avanseze. Drept urmare, ea nu mai trebuie să se ocupe de vânzări, urmând a se axa doar pe coordonarea colegilor săi. Se instalează, așadar, în noua funcție și încearcă să-și dea seama cum să-și facă subordonații să lucreze eficient. Dispune de aptitudini excelente în domeniul vânzărilor, dar nu se pricepe deloc la dirijarea altora. Se îndoiește de capacitățile sale și nu crede că un agent de vânzări priceput poate deveni peste noapte un bun director. Știe că se va bucura de un sprijin entuziast din partea unora, de o cooperare precaută din partea altora și de ostilitate fățișă din partea celor care o invidiază. Nu știe însă cum să-și abordeze colegii. Are nevoie de ajutor.

Un consilier o va îndruma pe Elizabeth cu sfaturi care se vor axa direct pe stresul resimțit. El nu va ști nimic despre activitatea depusă de Elizabeth la locul de muncă, cu excepția detaliilor pe care i le va oferi ea. Consilierul va depune eforturi pentru a-i îmbunătăți încrederea și stima de sine. Nu va încerca să o ajute să devină mai competentă la locul de muncă și nici să-i prezinte tehnici prin care să câștige respectul colegilor.

Dacă ar fi deprimată, stresată și anxioasă, dacă nu ar putea dormi noaptea și nu s-ar descurca în fața noilor sale responsabilități, Elizabeth ar solicita ajutorul unui terapeut. Acesta ar ajuta-o să scape de stres, iar apoi ar dezvolta căi și tehnici alternative pentru ca Elizabeth să rămână calmă și relaxată pe o perioadă mai lungă de timp. În același timp, ar căuta în trecutul ei cauzele stresului și ale lipsei de încredere.

Dacă n-ar avea probleme cu stresul, Elizabeth s-ar gândi să încerce să-și dezvolte competențele prin training sau învățare. Ar deprinde aptitudini specifice de management și comunicare, care s-ar dovedi extrem de utile în noua sa poziție. Într-un demers asemănător, s-ar putea înscrie într-o clasă de training, axată pe nevoile ei specifice, în care un expert ar ajuta-o să-și dezvolte aptitudinile dorite.

Totodată, Elizabeth s-ar putea adresa unui mentor (un senior manager), cu care ar discuta despre noile sale provocări, după care acesta i-ar oferi sfaturi utile, în lumina vastei sale experiențe.

În fine, ar putea apela la un consultant, în vederea explorării atât a modalităților prin care departamentul condus de ea ar putea fi restructurat, cât și a felului în care responsabilitățile sale se integrează în organizație ca întreg. Consultantul ar putea-o sfătui să solicite ajutorul unui trainer sau al unui coach, atât pentru ea, cât și pentru ceilalți membri ai departamentului.

Un coach ar colabora cu Elizabeth asupra mai multor aspecte. Remarcând stresul care o apasă, el ar ajuta-o să-și îmbunătățească încrederea în sine și să-și fixeze obiective atât în privința aptitudinilor interpersonale, cât și a stimei de sine. Ea ar afla care sunt lucrurile pe care le consideră de o importanță majoră în contextul profesional și, prin urmare, ar acționa în concordanță cu acestea. Coach-ul o va asista, de asemenea, la cercetarea posibilelor credințe limitative legate de sine și de cei din jur și îi va prezenta sarcini specifice, în vederea testării aptitudinilor de care se îndoiește și a învățării unor lucruri noi din provocările scontate.

Coach-ul nu îi va da sfaturi, nu îi va spune ce să facă și nici nu va căuta explicații în trecut. El ar putea însă să discute cu Elizabeth despre felul în care ceilalți reacționează față de ea și despre rolul ei în provocarea acestor reacții. Apoi, ar cerceta modalitățile prin care Elizabeth s-ar putea înțelege mai bine cu cei din jur, în noul său post. Una dintre sarcini ar putea fi aceea de a discuta pe rând cu fiecare dintre subordonați, pentru a le afla părerile și îngrijorările. În acest sens, coach-ul o va iniția în tehnicile de adresare a întrebărilor eficiente, astfel încât să obțină informațiile pe care și le dorește. Totodată, ar fi învățată să asculte cu atenție răspunsurile celorlalți și să tragă concluzii optime din fiecare. Următorul pas de acțiune ar fi acela de a-i trimite fiecărui coleg câte o notă (scrisă de mână), în care să îi mulțumească pentru timpul acordat și pentru împărtășirea opiniilor și grijilor pe care le are. Ar putea dezbate împreună cu coach-ul și modalitățile de colaborare cu superiorii săi, astfel încât să-și administreze eficient departamentul: cum să le prezinte acestora planurile sale sau cum să pună întrebări pentru a primi feedback util. Dacă va dori să execute modificări în structura departamentului, va trebui să le anunțe și să le dezbată în amănunt cu persoanele care conduc afacerea. Le va spune acestora ce anume vrea să schimbe și de ce dorește să facă acest lucru. În acest caz, ședințele de coaching se vor concentra și asupra aptitudinilor sale de construire a raportului. În acest sens, coach-ul o va asista în mobilizarea resurselor, în întărirea încrederii și în clarificarea obiectivelor și o va ajuta să dobândească însușirile necesare începerii schimbărilor la care se gândește.

În fine, în vederea explorării sistemului în care Elizabeth muncește, coach-ul va răsfoi dosarul pus la punct de către consultant. Ce fel de sprijin primește ea din partea departamentului? Cum îi este acordat acest sprijin? Munca îi este ușurată sau îngreunată? Uneori, aptitudinile unei persoane pot fi limitate de sistemul în care activează. Prin urmare, în cazul de față, una dintre misiunile coaching-ului ar putea fi aceea de a determina modificarea procedurilor departamentale, astfel încât Elizabeth să-şi poată folosi aptitudinile la maximum.

Resurse pentru capitolul 3

Obiective

Coaching-ul înseamnă explorarea prezentului și proiectarea viitorului. Primul pas în proiectarea viitorului este adoptarea unei direcții prin fixarea unor obiective pe termen lung.

Unii clienți ar putea șovăi în fața îndemnului de a-și stabili astfel de obiective, întrucât s-ar teme de faptul că vor fi dezamăgiți sau că acestea le vor submina spontaneitatea. Răspunsul ce poate fi oferit în fața acestor obiecții este acela că a-ți stabili obiective nu înseamnă a-ți fixa un drum care nu acceptă abatere. Veți avea oricând posibilitatea de a le schimba. Ele nu vă afectează în niciun fel spontaneitatea.

Toți oamenii au drept obiectiv general acela de a avea o viață împlinită și de a fi fericiți indiferent ce înseamnă acest lucru pentru ei. Prin stabilirea unor obiective pe termen lung nu se dorește altceva decât clarificarea acelor lucruri care v-ar aduce fericire și o viață împlinită.

Obiectivele dumneavoastră în viață

Stabiliți între patru și șapte obiective de viață. Ele trebuie să fie îndepărtate în timp, la o distanță de cel puțin 10 ani de la momentul fixării lor.

Nu le enumerați într-o ordine anume – toate trebuie să fie importante și interconectate.

Utilizați roata vieții pentru a vă stabili mai ușor aceste scopuri. Nu trebuie să fixați câte un obiectiv pentru fiecare parte a roții, dar cele alese trebuie să acopere următoarele aspecte ale vieții dumneavoastră:

- dragoste, relații, prietenie și familie
- timp liber și distracție
- bani
- muncă și profesie
- sănătate
- viață spirituală

Întrucât sunt îndepărtate în timp, aceste obiective nu vor fi foarte clare și pot părea chiar fanteziste pe moment. Exprimați-le printr-un limbaj simplu și pozitiv, în sensul că va trebui să precizați ceea ce doriți să îndepliniți, *nu* ceea ce încercați să evitați. Obiectivele rezultate nu vor fi foarte clare și nici nu veți putea ști dacă sunt sau nu realizabile.

- Gândiți-vă la următoarele întrebări:
- Ce vă doriți să realizați în următorii zece ani?
- La ce v-ați dori să priviți înapoi cu mândrie?
- Ce vă doriți să realizați pentru a vă simți împlinit la sfârșitul vieții?
- Ce este cu adevărat important *pentru dumneavoastră*?

Obiectivul nr. 1

Obiectivul nr. 2

Obiectivul nr. 3

Obiectivul nr. 4

Obiectivul nr. 5

Obiectivul nr. 6

Note

Obiective pe termen de cinci ani

Priviți lista cu scopuri pe termen lung (ce urmează a fi atinse în minimum 10 ani).

Luați fiecare scop și stabiliți obiectivele pe care trebuie să le atingeți *în cinci ani*, astfel încât să rămâneți pe drumul spre îndeplinirea obiectivelor pe termen lung.

Care sunt pașii intermediari pe care trebuie să-i adoptați?

Unde veți fi peste cinci ani și ce ar trebui să realizați până atunci?

Obiectivul nr. 1: Obiective intermediare pe termen de cinci ani

Obiectivul nr. 2: Obiective intermediare pe termen de cinci ani

Obiectivul nr. 3: Obiective intermediare pe termen de cinci ani

Obiectivul nr. 4: Obiective intermediare pe termen de cinci ani

Obiectivul nr. 5: Obiective intermediare pe termen de cinci ani

Obiectivul nr. 6: Obiective intermediare pe termen de cinci ani

Obiective pe termen de doi ani

Priviți lista cu scopurile ce urmează a fi atinse în cinci ani.

Luați fiecare scop și stabiliți obiectivele pe care trebuie să le atingeți *în următorii doi ani*, astfel încât să rămâneți pe drumul spre îndeplinirea obiectivelor pe termen de cinci ani.

Care sunt pașii intermediari pe care trebuie să-i adoptați?

Unde veţi fi peste doi ani şi ce ar trebui să realizaţi până atunci?

Obiectivul nr. 1: Obiective intermediare pe termen de doi ani

Obiectivul nr. 2: Obiective intermediare pe termen de doi ani

Obiectivul nr. 3: Obiective intermediare pe termen de doi ani

Obiectivul nr. 4: Obiective intermediare pe termen de doi ani

Obiectivul nr. 5: Obiective intermediare pe termen de doi ani

Obiectivul nr. 6: Obiective intermediare pe termen de doi ani

Obiective pe termen de un an

Priviţi lista cu scopurile ce urmează a fi atinse în doi ani.

Luaţi fiecare scop şi stabiliţi obiectivele pe care trebuie să le atingeţi *în următorul an*, astfel încât să rămâneţi pe drumul spre îndeplinirea obiectivelor pe termen de doi ani.

Care sunt pașii intermediari pe care trebuie să-i adoptați?
Unde veți fi peste un an și ce ar trebui să realizați până atunci?

Obiectivul nr. 1: Obiective imediate pe termen de un an

Obiectivul nr. 2: Obiective imediate pe termen de un an

Obiectivul nr. 3: Obiective imediate pe termen de un an

Obiectivul nr. 4: Obiective imediate pe termen de un an

Obiectivul nr. 5: Obiective imediate pe termen de un an

Obiectivul nr. 6: Obiective imediate pe termen de un an

Resurse pentru capitolul 4

Aspecte practice

Coaching-ul poate îmbrăca multe forme, iar îndrumătorii trebuie să decidă singuri asupra celor pe care le vor practica. Alegerea lor va depinde de țara în care își vor exercita profesia, de tipul de coaching și de propria personalitate. Vom prezenta în continuare câteva sugestii și aspecte practice care au devenit comune în lumea coaching-ului.

Cât de des vă veți întâlni?

Ședințele de coaching ar trebui să se desfășoare în mod regulat, atât în vederea menținerii continuității, cât și a angajamentului și motivației clientului. Unii îndrumători obișnuiesc să programeze o întrevedere pe săptămână cu clientul. Alții colaborează cu acesta prin telefon, în convorbiri săptămânale de maximum o jumătate de oră. În general, cei mai mulți dintre ei îmbină cele două abordări cu câte o întrevedere de una sau două ore pe lună și cu ședințe telefonice de jumătate de oră, programate în fiecare săptămână dintre ședințele desfășurate față în față.

Există îndrumători (în special cei specializați în coaching-ul de carieră) care alocă uneori și o zi întreagă primei ședințe.

Mulți dintre experții în coaching-ul de afaceri stabilesc un orar al ședințelor flexibil, în funcție de timpul liber al clientului. Cele două părți vor stabili de comun acord un număr de 12 ore de coaching într-un interval de trei luni, ședințele urmând a fi programate în zilele și la orele la care cei doi sunt disponibili. Acest tip de abordare vine, în special, în întâmpinarea directorilor executivi, care au un program extrem de încărcat și cărora de multe ori le este greu să-și facă timp pentru ședințele de coaching. Nu este exclus ca ei să se afle în imposibilitatea de a participa la ședințele de coaching chiar și săptămâni la rând, după care să fie mai liberi și să dedice două-trei ore programului de coaching.

Ce formă va lua coaching-ul?

Ședințele de coaching se pot desfășura față în față, prin telefon, prin videoconferință sau prin e-mail. Majoritatea îndrumătorilor îmbină toate aceste metode, însă cele mai eficiente sunt primele două. În cazul videoconferințelor, lucrurile stau mai complicat, întrucât atât coach-ul, cât și clientul trebuie să dispună de mijloacele tehnologice necesare.

Distanța dintre cei doi poate juca un rol important în relația de coaching. Atunci când clientul trăiește departe de coach, coaching-ul prin telefon se poate dovedi varianta cea mai potrivită.

Coaching-ul prin e-mail este cel mai dificil de realizat. De ce? În primul rând, pentru că reclamă o parte importantă din timpul coach-ului, care trebuie să redacteze e-mailurile cu mare grijă. Apoi, coaching-ul prin e-mail pierde toate informațiile pe care îndrumătorul le-ar putea obține, din limbajul trupului în întrevederi sau din tonul vocii, în ședințele prin telefon. De asemenea, el nu se desfășoară în timp real. Unii îndrumători acceptă totuși să ofere și coaching prin e-mail, atunci când situația le-o cere (de pildă, în cazurile în care clientul se confruntă cu o dificultate neașteptată și nu poate vorbi cu coach-ul la telefon). Coaching-ul prin e-mail este însă cea mai puțin eficientă și satisfăcătoare metodă.

Unde vor avea loc ședințele de coaching?

Majoritatea îndrumătorilor preferă să-și invite clienții în propriile birouri, pentru ședințe față în față.

Desfășurarea ședințelor în mediul de lucru al clientului face procesul mai dificil, întrucât toate ancorele de la slujbă sunt prezente și îl distrag.

Mulți dintre îndrumători sunt pregătiți să călătorească pentru a-și vizita clienții. Acest lucru este recomandabil și profitabil atunci când programul de coaching se aplică unui număr mare de clienți, care lucrează, de pildă, în cadrul aceleiași companii, sau în cazul coaching-ului de echipă.

Cât de mari trebuie să fie tarifele?

Este greu de specificat; ele variază de la o țară la alta și de la o regiune la alta. Apoi, depinde și de tipul de coaching – îndrumătorii de afaceri practică, de pildă, tarife mai mari decât cei specializați în coaching de viață. Există și îndrumători care sunt pregătiți să fie flexibili în privința tarifelor, în limite rezonabile. Coaching-ul este totuși o profesie ai cărei practicanți trebuie să dispună de aptitudini dintre cele mai înalte, astfel încât să producă schimbări spectaculoase în viețile indivizilor și în afaceri. Prin urmare, au tot dreptul să practice tarife adecvate, care să ajungă cel puțin la nivelul celor de training sau consultanță, în regiunea în care activează. Unii îndrumători cer o anumită sumă pe oră, în timp ce alții își stabilesc tarifele lunar sau printr-un contract semnat pe trei sau șase luni. Un coach poate opta și pentru un procent din profitul suplimentar pe care procesul de coaching îl aduce unei afaceri. În acest caz, contractul trebuie să specifice cu precizie felul în care vor fi măsurate rezultatele programului de coaching.

Cât trebuie să dureze un proces de coaching?

Majoritatea îndrumătorilor își oferă serviciile pe o perioadă de trei luni. La sfârșitul acestui interval, ei analizează rezultatele și, dacă este necesar, extind colaborarea cu clientul pe încă trei luni. Unii îndrumători își oferă serviciile în pachete de 10, 12 sau 15 ore, ce se pot desfășura pe parcursul a trei sau șase luni. Uneori, se întâmplă ca problema să fie una urgentă, context în care procesul de coaching va fi unul intensiv și se va desfășura pe parcursul a două sau trei săptămâni, până când problema respectivă este soluționată.

Ce se întâmplă atunci când clientul întârzie la întrevedere sau la ședința prin telefon?

Aceste detalii trebuie stabilite în cadrul primei ședințe. Uneori, întrevederea sau convorbirea este pur și simplu anulată. Alteori, în caz că este posibil, coach-ul acceptă prelungirea ședinței. Acest lucru nu se va întâmpla atunci când urmează să întâlnească un alt client sau să fie sunat de acesta. Există totuși posibilitatea să aloce mai mult timp întrevederii sau convorbirii ulterioare.

Ce se întâmplă atunci când un client ratează o ședință sau o anulează în ultimul moment?

Ca și mai devreme, coach-ul și clientul trebuie să stabilească, în cadrul primei ședințe, deciziile ce se vor lua în astfel de cazuri. Unii îndrumători vor fi de acord să recupereze ședința într-o altă zi. Alții vor refuza să facă acest lucru. În definitiv, clientul și-a dat acordul asupra zilei și orei la care aceasta urma să aibă loc, iar dacă se întâmplă să fie bolnav sau să aibă ceva mai important de făcut, atunci situația va fi una nefericită. Până la urmă, de ce ar trebui să aibă de suferit și coach-ul? Clientul trebuie să ia în serios ședințele de coaching. Dacă îndrumătorul se dovedește prea înțelegător și indulgent, acesta își poate pierde angajamentul față de proces. El va ajunge să creadă că programul de coaching nu este chiar atât de important pentru viața sa și că nu se va întâmpla nimic grav dacă îl va lăsa pe plan secund atunci când se va ivi ceva neașteptat.

Care vă sunt clienții potriviți?

Unii îndrumători se specializează în coaching de afaceri, iar alții în coaching de viață. Mulți dintre ei se pricep la ambele. Unii devin experți în coaching de carieră, în timp ce altora le place să ofere coaching de echipă. Colaborați cu oricine doriți, atât timp cât acea persoană sau acel grup nu vă face să vă simțiți inconfortabil. Nu este exclus ca unii îndrumători să dorească să aibă întrevederi chiar cu partenerul de viață al clientului. Acest lucru se întâmplă atunci când procesul de coaching este unul intensiv și urmărește schimbarea direcției în care se îndreaptă viața clientului.

Ce documente pot fi oferite clientului în prima ședință?

Există mai multe posibilități, cum ar fi următoarele:

- *Un acord de coaching* (în cazul în care obişnuiţi să operaţi pe baza unuia). El defineşte responsabilităţile coach-ului şi ale clientului. Documentul trebuie să fie redactat într-o manieră profesionistă.
- *O hartă cognitivă sau alte materiale informative despre coaching.* Acestea trebuie să furnizeze un sumar uşor de înţeles, privind principiile de bază ale coaching-ului şi felul în care funcţionează.
- *O roată a vieţii, care să fie completată până la următoarea şedinţă.* Realizarea acestui exerciţiu este o sarcină perfectă în contextul primei şedinţe (*vezi* pagina 321).
- *O expunere a standardelor şi calificărilor dumneavoastră.* Aceasta vă va consolida credibilitatea şi îl va reasigura pe client în privinţa aptitudinilor de care dispuneţi. Ea pune bazele încrederii clientului în dumneavoastră şi în procesul de coaching.
- *Un test psihometric* (dacă obişnuiţi să utilizaţi aşa ceva). Puteţi alege unul dintre testele tradiţionale, precum Birkman sau MBTI, ori unul mai informal, pe care l-aţi elaborat chiar dumneavoastră. El trebuie să vă ofere informaţii care să faciliteze evaluarea şi cunoaşterea clientului.
- *O transcriere a ultimei şedinţe.* Unii îndrumători transcriu sau înregistrează fiecare şedinţă, după care le oferă clienţilor textul sau înregistrarea video. Această metodă poate fi extrem de utilă pentru client.

Cu sau fără contract semnat?

Unii îndrumători operează în funcţie de un contract semnat. Aceasta este o manieră profesionistă de lucru – stabileşte termenii şi condiţiile colaborării, precizând cu claritate la ce ar trebui să se aştepte cele două părţi. Un asemenea acord trebuie să acopere deciziile ce vor fi luate în eventualitatea unei dispute. Coach-ul nu trebuie să semneze un contract cu clientul decât atunci când documentul a fost elaborat de un avocat sau jurisconsult cunoscător al coaching-ului.

Un acord trebuie să acopere, în mod detaliat, următoarele puncte:

- serviciile pe care coach-ul le oferă și responsabilitățile sale;
- responsabilitățile clientului;
- tarifele și modul în care se vor efectua plățile; deciziile ce urmează a fi luate în urma neachitării sumelor respective;
- confidențialitatea informațiilor dezvăluite de către client;
- ce se întâmplă în eventualitatea în care coach-ul sau clientul ratează sau anulează o ședință;
- perioada în care se va desfășura relația de coaching și termenii prelungirii ei;
- ce se întâmplă în eventualitatea unei dispute între coach și client;
- momentul în care trebuie făcută înștiințarea în urma căreia cele două părți vor pune capăt relației de coaching.

Contractul trebuie semnat și datat, coach-ul și clientul urmând să-și păstreze câte un exemplar.

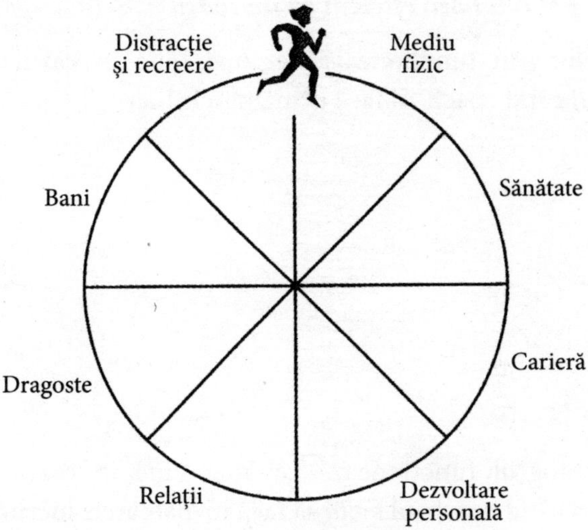

Roata vieții

Proiectarea alianței de coaching

Coaching-ul este un parteneriat, motiv pentru care este foarte important ca îndrumătorul și clientul să discute la începutul colaborării ce formă va lua acesta. Astfel, coach-ul va ști să administreze așteptările clientului și va afla detalii valoroase despre felul în care gândește acesta. Totodată, mesajul transmis prin intermediul respectivei discuții va fi acela că îndrumătorului îi pasă de ceea ce crede clientul și că va ține seama de felul în care el își dorește să decurgă procesul de coaching. Este posibil ca persoana respectivă să nu fie la prima experiență în coaching și să știe, ca rezultat al feedbackului, ce funcționează și ce nu funcționează în cazul său. Următorul formular ar putea fi deosebit de util în acest context.

Cum pot colabora eficient cu un coach

Coaching-ul funcţionează cel mai bine în cazul meu atunci când coach-ul face următoarele lucruri:

Coaching-ul funcţionează cel mai bine în cazul meu atunci când coach-ul *evită* să facă următoarele lucruri:

Indicatorii de acces

Oamenii nu gândesc numai cu creierul, ci cu întregul corp. Sistemul nostru este unul complet, fiind alcătuit din trup şi minte – nu putem gândi fără a produce efecte asupra corpului. Ne „acordăm" postura, gesturile şi tiparele respiraţiei pentru a putea gândi într-un anumit fel. Următoarele semne sunt generale şi nu se aplică în toate cazurile.

	Vizual	**Auditiv**	**Chinestezic**
Indicatori de acces vizuali	Privire relaxată sau îndreptată în sus, spre dreapta, ori stânga	În linia mediană	Sub linia mediană, de obicei spre dreapta
Tonul și tempoul vocii	Vorbire accelerată, pe un ton înalt și clar	Ton melodios, rezonant și cu un ritm mediu	Tonalitate joasă, deseori lentă și calmă, cu multe pauze
Respirație	Respirație vizibilă în partea superioară a pieptului	Respirație echilibrată în partea de mijloc a pieptului	Respirație adâncă, din abdomen
Postură și gesturi	Tensiune evidentă în corp, deseori cu gâtul întins. Vizibilă, de obicei, la persoanele aparținând tipului somatic ectomorf (longiline)	Specifice persoanelor aparținând tipului somatic mezomorf (normale). Pot exista mișcări ritmice ale corpului, ca și cum persoana respectivă ar asculta o melodie. Capul poate fi aplecat ușor într-o parte, în „poziția telefonului" (cu mâna sprijinită în zona urechii)	Umeri rotunzi, capul aplecat, mușchi relaxați; gesticulează, de obicei, în fața abdomenului și a liniei de mijloc a corpului

Unii oameni gândesc în mare parte în abstracțiuni. Acest tip de gândire este descris, de cele mai multe ori, ca fiind „digital". O persoană care gândește în această manieră prezintă o postură erectă, cu brațele încrucișate. Respirația este una de suprafaţă, în timp ce discursul este fragmentat şi se desfăşoară într-un ritm monoton. În general, aceste persoane vorbesc în termeni de fapte, statistici şi argumente logice.

Indicatori de acces vizuali

Aceştia mai sunt numiţi şi mişcările laterale ale ochilor, sau MLO.

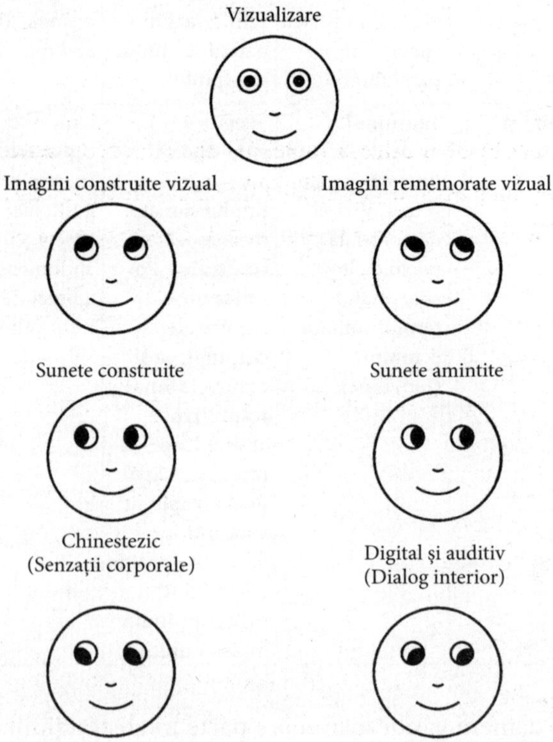

Atenţie! Imaginile sunt concepute în funcţie de cum priviţi cealaltă persoană.

Indicatorii de acces vizuali prezentați sunt cei mai des întâlniți. Există totuși unele persoane stângace, dar și dreptace care și-au format tipare inverse: imaginile și sunetele amintite sunt accesate printr-o privire spre partea dreaptă a persoanei respective, în timp ce sentimentele sunt accesate în stânga, iar dialogul interior în dreapta, jos. Aceste șabloane sunt *diferite*, ceea ce nu înseamnă că nu sunt *normale*!

Nu presupuneți că știți care sunt indicatorii de acces vizuali ai unei persoane – întotdeauna testați.

Cea mai ușoară modalitate de a testa indicatorii de acces este aceea de a adresa întrebări referitoare la sentimente. Puteți face acest lucru chiar și în situațiile de zi cu zi, într-o manieră facilă și conversațională, întrebându-i pe cei cu care vă întâlniți cum se simt și urmărind, apoi, indicatorii de acces. Cu toate că cercetările în acest domeniu sunt insuficiente, se pare că persoanele care „accesează" sentimentul în dreapta, jos, au un șablon standard de accesare. În cazul în care direcția este stânga, jos, șablonul este unul inversat, ceea ce înseamnă că imaginile și sunetele amintite vor fi spre dreapta, în timp ce imaginile și sunetele construite vor fi accesate în stânga.

Alte tipare vizuale

Clipirea

Oamenii clipesc tot timpul. Clipitul este parte a mecanismului natural de lubrifiere a ochilor. Atunci când gândim, clipim mai des decât de obicei.

Evitarea anumitor indicatori de acces

Atunci când se întâmplă acest lucru înseamnă că persoana respectivă își blochează în mod sistematic informațiile vizuale, auditive și chinestezice ca urmare a unei traume din trecut.

Nu există indicatori de acces vizibili

Sunteți sigur? Este posibil ca persoana respectivă să abordeze subiecte atât de familiare și obișnuite, încât nu trebuie să acceseze nimic. Pentru observarea unor indicatori de acces vizibili, adresați întrebări care să-l determine pe client să mediteze.

Dialog auditiv interior prompt ca reacție la fiecare întrebare

Este posibil ca acea persoană să repete în minte întrebarea și abia apoi să acceseze răspunsul. Această reacție face parte din strategia de gândire pe care clientul și-a format-o de-a lungul vieții. Există oameni care, în timp ce procedează astfel, își mișcă și buzele, ca și cum ar vorbi în șoaptă.

Indicatori de acces neobișnuiți

Este vorba, probabil, despre o persoană care gândește sinestezic (utilizează simultan mai multe sisteme reprezentaționale).

Șabloanele NLP sunt teorii călăuzitoare și generalizatoare, motiv pentru care vor exista cazuri în care se vor dovedi inexacte. Nu uitați! Răspunsurile se află în persoana pe care o aveți în față, nu în teorii.

Fraze și cuvinte senzoriale

Sistemul vizual

Cuvinte vizuale

gol, a clarifica, culoare, întuneric, focalizare, a prevedea, neclar, orizont, iluzie, a ilustra, imaginație, introspecție, lumină, privire, a observa, perspectivă, imagine, a reflecta, a dezvălui, scenă, a vedea, strălucire, a prezenta, viziune, a vizualiza, a urmări

Fraze vizuale

Văd unde vreți să ajungeți.
Mă gândesc la această idee.
Rămâne să ne vedem față în față.
Viziunea mea este una neclară.
Mi s-a încețoșat gândirea.
Arătați-mi ce vreți să spuneți.
Veți râde când vă veți aminti.
Voi face puțină lumină asupra acestui subiect.
Aceste lucruri îmi colorează viața.
Am impresia.
Fără nicio umbră de îndoială.
viziune întunecată
Viitorul arată bine.
Soluția mi-a apărut în fața ochilor.
cu ochii minții
o încântare pentru ochii mei
a nu privi cu ochi buni
între patru ochi
a avea în vedere
sub ochii mei
a fi bine văzut

Sistemul auditiv

Cuvinte auditive

accent, acustic, a întreba, audibil, bâzâit, trăncăneală, a chema, desluşit, clic, comentariu, bombăneală, a se plânge, surzenie, dialog, discuţie, disonanţă, muţenie, ecou, mormăială, armonios, armonie, murmur, tăcere, a asculta, zgomotos, melodios, monoton, muzical, tăcut, ţipăt, declaraţie, interogare, linişte, remarcă, a rezona, ritm, răsunător, bubuitură, a spune, a ofta, sunet, mut, a chiţăi, a afirma, ton, a modula, vocal, văicăreală, a şopti

Expresii auditive

pe aceeaşi lungime de undă
a trăi în armonie
Nu pricep o iotă.
vrute şi nevrute
Mă fac că nu aud.
Sugerează ceva.
a da tonul
Îmi place cum sună.
cuvânt cu cuvânt
N-am auzit niciodată de el.
clar exprimat
a oferi audienţă
a-şi ţine gura
un fel de a spune
clar şi răspicat
Locul zumzăia de activitate.
o condiţie clar pronunţată
Tăcerea spunea totul.
a trage semnalul de alarmă
Nu se auzea nici musca.

o primire gălăgioasă
un concert de culori
Ceea ce spuneți vine ca un ecou al propriilor mele gânduri.
a îndulci tonul
Totul a fost un mare fâs.

Sistemul chinestezic

(împreună cu sistemele olfactiv și gustativ)

Cuvinte chinestezice

echilibru, despărțire, rece, concret, contact, a simți, ferm, blând, a apuca, a prinde, a mânui, tare, greu, a lovi, a ține, fierbinte, a sări, presiune, a împinge, dur, a freca, a alerga, a zgâria, a înhăța, sensibil, ascuțit, neted, moale, solid, lipicios, stres, împotmolit, a suferi, a lega, tangibil, a lovi, tensiune, gâdilat, strâmt, a atinge, vibrație, a merge, călduros

Fraze chinestezice

Voi ține legătura cu dumneavoastră.
Am prins ideea.
Are limba ascuțită.
Nu te mișca.
a căuta un site
până în măduva oaselor
Tensiunea se simțea în aer.
un om cald și bun la suflet
o persoană glacială
Presiunea era uriașă.
a avea obrazul gros
a fi prins la înghesuială
a rămâne la suprafața problemei
Nu mă pot atinge de acest subiect.
suflet rupt în bucăți

Adună-te.
fundament solid
discuție încinsă
cu capul în nori
a fi la înălțime
a merge ca pe roate
a fi în avantaj
a sparge tiparele
informații muncite
a-și înghiți cuvintele
a nu-i da de cap
a avea o slăbiciune pentru cineva
Un șut în fund – un pas înainte.

Cuvinte și fraze olfactive

mirositor, proaspăt, moscat, aromat, înmiresmat, rău mirositor, afumat, a adulmeca, rânced

Cuvinte gustative

amar, fad, mieros, aromă, mentolat, delicios, grețos, sărat, suculent, acru, piperat, zaharos, dulce, a gusta, gustos

Fraze olfactive și gustative

a nu-i mirosi a bine
situație dubioasă
a înghiți gălușca
proaspăt
a avea gusturi bune
a-și lua nasul la purtare
un comentariu acid
a avea fler
a tăcea și a înghiți
integritate

îți lasă gura apă
un om dulce

Cuvinte și fraze nesenzoriale

Multe cuvinte nu au nicio conotație senzorială. Acestea fac parte din categoria „digitală“. Le puteți folosi atunci când doriți ca persoana cealaltă să-și aleagă singură sistemul reprezentațional de gândire.

Cuvinte digitale

a presupune, a participa, a alege, a schimba, competență, condiție, conexiune, conștient, consecință, a analiza, a decide, a evalua, viitor, obiectiv, idee, a cunoaște, a învăța, logic, a medita, memorie, model, motivație, efect, trecut, prezent, proces, program, a recunoaște, amintire, reprezentare, resursă, rezultat, succesiune, teorie, lucru, gândire, înțelegere

Resurse pentru capitolul 6

Axa credințelor

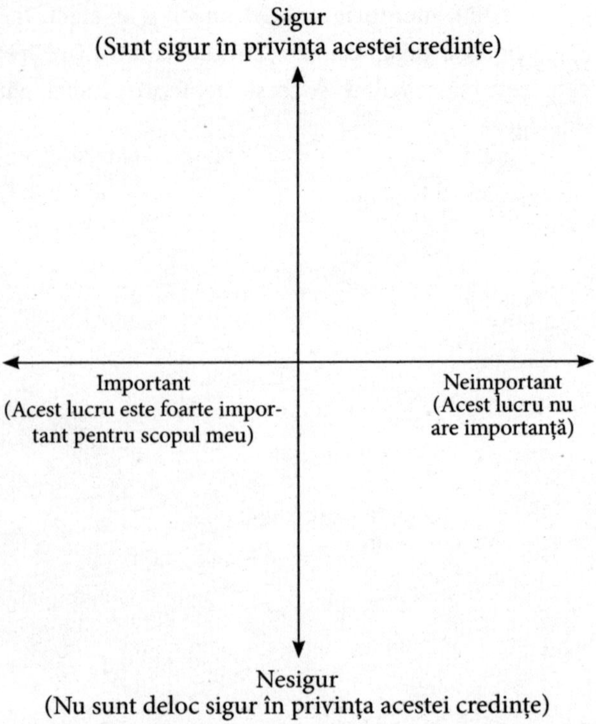

Credințe în timp

Care sunt credințele dumneavoastră în privința acestor aspecte?

Cum au evoluat aceste credințe?

Estimați ce fel de credințe ați avut, aveți sau veți avea la vârstele enumerate mai jos.

Aspect	Copilărie	15 ani	25 de ani	35 de ani	50 de ani	65 de ani
Vârstă						
Frumusețe						
Fericire						
Locuință						
Dragoste						
Carieră						
Previziuni						

Resurse pentru capitolul 7

Ancore cotidiene

Explorați ancorele la care reacționați pozitiv sau negativ în viața de zi cu zi. Aveți în vedere atât viața profesională, cât și cea personală.

	Ancoră	Reacția dumneavoastră
Vizual		
Auditiv		
Chinestezic		
Olfactiv și gustativ		

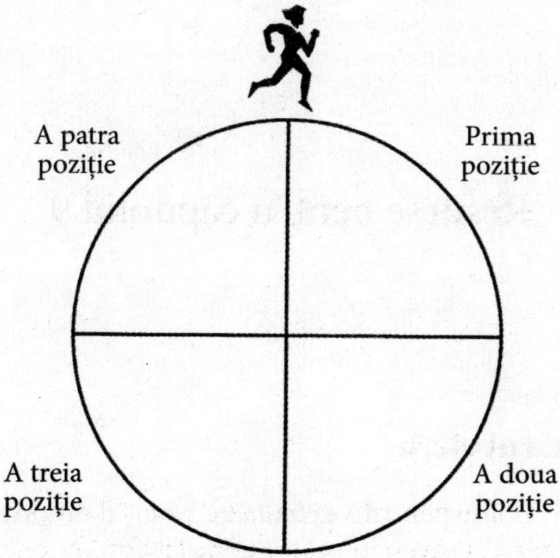

Roata perspectivelor

Resurse pentru capitolul 9

Inventarul vieții

Alocați-vă timp pentru a executa un bilanț al propriei vieți.

Care sunt aptitudinile de care dispuneți?

Gândiți-vă la orice context posibil.

Care sunt cunoștințele de care dispuneți?

Gândiți-vă la educația dumneavoastră, la domeniul în care v-ați specializat și la ceea ce ați învățat la școala vieții.

Pe cine cunoaşteţi?

Enumeraţi toate persoanele pe care le cunoaşteţi sau le-aţi cunoscut - colegi de serviciu sau persoane cu care aţi intrat în contact prin intermediul slujbei, prieteni din trecut şi prezent, membrii familiei, mentori şi profesori, cunoştinţe ş.a.m.d.

La final, imaginaţi-vă cum ar putea deveni aceste persoane resurse pentru dumneavoastră dacă ajungeţi coach.

Glosar

A doua poziție: A vedea/experimenta din perspectiva unei alte persoane.

A patra poziție: Perceperea unei situații din perspectiva sistemului din care persoana respectivă face parte, cum ar fi, de pildă, o familie sau o afacere.

A treia poziție: A privi dintr-o perspectivă detașată, dar plină de resurse, precum un observator din exterior.

Ancoră: Un declanșator – vizual, auditiv sau chinestezic – aflat în conexiune cu o acțiune sau o stare emoțională.

Ancorare: Procesul asocierii unui lucru cu un altul.

Angajament: A prelua o sarcină fără a pune întrebări întrucât este importantă din punct de vedere emoțional și cognitiv.

Articulare: Prezentarea succintă, printr-un limbaj simplu, a experienței clientului. Termen folosit cu sensul de clarificare.

Autoadministrare: Concentrarea asupra propriilor stări emoționale din poziția de coach, astfel încât să-i oferiți clientului sprijin maxim.

***Backtracking*:** A recapitula anumite idei utilizând cuvintele-cheie, gesturile și tonalitatea celeilalte persoane.

Brainstorming: Generarea de idei, alternative, alegeri, perspective și acțiuni fără a cerceta, mai întâi, dacă sunt corecte sau potrivite.

Cadru: Un mod de a privi o situație, un punct de vedere particular; spre exemplu, cadrul unei negocieri privește comportamentul ca și când ar fi o formă de negociere.

Calibrare: A realiza cu acuratețe în ce stare se află cealaltă persoană prin citirea semnalelor nonverbale.

Clarificare: *Vezi* **Articulare**.

Client: Partenerul coach-ului în alianța care țintește schimbarea. Clientul își dorește să producă schimbări în propria viață. El este responsabil pentru rezultatele programului de coaching. Pentru procesul de coaching, sunt responsabile ambele părți (coach-ul și clientul).

Coach: Partenerul clientului în alianța care țintește schimbarea. Coach-ul îl asistă pe client în producerea schimbărilor pe care și le dorește.

Coaching: Proces în cadrul căruia coach-ul îl ajută pe client să-și examineze faptele în lumina intențiilor proprii și să adopte acțiuni care să-l conducă spre obiectivele fixate, pentru a-și trăi valorile și pentru a fi mai fericit.

Coaching cu ciclu dublu: Proces de coaching în care clientul este ajutat să-și confrunte credințele – schimbarea modului de gândire care a dat naștere problemei. (Se mai numește și coaching generativ.)

Coaching cu ciclu singular: Coaching în cadrul căruia clientul este ajutat fără a-i fi cercetate și schimbate credințele.

Coaching generativ: *Vezi* **coaching cu ciclu dublu**.

Confidențialitate: Informațiile pe care clientul i le dezvăluie coach-ului nu sunt făcute cunoscute altor persoane fără acordul clientului.

Concordanță: Alinierea credințelor, valorilor, aptitudinilor și acțiunilor pentru ca „vorbele să devină fapte". Concordanța mai înseamnă și a fi în raport cu tine însuți.

Counselling: Metodă la care apelează clienții nemulțumiți de propria viață, având nevoie de îndrumare și sfaturi. *Counsellor*-ul lucrează în sens strict corectiv asupra problemei clientului.

Credințe/convingeri: Generalizările pe care le efectuăm în privința celorlalte persoane, a lumii și a noastră și care devin principiile cu care operăm în viața de zi cu zi. Acționăm ca și cum sunt adevărate, motiv pentru care ajungem să fim convinși de autenticitatea lor.

Detașare: Tehnică prin care vă asigurați că problemele clientului nu vă afectează pe plan emoțional. Mențineți-vă într-o stare bogată în resurse, chiar dacă persoana respectivă aduce în discuție probleme cu care vă confruntați și dumneavoastră în viață.

Dialog interior: Conversația unei persoane cu sine însăși.

Echilibru în viață: Armonia raportului pe care clientul îl are cu diverse sfere ale vieții sale și nivelul confortului pe care îl simte în legătură cu ceea ce și-a propus să realizeze în viață. Tot aici intră și armonia existentă între aceste angajamente.

Ecologie: Consecințele generale ale gândurilor și acțiunilor dumneavoastră în rețeaua de relații din care faceți parte. Există și o ecologie interioară: felul în care gândurile și sentimentele unei persoane se îmbină și-o determină să fie concordantă sau neconcordantă (vezi **Concordanță**).

Ecologie interioară: *Vezi* **Ecologie**.

Feedback: În coaching, feedbackul este răspunsul coach-ului în fața afirmațiilor clientului și reacția clientului față de spusele coach-ului. Feedbackul poate fi *susținător*, atunci când determină continuarea unui anumit comportament, sau *echilibrant*, atunci când limitează acel comportament, conducând în final la modificarea acestuia.

Intuiție: Formă de cunoaștere care devine disponibilă fără o intenție conștientă sau rațională.

Încredere: Sentimentul că vă puteți baza pe o persoană care își respectă promisiunile. Există două elemente ale încrederii: sinceritatea și competența.

Încurajare: Atunci când încurajați un client, îl sprijiniți în eforturile sale; demonstrați, astfel, că sunteți încrezător în șansele sale de reușită chiar dacă el are încă îndoieli în această privință.

Întrebare: Solicitare a unui răspuns din partea clientului. O oportunitate pentru client de a afla lucruri noi care îl apropie de obiectivele fixate.

Mentoring: Metoda prin care un coleg experimentat într-un domeniu, considerat mai bine informat și mai înțelept, oferă sfaturi și devine un model pentru ceilalți. Mentoring-ul implică discuții ample care nu se limitează în mod obligatoriu la sfera de activitate a celui îndrumat.

Metaforă: Mesaj indirect emis prin intermediul unei istorisiri sau al unei figuri de stil care implică o comparație. Printr-o metaforă se susține în mod fățiș sau subliminal că un lucru este precum altul. În NLP, metaforele pot fi comparații, povestiri, parabole sau alegorii.

Misiune: Direcția și obiectivul primar pentru client.

Neconcordanță: Starea unei persoane care nu se află în raport cu sine însăși, din cauza unui conflict interior devenit vizibil prin comportament. Acesta poate fi secvențial - spre exemplu, o acțiune urmată de o alta care o contrazice - sau simultan - de exemplu, persoana respectivă declară că este de acord cu ceva pe un ton șovăielnic.

Nivelurile ascultării:

1. *Auzirea:* Înregistrarea sunetelor emise de vocea unei alte persoane.
2. *Ascultarea normală:* A asculta având în minte următoarea întrebare: „Ce înseamnă pentru mine lucrurile pe care le aud?" În acest caz, ascultați din interiorul propriei experiențe.
3. *Ascultarea selectivă:* A avea o idee preconcepută, filtrând și selectând anumite părți din discursul clientului. Există posibilitatea să emiteți anumite judecăți și să desfășurați un dialog interior.
4. *Ascultarea conștientă:* Ascultare profundă, cu o judecare minimă a afirmațiilor clientului.

Obiective: Rezultatele dorite. Obiectivele intermediere se referă la călătoria spre punctul dorit. Obiectivele finale se referă la destinație - la rezultat.

Obiectiv intermediar: *Vezi* **Obiective**.

Obiectiv final: *Vezi* **Obiective**.

Perspectivă: Un unghi de vedere specific, cum ar fi, de exemplu, prima poziție (proprie), a doua poziție (a altei persoane) sau a treia poziție (relația dintre cele două). Există și alte perspective, precum munca, familia, economia, politica ș.a.m.d.

Poziție perceptuală: Prima, a doua, a treia și a patra poziție.

Preîncadrare: A stabili în avans ce înțeles doriți să acorde clientul acțiunilor dumneavoastră.

Presupoziții: Idei sau credințe prezumtive adoptate ca fiind adevărate și sub influența cărora se desfășoară anumite acțiuni.

Prima poziție: Perceperea lumii din propriul unghi de vedere. A fi în contact cu propria realitate interioară. Este una dintre cele patru poziții perceptuale.

Proiectarea alianței: Stabilirea detaliilor parteneriatului dintre coach și client. Găsirea celor mai eficiente căi prin care coach-ul și clientul pot coopera în vederea atingerii obiectivelor și a schimbărilor dorite de către cel din urmă.

Provocare: Împingerea clientului dincolo de limitele autoimpuse prin prezentarea unei solicitări.

Raport: O relație de influență și respect reciproc.

Recunoaștere: Confirmarea identității clientului și a capacităților care i-au permis să ducă la bun sfârșit o acțiune importantă sau să dobândească informații noi și utile.

Reîncadrare: Interpretarea unei experiențe într-un mod diferit, oferindu-i un înțeles diferit.

Responsabilitate: O parte esențială a coaching-ului. Clientul este responsabil atunci când își asumă răspunderea pentru acțiunile pe care le întreprinde. Acest aspect ridică trei întrebări:

Ce urmează să faceți?

Când anume veți face acel lucru?

Cum veți ști că ați înregistrat succes în acțiunea întreprinsă?

Resurse: Orice vă poate ajuta să vă atingeți scopul, cum ar fi anumite caracteristici fizice, stări psihice, gânduri, credințe, strategii, experiențe, oameni, întâmplări, posesiuni, locuri, istorisiri ș.a.m.d.

Sisteme reprezentaționale: Canale diferite prin intermediul cărora „re-prezentăm“ informațiile primite utilizându-ne simțurile: vizual (văz), auditiv (auz), chinestezic (senzații corporale), olfactiv (miros) și gustativ (gust).

Sistem reprezentațional preferat: Sistemul reprezentațional pe care o persoană îl folosește în mod obișnuit pentru a-și organiza experiențele. Acesta devine vizibil atunci când persoana respectivă se află sub presiune.

Situația „ca și cum": Folosirea imaginației pentru explorarea consecințelor unor gânduri sau acțiuni „ca și cum" acestea ar fi fost transpuse în realitate.

Solicitare: A-i cere clientului să avanseze spre îndeplinirea obiectivelor fixate prin acțiuni specifice.

„Spargerea stării": A apela la o mișcare sau la anumite cuvinte în vederea distragerii atenției clientului și scoaterii sale dintr-o anumită stare emoțională.

Structuri: Ancore care au rolul de a-i reaminti clientului atât obiectivele și viziunea sa, cât și hotărârile luate și acțiunile pe care ar trebui să le întreprindă.

Subliniere: Scoaterea în evidență a problemei clientului cât mai clar și mai exact posibil, fără ca înțelesul acesteia să fie denaturat. Nu va exista niciun fel de atașament față de ideile generate.

Temă pentru acasă: Sarcini, provocări sau solicitări pe care clientul trebuie să le îndeplinească. Clientul îi va prezenta coach-ului rezultatele obținute la un moment stabilit anterior.

Terapie: Metodă prin care se dorește ajutarea unui client care caută să se elibereze de anumite simptome fizice sau psihice. Persoana respectivă își dorește vindecarea emoțională și alinarea unei suferințe psihice.

Tranziție: Punctul în care trebuie să renunțați la vechile obiceiuri, dar în care încă nu ați consolidat schimbarea și nici nu vă simțiți în siguranță în noul context. Este cel mai dificil moment în procesul de coaching.

Valori: Lucrurile pe care le considerați foarte importante.

Viziune: O combinație de obiective și valori – un scop măreț în viață.

Bibliografie

Vă prezentăm în continuare câteva cărți utile în activitatea de coaching și NLP. Ele au constituit backgroundul abordării pe care am dezvoltat-o în această carte.

Arendt, Hannah, *The Human Condition*, University of Chicago Press, 1958. (În rom., Hannah Arendt, *Condiția umană*, Editura Idea, 2008.)

Barrett, Richard, *Liberating the Corporate Soul*, Heinemann, 1998.

Doyle, James S., *The Business Coach: A Game Plan for the New Work Environment*, John Wiley & Sons, 1999.

Drucker, Peter, *The New Realities*, HarperCollins, 1989.

Flaherty, James, *Coaching, Evoking Excellence in Others* Butterworth-Heinemann, 1999.

Fortgang, Laura, *Living Your Best Life*, Thorsons, 2001.

Gallwey, Timothy, *The Inner Game of Tennis,* Pan Macmillan, 1986. (În rom., Timothy Gallwey, *Jocul interior și tenisul*, Editura Spandugino, 2013.)

Gallwey, Timothy, *The Inner Game of Golf,* Pan Macmillan, 1986.

Gallwey, Timothy, *The Inner Game of Work,* Pan Macmillan, 1986. (În rom., Timothy Gallwey, *Jocul interior și munca*, Editura Spandugino, 2011.)

Goleman, Daniel, *Emotional Intelligence*, Bantam Books, 1995. (În rom., Daniel Goleman, *Inteligența emoțională*, Curtea Veche Publishing, 2018.)

Hargrove, Roger, *Masterful Coaching*, Pfeiffer, 1995.

Hemery, David, *Sporting Excellence: What Makes a Champion?*, Collins Willow, 1991.

Landsberg, Max, *The Tao Coaching*, Profile Books, 1996. (În rom., Max Landsberg, *Coaching*, Curtea Veche Publishing, 2007.)

Maturana, Humberto și Varela, Francisco, *The Tree of Knowledge: The Biological Roots of Human Understanding*, Shambhala, 1987.

Morgan, Gareth, *Images of Organisation*, Sage, 1986.

O'Connor, Joseph, *NLP and Sports*, Thorsons, 2001.

O'Connor, Joseph, *Leading with NLP: Essential Leadership Skills for Influencing and Managing People*, Thornsons, 2001.

O'Connor, Joseph, *NLP Workbook: A Practical Guide to Achieving the Results You Want*, Thornsons, 2001. (În rom., Joseph O'Connor, *Manual de NLP*, Curtea Veche Publishing, 2012.)

Ristad, Eloise, *A Soprano on Her Head: Right-Side-Up Reflections on Life and Other Performances,* Real People Press, 1981.

Tannen, Deborah, *You Just Don't Understand: Women and Men in Conversation*, Ballantine Books, 1991.

Whitmore, John, *Coaching for Performance: GROWing People, Performance and Purpose*, Nicholas Brealey Publishing, 1996.

Indice